融合型·新形态教材
复旦社云平台 fudanyun.cn

江苏高校"青蓝工程"优秀教学团队资助项目

U0710712

普通高等学校学前教育专业系列教材

幼儿教师口语技能实训

主　编	周梅香　王燕燕
副主编	张　伟　徐丽娟
	张　彬　许　艳　李　晓
编　委	祁晓霞　朱志祥　景秀琴
	杨　柳　刘　玮　刘玉梅
	李建楠　郭芙蓉　周　鹏

复旦大学出版社

内容提要

本书为幼儿教师口语技能实训课程教材，分为绪论和"普通话训练""幼儿教师基础口语训练""幼儿教师教育教学口语训练"三个模块，从幼儿教师岗位工作口语素质要求和典型工作任务中提取9个项目、34个具体任务，系统、全面地培养幼师生说标准普通话，熟练掌握朗读、朗诵、幼儿故事讲述等技能，从而帮助幼师生养成良好的口语表达能力和丰厚的职业语言素养，成为具有中国情怀、仁爱之心的高素质托幼保教人才，实现专业成长。

本教材采用活页式装帧，配套丰富的学习与教学资源。每个任务均提供基础知识任务单与技能演练任务单，供学生练习使用；扫描书中二维码，即可阅读拓展资料、观看微课等；登录复旦社云平台(www.fudanyun.cn)搜索本书，就可查看、获取本教材PPT课件等配套资源，也可根据需要下载、打印相关资料，嵌入教材中使用。

复旦社云平台
数字化教学支持说明

为提高教学服务水平，促进课程立体化建设，复旦大学出版社建设了"复旦社云平台"，为师生提供丰富的课程配套资源，可通过"电脑端"和"手机端"查看、获取。

【电脑端】

电脑端资源包括PPT课件、电子教案、习题答案、课程大纲、音频、视频等内容。可登录"复旦社云平台"（fudanyun.cn）浏览、下载。

Step 1 登录网站"复旦社云平台"（fudanyun.cn），点击右上角"登录/注册"，使用手机号注册。

Step 2 在"搜索"栏输入相关书名，找到该书，点击进入。

Step 3 点击【配套资料】中的"下载"（首次使用需输入教师信息），即可下载。音频、视频内容可点击【数字资源】，搜索书名进行浏览。

📱 **【手机端】**

PPT 课件、音视频、阅读材料：用微信扫描书中二维码即可浏览。

扫码浏览 →

📖 **【更多相关资源】**

更多资源，如专家文章、活动设计案例、绘本阅读、环境创设、图书信息等，可关注"幼师宝"微信公众号，搜索、查阅。

平台技术支持热线：029-68518879。

"幼师宝"微信公众号

前　言

"人生百年，立于幼学"，学前教育是人终身学习发展的基础。幼儿期是人一生中语言发展的关键时期。幼儿教师的语言素养在幼儿保教工作中起着重要作用，直接影响幼儿的学习、成长和生命质量。高素质、专业化的幼儿教师必须具有好的语言素养。

幼儿教师口语课程是学前教育、早期教育、婴幼儿托育服务与管理等专业学生必修的专业基础课程，旨在培养婴幼儿保教老师的口语表达能力和语言教育教学活动指导能力。课程坚持立德树人，以学习者为中心，以"生命·实践"教育学派的教育理论为指导，确立"生命·实践"价值取向，坚持专业教育、思政教育结合，课内、课外结合，线上、线下混合，职前、职后融通，理实一体教学，在指导学生学习掌握口语表达基本理论的基础上，精选教学资源和案例，体现生命性和生活化，发展学生审美情趣，引导学生体悟诗性汉语的魅力和对生命的影响力，在口语表达能力和语言素养提升中提高生命质量。

教材是人才培养和课程实施的重要载体，是"三教"改革和"五金"新基建的重要方面。作为新形态教材的代表，活页式教材以其灵活的模块组合方式、丰富的内容呈现手段得到广大学生、教师和教育研究者的认可。《幼儿教师口语技能实训》编写团队贯彻落实《国家职业教育改革实施方案》《教育部关于实施卓越教师培养计划 2.0 的意见》等文件提出的"促进产教融合，校企'双元'育人"和倡导"使用新型活页式、工作手册式教材并配套开发信息化资源"等要求，深化产教融合，校企协同育人，采用活页式新形态教材样式，及时将新技术、新工艺、新规范纳入教学标准和教学内容，以学习成果为导向，促进学生自主学习。本教材根据幼儿教师口语课程标准编写，将幼儿教师专业标准，职业能力标准，技能比赛、考级考证要求等融入其中，合理运用信息化手段和资源进行数字化改造，使本教材体现职业教育类型特征，实现岗课赛证融通。通过教材引领，构建深度学习管理体系。

本教材依据幼儿教师岗位工作口语素质要求和典型工作任务设计，在主编负责建设的"十四五"江苏省职业教育首批在线精品课程"幼儿教师口语"的基础上，重新建构课程模块，实施项目式教学。以普通话语音基础训练、朗读、朗诵、幼儿故事讲述等口语表达技能训练为主，以生命、生活、审美为核心价值定位，从知识、能力和素质三维目标达成角度考虑，强调口语表达的准确性、规范性、艺术性、形象性、趣味性和审美性，将技能训练任务落细落实，提高教育教学效果。

参编教师长期从事幼儿教师口语的教学实践与研究，有丰富的教学经验，示范引导和指导实践能力强，帮助学生德技并修。教材以学习者为中心，旨在引导学习者：学习诗性汉语，练习标准语音，体会发声技巧；诵读经典诗文，品味风雅神韵；讲述天地人事，倾听心灵发声；表演童趣故事，传递快乐智慧；掌握口语技能，引领幼儿发展，养成良好的口语表达技能和职业语言素养，成为具有中国情怀、仁爱之心的高素质托幼人才,实现专业成长,成就美好生命!

本教材的编写体例根据人才培养方案、专业岗位工作能力和典型任务要求,对照课程标准,结合学生学情,设计为三个模块、两个层级、五个环节。三个模块为普通话训练模块、幼儿教师基础口语训练模块和幼儿教师教育教学口语训练模块。在每个模块设计岗位认知、标准要求、核心能力三部分。两个层级为项目层级和任务层级。按项目设计三维教学目标。每个学习任务包括五个环节:任务描述、要点学习、学习任务单、反思评价、支持链接。

本教材由周梅香提出总体编写规划,制定编写要求,负责组织统筹、审稿。王燕燕负责审稿、统稿。具体编写分工如下:周梅香,绪论和第二模块项目三;王燕燕,第一模块项目一和项目三;张伟,第二模块项目二;徐丽娟,第二模块项目四;张彬,第一模块项目二和第二模块项目一;许艳,第三模块项目二;李晓,第三模块项目一。其余编委均为幼儿园一线教师和高校信息技术、学前教育专业教师,负责对教材编写提出建设性意见及提供案例等教学资源。

本教材参考、借鉴、引用了许多国内外专家、学者和同行的著述、作品,在此表示感谢。同时,教材在编写的过程中得到各位编写者及所在单位领导的关心和大力支持,在此致以崇高的敬意和由衷的感谢。鉴于编者水平有限,敬请广大同行多提宝贵意见,以便不断修订完善。

编者

2024 年 11 月

目 录

绪　论

📖 **学习目标**

（一）素质目标

1. 感受汉语言之美，热爱祖国语言文字。

2. 增强语言规范意识和中华文化自信，厚植家国情怀。

3. 自觉提升语言素养，能为职业技能发展和幼教工作做好思想和能力准备。

4. 对照《幼儿园教师专业标准（试行）》等文件要求，认同幼儿教师职业。

（二）知识目标

1. 理解语言的内涵。

2. 理解诗性汉语具有的音韵美、形式美、形象美和情意美。

3. 了解幼儿教师应具备的口语表达能力。

4. 掌握幼儿教师口语的基本特点。

（三）能力目标

1. 能够理解幼儿教师练好口语表达能力的重要性。

2. 能够从老师的示范表达和案例研讨中感受汉语言之美。

3. 能够对幼儿教师口语课程教学重点内容有初步认知和整体把握。

✅ **要点学习**

一、理解语言真谛，体悟汉语之美

1. 语言是什么

（1）语言的内涵

语言是人类交流的媒介，是重要的交际工具。《现代汉语词典》中对"语言"的解释为"人类所特有的用来表达意思、交流思想的工具，是一种特殊的社会现象，由语音、词汇和语法构成一定的系统"。语言是由语音、词汇和语法构成的符号系统，是人们在社会交际中传递信息、交流思想情感的有效媒介。通过语言，人们能够清晰表达自己的需求、感受以及观点等。

语言是人类最重要的思维工具。德国语言学家洪堡特认为，语言是形成思想的工具；马克思说，语言是思想的直接现实。语言与思维紧密相连，它是思维的载体，是思维的外化。没有语言的巩固，思维就无法定型，思维通过语言而现实化。同时，语言又是表达思维的工具，人们使用语言组成话语表达自己的思想，在语言的有序结构和话语的流畅表达中实现思想的传递与碰撞。

语言还是一种社会现象，每一种语言都是特定文化的产物，承载着该文化独特的价值观、传统和社

📱 微课

绪论（上）

会规范。语言具有社会约定俗成和自我调节功能,处在不断发展变化过程中,是社会生活的晴雨表,记录着人世间的喜怒哀乐和爱恨冷暖。可以说,语言是人类生存和发展的重要凭借。

（2）语言的表达方式

语言的表达方式是指人们用来传达信息、思想和情感的具体手段或形式。这些方式可以是口头的、书面的,也可以是非言语的。

口头语言,简称口语,是说话时说出来的和听到的语言。口语表达是人与人之间最直接的交流方式,通过说话和听话来传递信息。它包括语音、语调、节奏等要素。通过口语,人们能够即时地进行互动,并且可以通过面部表情和肢体语言增强口语表达的效果。

书面语言,简称书面语,是写出来、读出来的文字。书面表达通过文字书写来传达信息。书面语言通常比口语更加正式和精确,适用于记录、传播知识以及长时间保存信息,主要用于撰写文章、著书立说、颁布法令、颁发文件等。随着技术的发展,电子邮件、社交媒体等数字平台也成为重要的书面表达渠道。

手势和身体语言,又称态势语言,是一种非言语的表达方式,通过手势、姿态、面部表情等来辅助表达或替代部分口头语言。

2. 学习诗性汉语

（1）学习汉语是传承中华文化

语言文字是人类最重要的交际工具和信息载体,是文化的基础要素和鲜明标志,是促进历史发展和社会进步的重要力量。中华文化历史悠久,博大精深,是我们民族的灵魂和血脉,滋养着中华儿女。汉语是我们的母语,是中华文化的载体,是世界上最富有诗意和智慧的语言。

汉字是记录汉语的书写符号系统。它克服了汉语口语不能传至异地、留于异时的缺陷。汉字作为表意文字,每个字都蕴含着特定的意义。一笔一画,蕴涵着中国人独特的思维方式;横平竖直,承载着中华文明厚重的底蕴和价值。

汉语拥有庞大的词汇库,其中包含大量同义词、近义词,它们在细微的意义差别上展现出汉语的精致之处。汉语能够以非常细腻的方式表达情感,无论是直接还是间接地描述情绪状态,都能找到恰到好处的词语或句子。

（2）学习品味诗性汉语之美

汉语四百多个音节,加上声调"阴阳上去"的变化,写就的诗词篇章抑扬顿挫,可吟可诵,体现着中国人的审美、情怀和志向。字里行间,有意境、有韵味、有风骨,回响着中华民族的文化共鸣。

一是音韵美。汉语以双音节词为主,平仄交替,叠字、押韵、反复、回环等运用,增强语言的音韵之美。如徐志摩的《再别康桥》中,用"轻轻的""悄悄的"等叠音词和押韵形成音韵美。

轻轻的我走了,

　　正如我轻轻的来;

我轻轻的招手,

　　作别西天的云彩。

那河畔的金柳,

　　是夕阳中的新娘;

波光里的艳影,

　　在我的心头荡漾。

如李清照《声声慢》开篇,"寻寻觅觅,冷冷清清,凄凄惨惨戚戚",连用七个重叠词渲染氛围,富有音韵美。

二是形式美。从中国最古老的诗歌总集《诗经》多用四字句式,到近体诗要求固定句数与字数,讲究对仗与押韵,到生活中依然常见的对联、成语,汉语始终对形式美有着永恒的追求。对仗、排比、顶真等艺术手法,形成汉语整齐或富有变化的形式,具有美感。如杜甫的律诗《登高》中,"风急天高猿啸哀,渚清沙白鸟飞回。无边落木萧萧下,不尽长江滚滚来",严谨的对仗和押韵,加之特定时空富有特点的意象选取,形成凄冷、孤独和壮阔的美感。毛泽东《忆秦娥·娄山关》中顶真等同样传达出形式美。

西风烈,长空雁叫霜晨月。霜晨月,马蹄声碎,喇叭声咽。

雄关漫道真如铁,而今迈步从头越。从头越,苍山如海,残阳如血。

三是形象美。名词连用,比喻、对比、夸张等修辞手法的应用,使语言表达富有形象性和美感。"落日楼头,断鸿声里,江南游子。把吴钩看了,栏杆拍遍,无人会登临意",这是辛弃疾笔下的壮志未酬,是失落的英雄形象。毛泽东《卜算子·咏梅》中"已是悬崖百丈冰,犹有花枝俏。俏也不争春,只把春来报。待到山花烂漫时,她在丛中笑",抒写了凌寒傲雪盛开、无畏乐观的梅花形象。

四是情意美。汉语以其独特的音韵、丰富的词汇、细腻的表达以及深厚的文化内涵体现情意美。如《诗经》中先民的吟唱:"关关雎鸠,在河之洲。窈窕淑女,君子好逑",巧妙地采用"兴"的表现手法,以水鸟相向合鸣,相依相恋,兴起君子追求美好女子的联想,表达对爱情和一切美好事物的追求之意。"桃之夭夭,灼灼其华。之子于归,宜其室家",以鲜艳的桃花比喻新娘的年轻娇媚,充满着其乐融融的气氛,传达出先秦时代人们对美满家庭和生活的热爱。

汉语的美在于其外在形式上的优美,在于它所承载的文化价值和情感深度。学习诗性汉语,获得汉文化的滋润濡染,自然会变得有素养、有品位、有中国气质。

二、练好教师口语,引领幼儿发展

1. 语言素养是幼儿教师的核心职业素养

语言素养是个体在浸润熏陶和主动的语言学习实践活动中建构起来的,并在语言运用情境中表现出来的,以听说读写为核心的语言能力、言语经验、言语品质、审美情趣和母语文化感受能力等的综合体现。语言素养的高低直接体现了人的综合素质水平的高低。

幼儿期是语言发展,特别是口语发展的重要时期。教育家马卡连柯认为,教育的主要基础是5岁前奠定的,它占整个教育过程的90%。语言是学前儿童学习概念、发展智力、扩大交往范围、促进社会化发展的基本要素。语言与学前儿童的生活和发展息息相关。发展幼儿语言是幼儿学习、成长的需要,也是全社会的责任和义务。幼儿在与成人和同伴交往、交流过程中发展语言能力。幼儿教师与幼儿相处时间长,其语言是幼儿接受、模仿、学习的主要对象。幼儿教师的语言素养水平直接影响保教质量,影响幼儿的语言发展与生命成长。

幼儿教师语言素养决定着幼儿教师在幼儿园保教工作中运用语言进行交流沟通、获取和传递信息、完成特定任务表现出来的口语和书面语表达能力、倾听能力、语言活动设计和实施能力、交际能力等外显能力,及其背后体现的思维的形象性、灵活性、情意性、创造性品质,以及内隐的价值观、幼儿教育观、思想认识、审美情趣等人文素养。

幼儿教师专业发展也需借助语言媒介来获得知识、经验和技能。在幼儿教师职前职后专业学习过程中,不论是自主研习专业理论、表达专业见解,还是与专业学习共同体其他成员沟通、合作与交流,都需要具有高水平的语言素养。因此,语言素养是幼儿教师的核心职业素养之一。

2. 幼儿教师应具备的口语能力

(1) 幼儿教师口语

幼儿教师口语是幼儿教师在保育、教育、教学等活动过程中,使用普通话表达,且符合教师职业规范的专业口语。在其口语能力方面,以善听、会说、能讲、会演、会教等能力为核心,主要包括:

一是熟练使用标准普通话的能力。能用普通话准确、清晰、自然、流畅地表达是一个幼儿教师必备的职业能力。按照国家规定,幼儿教师普通话要达到二级甲等以上水平。幼儿教师不仅自身普通话水平要高,还须具备一定的听音、辨词、辨意能力,能及时发现和纠正幼儿发音、用词和语法错误,帮助幼儿学习普通话,为其语言和综合素质发展打好基础。

二是较强的口语示范能力。幼儿教师要成为幼儿学习语言的榜样,要注意自身语言的规范,发音标准、用词确切、语句符合语法规范,还要具有语言表达技巧,给幼儿朗读、朗诵儿歌诗文和讲故事示范时,语言抑扬顿挫、形象生动、绘声绘色,富有表现力和感染力,让孩子从中获得愉悦和教育,发展语言能力。

三是灵活的口语应变能力。幼儿教师面对的是有极强好奇心的幼儿,许多语言互动是难以预设的,教师要有灵活的教学机智和应变能力,对意料之外的情境,要有敏捷的思路,能因势利导,迅速组织语言,教育引导幼儿。

四是娴熟的幼儿口语指导能力。当今时代的发展和幼儿接受信息方式的多样,加之幼儿具有的好奇心、求知欲,他们什么都想知道,有问不完的问题。教师需要不断学习,丰富知识储备,提高口语表达能力,对幼儿口语表达得是否准确、规范等能及时辨析,并给予正确指导。

（2）幼儿教师口语的基本特点

幼儿的年龄、思维和认知等特点决定了幼儿的语言接受和理解、表达能力较弱。因此,幼儿教师在保教过程中要恰当使用口语,才能达到好的表达效果。幼儿教师口语要力求体现以下特点:

一是科学、规范、有序。"科学"指幼儿教师口语表达必须清楚明白、准确无误,要符合客观规律和事实,不能含糊或模棱两可。如果幼儿教师口语缺乏科学性和逻辑性,不仅会产生歧义,还可能误导幼儿,造成不良后果。"规范"指幼儿教师口语要做到语音规范、词汇规范和语法规范。要求使用标准的普通话,发音清晰、准确;不使用方言词汇和杜撰的生造词汇;力求避免搭配不当、语序错乱等语法不规范现象。"有序"指幼儿教师口语表达要条理清楚、层次分明、结构严谨、中心突出,不信口开河、东拉西扯,便于幼儿听得明白,易于理解和接受。

二是形象、生动、有趣。幼儿的思维以具体形象为主,幼儿乐于接受具体、可感、有趣的信息。幼儿教师口语表达要善于运用描摹人或事物形象、声音、情态、特性等的语言,运用好停连、重音、语气、语调、节奏等口语表达技巧,创造出形象直观、生动活泼、有形有趣的语言情境,使幼儿容易感知、理解,逗幼儿开心,给幼儿启迪。

三是通俗、简明、儿童化。幼儿通常是先听懂成人或同伴的语言,然后学会应用口语进行交际的。一般来看,幼儿所掌握的词汇中,实词多、虚词少,口语词汇多、书面词汇少,表示具体概念的词汇多、表示抽象概念的词汇少,单句多、复句少。因此,幼儿教师口语要依据幼儿的年龄特点,在词汇、句式和表达内容的选择上符合幼儿接受能力,须通俗浅近、简明易懂,尽量将幼儿不易理解的书面语口语化,使用修饰成分不多的短句子,句型简单、句意明了,便于幼儿理解。在不断丰富幼儿词汇的同时,创造语言运用机会和条件,让幼儿在语言具身实践中逐步学会运用语言。"儿童化"是指幼儿教师口语的儿童趣味,教师要保持纯真的"童心",语言表达要符合幼儿年龄、心理特征和接受水平。

四是激励、教育性、启发性。幼儿教师口语是幼儿教师职业语言的呈现,是带着思想、载负情感、富有文化、凝聚美感的话语,是特定情境中的口语运用。幼儿教师的语言要激励幼儿积极上进,保护幼儿的自尊心,帮助幼儿坚定信心,并能激发出他们不断有好表现的欲望。教书育人是教师的职责,以口语作为教书育人主要手段的幼儿教师,口语表达也应始终贯穿教育性,与孩子说话交流时,要时刻谨记自己是幼儿教师。"启发性"强调幼儿教师口语要能激发幼儿思考,并使其有所领悟,去探索问题的解决方法和答案,获得直接和间接经验,从而既增长幼儿知识,又发展幼儿智力,促进幼儿健康成长。

（3）怎样提高幼儿教师口语能力

幼儿教师口语表达能力的提高非一日之功,无捷径可走,必须认真学习,刻苦训练才能见效。

一要重视积累,提高人文素质。语言是开放的、多维的、生动的。要以大语言观和语言素养类课程集群融通理念,加强语言文学素养积累,学习提高口语表达能力。既要进行语言理论知识学习、语言表达技能训练,更要将语言学习与中华优秀文化、职业文化结合,在动态的语言实践过程中建构语言,练习语言运用的规范、自然、得体,多元体验优秀语言文学作品的思想、情感和审美魅力。要把口语知识学习和技能训练相结合,有的放矢,解决难点,化"练"为"用","慧于心而秀于言"。

二要加强心理素质和思维能力训练。良好的思维能力是口语表达的基础,良好的心理素质是口语表达流畅、灵活、有说服力的保障。

三要由基础口语向职业口语循序渐进训练。在训练过程中遵循由易到难、由浅入深、由分解到综合的梯度训练原则。

《幼儿教师口语技能实训》按照幼儿教师口语要求和发展规律,科学设定普通话训练、幼儿教师基础口语训练和幼儿教师教育教学口语训练三大模块,每个模块设计不同的训练项目和口语实践任务,创设多样的口语交际情境,提供丰富的口语学习资源,助力学习者提高口语表达能力,能用有魅力的语言,陪伴幼儿健康快乐成长,提升自己和幼儿的生命质量。

岗位认知

　　普通话是幼儿教师口语的基础。由于教育对象的特殊性,幼儿教师教育教学主要是以普通话口语作为载体的。幼儿期是幼儿学习语言的关键时期,婴幼儿语言的发展大部分是通过语言交往实践、自然观察和模仿习得,和成人交往是儿童获得语言的关键方式。幼儿教师普通话无疑就成为幼儿模仿和学习的范本。熟练使用标准普通话是幼儿教师必备的职业能力。普通话语音是普通话的重要组成部分。幼儿教师要成为幼儿学习语言的榜样,首先要发音标准。学好普通话语音基础和科学发声技巧,说一口标准、流利的普通话,发出和谐悦耳的声音,达到国家普通话水平测试相应等级,是取得幼儿教师资格证、成为合格幼儿教师的前提。

标准要求

　　国家关于幼儿教师和学前教育的一些标准和文件中,对幼儿教师语言规范和普通话有明确要求,主要内容如下。

　　★《幼儿园教师专业标准(试行)》"专业理念与师德"部分"个人修养与行为"条目:

　　20. 衣着整洁得体,语言规范健康,举止文明礼貌。

　　★《学前教育专业师范生教师职业能力标准(试行)》中第一部分"师德践行能力"中 1.2.4【自身修养】:

　　仪表整洁,语言规范健康,举止文明礼貌,符合教师礼仪要求和教育教学场景要求。

　　★《幼儿园教育指导纲要(试行)》中第二部分"教育内容与要求"的"语言"条目:

　　(一)目标

　　5. 能听懂和会说普通话。

　　(二)内容与要求

　　7. 提供普通话的语言环境,帮助幼儿熟悉、听懂并学说普通话。少数民族地区还应帮助幼儿学习本民族语言。

　　★《普通话水平测试管理规定》条目:

　　第十条　以普通话为工作语言的下列人员,在取得相应职业资格或者从事相应岗位之前,应当根据法律规定或者职业准入条件的要求接受测试:

　　(一)教师

　　第十一条　师范类专业、播音与主持艺术专业、影视话剧表演专业以及其他与口语表达密切相关专业的学生应当接受测试。

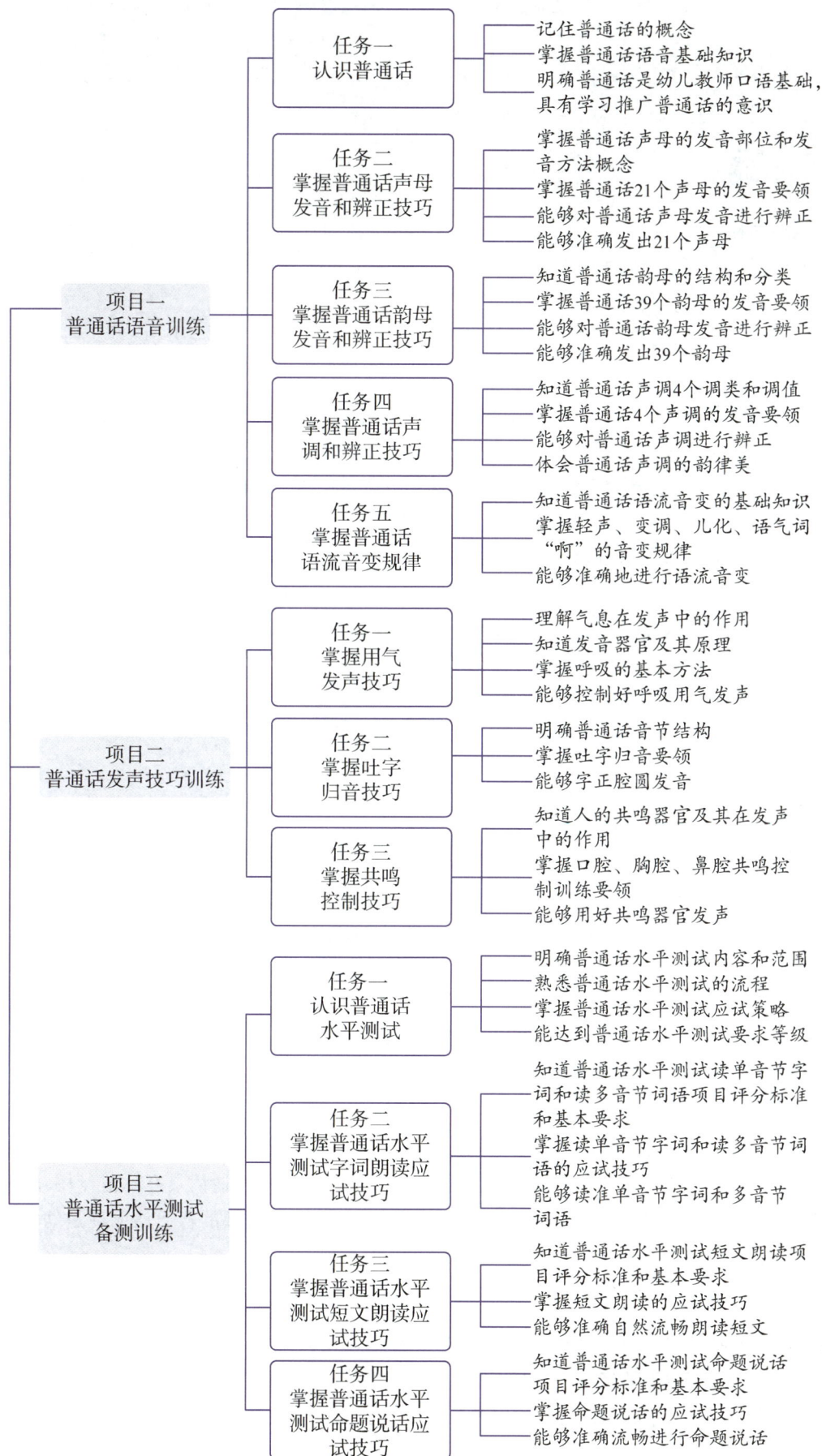

核心能力

项目一 普通话语音训练

任务一 认识普通话
- 记住普通话的概念
- 掌握普通话语音基础知识
- 明确普通话是幼儿教师口语基础，具有学习推广普通话的意识

任务二 掌握普通话声母发音和辨正技巧
- 掌握普通话声母的发音部位和发音方法概念
- 掌握普通话21个声母的发音要领
- 能够对普通话声母发音进行辨正
- 能够准确发出21个声母

任务三 掌握普通话韵母发音和辨正技巧
- 知道普通话韵母的结构和分类
- 掌握普通话39个韵母的发音要领
- 能够对普通话韵母发音进行辨正
- 能够准确发出39个韵母

任务四 掌握普通话声调和辨正技巧
- 知道普通话声调4个调类和调值
- 掌握普通话4个声调的发音要领
- 能够对普通话声调进行辨正
- 体会普通话声调的韵律美

任务五 掌握普通话语流音变规律
- 知道普通话语流音变的基础知识
- 掌握轻声、变调、儿化、语气词"啊"的音变规律
- 能够准确地进行语流音变

项目二 普通话发声技巧训练

任务一 掌握用气发声技巧
- 理解气息在发声中的作用
- 知道发音器官及其原理
- 掌握呼吸的基本方法
- 能够控制好呼吸用气发声

任务二 掌握吐字归音技巧
- 明确普通话音节结构
- 掌握吐字归音要领
- 能够字正腔圆发音

任务三 掌握共鸣控制技巧
- 知道人的共鸣器官及其在发声中的作用
- 掌握口腔、胸腔、鼻腔共鸣控制训练要领
- 能够用好共鸣器官发声

项目三 普通话水平测试备测训练

任务一 认识普通话水平测试
- 明确普通话水平测试内容和范围
- 熟悉普通话水平测试的流程
- 掌握普通话水平测试应试策略
- 能达到普通话水平测试要求等级

任务二 掌握普通话水平测试字词朗读应试技巧
- 知道普通话水平测试读单音节字词和读多音节词语项目评分标准和基本要求
- 掌握读单音节字词和读多音节词语的应试技巧
- 能够读准单音节字词和多音节词语

任务三 掌握普通话水平测试短文朗读应试技巧
- 知道普通话水平测试短文朗读项目评分标准和基本要求
- 掌握短文朗读的应试技巧
- 能够准确自然流畅朗读短文

任务四 掌握普通话水平测试命题说话应试技巧
- 知道普通话水平测试命题说话项目评分标准和基本要求
- 掌握命题说话的应试技巧
- 能够准确流畅进行命题说话

项目一　普通话语音训练

学习目标

（一）素质目标

1. 具有学习和推广普通话的意识。

2. 明确普通话是幼儿教师的职业语言，主动学好普通话。

3. 在普通话语音练习过程中循序渐进学习汉语，热爱汉语。

（二）知识目标

1. 记住普通话的概念。

2. 掌握普通话语音基础知识。

3. 应用普通话声母、韵母和声调的发音要领以及普通话语流音变规律准确发音。

（三）能力目标

1. 能准确地发出普通话声母、韵母和声调，读准轻声、儿化、变调及语气词"啊"的音变，并有一定的辨听能力。

2. 能规范、流畅、熟练地运用普通话开展幼儿教育教学工作。

任务一　认识普通话

任务描述

普通话是幼儿教师口语的基础。本次学习任务包括：记住普通话的概念；掌握普通话音节、音素、元音、辅音等语音基础知识；明白普通话的重要性，积极学习和推广普通话。

要点学习

一、普通话是幼儿教师的职业语言

微课

普通话是幼儿
教师的职业语言

作为幼儿学前启蒙阶段的老师，幼儿教师学好普通话，熟练、准确、流畅地运用普通话尤为重要，这也是拥有良好的口语表达能力的前提。普通话是有声的教育教学手段，幼儿教师的教育对象是不会认字、不会写字的孩子，主要教育教学手段就是口语。同时，幼儿教师的普通话具有示范作用，幼儿语言的发展大部分是通过没有外界压力的自然观察和模仿而习得的。幼儿教师的普通话无疑是幼儿模仿的对象和学习的典范。

二、普通话的概念

普通话的"普通"是普遍通用的意思，普通话是一种通用语。1955年的全国文字改革会议和现代汉语规范问题学术会议将普通话确定为"以北京语音为标准音，以北方话为基础方言，以典范的现代白话文著作为语法规范"的现代汉民族共同语，这是从语音、词汇、语法三个方面提出了普通话的标准。

"以北京语音为标准音"指的是以北京语音系统为标准,并不等于北京话语音都是普通话语音,因为北京话里有一些读音并不通行。

就词汇标准来看,普通话"以北方话为基础方言",指的是以广大北方方言地区普遍通行的说法为准,北方方言区并不等于地理位置上的北方地区,西南地区、江淮一带也属于北方方言区。汉语除北方方言外,另外有六大方言区,分别为吴方言区、赣方言区、湘方言区、客家方言区、闽方言区和粤方言区。北方方言区的面积最大,使用人口最多,内部一致性较大。

语法标准是以"典范的现代白话文著作为语法规范","典范"排除了普通的、不具有典范性的作品,"白话文"排除了文言文,"现代白话文"排除了五四运动以前的早期白话文。"著作"指普通话书面形式,建立在口语基础上,但又不等于一般口语,而是经过加工、提炼的语言。

三、普通话语音基本概念

1. 音节与音素

音节是语音的基本结构单位,也是听觉上能够分辨出来的最小的语音自然单位。一般来说,汉语中1个汉字就是1个音节,如"普通话"3个汉字就是3个音节,但儿化音除外,如"小孩儿"中,"儿"与"孩"紧密结合,成为1个音节,"小孩儿"3个汉字表示2个音节。

音素是从音节角度分析得出的最小的语音单位,是根据语音自然属性划分出来的。普通话语音有32个音素。

音节是由音素构成的,1个音节可以由1个音素构成(如"阿"ā),也可以由几个音素构成,但最多4个(如"笑"xiào)。

2. 元音与辅音

根据音素发音性质,可以把音素分为辅音和元音两大类。

辅音指发音时,气流在口腔受到一定的阻碍,声带多不振动,声音不够清晰响亮的音,又称为"子音"。普通话中有22个辅音音素,分别是b、p、m、f、d、t、n、l、g、k、h、ng、j、q、x、zh、ch、sh、r、z、c、s。其中,声带不振动的音叫清辅音,声带振动的音叫浊辅音。

元音指发音时,气流在口腔不受阻碍,声带振动,声音响亮的音,又称为"母音"。普通话中有10个元音音素,分别是a、o、e、i、u、ü、ê、er、-i(前)、-i(后)。

辅音与元音的区别如下:

① 辅音发音时,气流一定受到不同程度的阻碍;而元音发音时,气流不受阻碍。这是辅音和元音的主要区别。

② 辅音发音时,形成阻碍的部位特别紧张;而元音发音时,发音器官各部位保持均衡的紧张状态。

③ 辅音发音时,由于呼出的气流在口腔受到阻碍,必须冲破阻碍,所以气流较强;元音发音时,由于呼出的气流在口腔畅通无阻,所以气流较弱。

④ 辅音发音时,声带不一定振动;元音发音时,声带一定振动。

3. 声母、韵母和声调

音节包含声母、韵母、声调三部分。

声母是汉语音节开头的辅音。普通话22个辅音中,共有21个辅音声母,只有ng不是声母。简言之,所有的声母都是辅音。汉语中,还有些音节不以辅音开头,就是没有辅音声母,我们习惯上称之为零声母音节。

韵母是1个音节中声母后面的部分。普通话共有39个韵母,主要是由元音音素构成的。由1个元音构成的韵母叫单韵母;由2个或3个元音构成的韵母叫复韵母;由元音和鼻辅音构成的韵母叫鼻韵母。

声调是具有区别意义作用的音节的高低升降的变化。普通话有4种声调,分别是阴平、阳平、上声、去声,简称"四声"。

📝 **学习任务单**

根据已学知识完成下列学习任务单。

基础知识任务单 1-1-1　认识普通话

姓名：_____　学号：_____　评分人：_____　评分：_____

一、填空题(24 分)

1. _____是幼儿教师有声的教育教学手段。

2. 普通话是以_____为标准音,以_____为基础方言,以_____
_____为语法规范的现代汉民族共同语。

3. 普通话与方言间_____差别最大。

4. 根据音素发音性质,可以把音素分为_____和_____两大类。

5. 汉语中,有些音节不以辅音开头,就是没有辅音声母,我们习惯上称之为_____音节。

二、选择题(8 分)

1. 对普通话与幼儿教师口语关系说法正确的有(　　)。

A. 普通话是幼儿教师的职业语言

B. 普通话是幼儿教师有声教学手段

C. 幼儿教师的普通话是幼儿模仿的对象和学习的典范

D. 幼儿教师学好普通话,熟练、准确、流畅地运用普通话,是拥有良好的口语表达能力的前提

2. 普通话音节的特点是(　　)。

A. 必须有声调

B. 元音占绝对优势,但也可以没有元音

C. 最多 4 个音素,最少 1 个音素

D. 有复元音存在

三、判断题(8 分)

1. 普通话以北京语音为标准音,说明所有的北京语音都是标准的普通话语音。(　　)

2. 学习普通话一定要消灭方言。(　　)

技能演练任务单 1-1-1　认识普通话

姓名：_____　学号：_____　评分人：_____　评分：_____

一、要求

① 个人准备演练内容,时长 2—3 分钟。

② 分小组演练,相互点评。

③ 录制音频或视频,提交至教学系统平台。

二、主题

在以下 2 个话题中选择一个进行演练。(60 分)

(1) 你考进大学,开始专业学习,站在新的起点,你对未来有什么畅想? 请以"新起点、新畅想"或"我的幼儿教师梦"为话题,进行口语表达。

(2) 作为未来的婴幼儿保教工作者,你对学习普通话有什么期许? 请以此话题,进行口语交流分享。

三、活动过程记录

四、小组建议反馈

反思评价

1. 反思

请结合本次学习要点及实训内容，谈谈学好普通话对你未来从事职业的重要性。

2. 评价

请你对本次任务进行评价。

评价表 1-1-1　认识普通话

内　容	评　分
1. 对普通话基础知识的理解程度	☆☆☆☆☆
2. 普通话标准程度	☆☆☆☆☆
3. 对说好普通话重要性的认识程度	☆☆☆☆☆
4. 说一说通过本次任务的学习，自己对普通话认识还存在哪些困惑	

支持链接

　　1958 年第一届全国人民代表大会第五次会议通过的《汉语拼音方案》是帮助学习汉字和推广普通话的重要工具。请扫描二维码学习了解。

汉语拼音方案

任务二　掌握普通话声母发音和辨正技巧

任务描述

声母是音节开头的辅音。本次学习任务包括：掌握普通话声母的发音部位和发音方法概念；掌握普通话声母发音要领；能够准确发出 21 个声母，并且能够对普通话 21 个声母发音进行辨正。

要点学习

微课

普通话声母发音

一、普通话声母发音

1. 声母的概念

声母指音节开头的辅音，普通话共有 21 个声母。声母都是由辅音构成的。辅音发音，气流通过口腔或鼻腔时要受到阻碍，通过克服阻碍发出声音。因此，可以从两个方面来研究声母发音，一个是发音部位，另一个是发音方法。

2. 声母的分类（按发音部位）

发音时，气流通过口腔或鼻腔（图 1-1-1）时受到阻碍的部位叫发音部位。

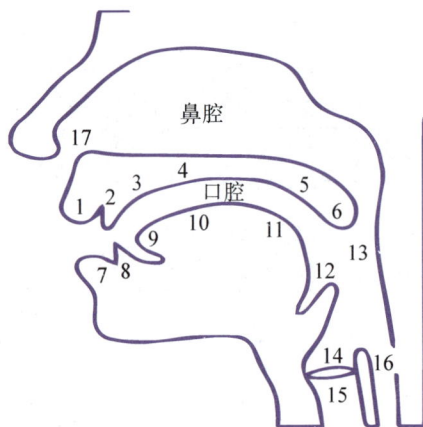

图 1-1-1　口腔和鼻腔的示意图

1—上唇；2—上齿；3—齿龈；4—硬腭；5—软腭；6—小舌；7—下唇；8—下齿；9—舌尖；10—舌面；11—舌根；12—咽腔；13—咽壁；14—声带；15—气管；16—食道；17—鼻孔

根据发音部位，可以将声母分为双唇音、唇齿音、舌尖前音、舌尖中音、舌尖后音、舌面前音、舌面后音。

双唇音（3 个）：上唇和下唇接触构成阻碍，有 b、p、m。

唇齿音（1 个）：上齿和下唇接近形成阻碍，有 f。

舌尖前音（3 个）：舌尖前伸抵住或者靠近上齿背形成阻碍，有 z、c、s。

舌尖中音（4 个）：舌尖抵住上齿龈形成阻碍，有 d、t、n、l。

舌尖后音（4 个）：舌尖上翘抵住或者靠近硬腭前端凸出处形成阻碍，有 zh、ch、sh、r。

舌面前音（3 个）：舌面前部和硬腭接触或者接近形成阻碍，有 j、q、x。

舌面后音（3 个）：舌面后部和软腭接触或者接近形成阻碍，有 g、k、h。

3. 声母分类（按发音方法）

发音方法指阻碍气流和解除阻碍的方式、气流的强弱，以及声带是否颤动等。

（1）根据发音时气流克服阻碍的方式，声母可分为六类，分别是塞音、擦音、塞擦音、近音、鼻音和边音。

塞音：发音时，发音部位完全闭合，软腭上升，堵住鼻腔通道，气流冲破阻碍，爆发成声。这种构成阻碍完全闭塞的音叫塞音。有 b、p、d、t、g、k。

擦音：发音时，发音部位接近，形成窄缝，软腭上升，堵住鼻腔通道，气流从窄缝中挤出，摩擦成声。这种摩擦成声的音叫擦音。有 f、h、x、sh、s。

塞擦音：发音时，发音部位先闭合，软腭上升，堵住鼻腔通道，气流把阻碍部分冲开一条窄缝并从窄缝中挤出，摩擦成声。这种先破裂后摩擦的音叫塞擦音。有 j、q、zh、ch、z、c。

近音：发音时，发音部位接近，口腔通道变窄，留有比擦音大又比高元音小的缝隙，未达到形成湍流的程度，气流通过时只产生轻微的摩擦。只有 r。

鼻音：发音时，口腔里构成阻碍的部位完全闭塞，但软腭下降，气流从鼻腔通过成声。有 m、n。

边音：发音时，舌尖抵住上齿龈形成阻碍，舌两边留出空隙，软腭上升，堵住鼻腔通道，气流从舌头两边通过成声。只有 l。

（2）根据发音时呼出气流的强弱，将塞音和塞擦音分为送气音和不送气音两类。不送气音发音时，口腔呼出的气流比较弱；送气音发音时，口腔呼出的气流比较强。b、d、g、j、zh、z 发音时，呼出气流较弱，为不送气音；p、t、k、q、ch、c 发音时，呼出气流较强，为送气音。

（3）根据发音时声带是否振动，将声母可以分为清音和浊音两类。清音发音时声带不振动，发出声音不响亮。浊音发音时声带振动，发出比较响亮的音。只有 m、n、l、r 是浊音，其余声母都是清音。

声母发音部位和发音方法总述见表 1-1-1。

表 1-1-1 普通话辅音声母总表

声母类别	塞音		塞擦音		擦音	近音	鼻音	边音
	清		清		清	浊	浊	浊
	不送气	送气	不送气	送气				
双唇音	b	p					m	
唇齿音					f			
舌尖前音			z	c	s			
舌尖中音	d	t					n	l
舌尖后音			zh	ch	sh	r		
舌面前音			j	q	x			
舌面后音	g	k			h			

b 双唇不送气清塞音，如：标本、辨别。

p 双唇送气清塞音，如：攀爬、瓢泼。

m 双唇浊鼻音，如：明媚、慕名。

f 唇齿清擦音，如：反复、方法。

d 舌尖中不送气清塞音，如：大度、顶端。

t 舌尖中送气清塞音，如：谈吐、妥帖。

n 舌尖中浊鼻音，如：能耐、牛奶。

l 舌尖中浊边音，如：力量、来路。

g 舌面后不送气清塞音，如：灌溉、高贵。

k 舌面后送气清塞音，如：坎坷、宽阔。

h舌面后清擦音,如:呼唤、航海。

j舌面前不送气清塞擦音,如:酒具、将就。

q舌面前送气清塞擦音,如:气球、全勤。

x舌面前清擦音,如:信息、学习。

zh舌尖后不送气清塞擦音,如:真挚、主张。

ch舌尖后送气清塞擦音,如:传承、长处、惆怅。

sh舌尖后清擦音,如:师生、舒适。

r舌尖后浊近音,如:容忍、柔软。

z舌尖前不送气清塞擦音,如:自尊、祖宗。

c舌尖前送气清塞擦音,如:草丛、仓促。

s舌尖前清擦音,如:色素、琐碎。

二、普通话声母发音辨正

微课

**普通话声母
发音辨正**

1. z、c、s与zh、ch、sh的辨正

平翘舌音的训练是学习普通话的难点。z、c、s与zh、ch、sh,这两组声母在发音方法上是一一对应的,区别在于发音部位不同。z、c、s发音部位是舌尖和上齿背,发音时舌尖前伸抵住或者靠近上齿背形成阻碍,又叫平舌音。这一组声母成阻面要小,力量要集中,另外要注意的是避免将舌尖前伸到上齿和下齿之间,发成齿间音。zh、ch、sh发音部位是舌尖和硬腭前端,发音时舌尖翘起抵住或者接近硬腭前端形成阻碍,又叫翘舌音。这组声母发音是难点,常出现的缺陷:一是舌尖偏后发成卷舌音;二是舌位偏前,较平,接近平舌音位置。克服要点是要将舌头微缩,舌尖抵住或者接近硬腭前端凸出处,牙关打开,下巴放松。

2. n和l的辨正

在很多方言区,n和l经常会发生混淆,也是难点。n和l都是舌尖中音,区别在于发音方法不同,n是鼻音,l是边音。用手捏着鼻子,发l不受影响,但发n是不行的。

3. r和l的辨正

很多方言区,r会被发成l。它们的联系是舌尖都参与发音,发音方法上两者都是浊音,区别在于:一是发音部位不同,l是舌尖和上齿龈形成阻碍,r是舌尖和硬腭前端形成阻碍;二是发音方法上,l是边音,r是近音。

4. f和h的辨正

在一些方言区,f和h发音会混淆,它们区别在于发音部位不同。f是唇齿音,是上齿和下唇接近形成阻碍,h是舌面后音,舌面后部和软腭接触。

5. j、q、x"舌尖化"

j、q、x这组声母常见的问题是"舌尖化",容易发成尖音。尖音发音的主要特征是舌尖碰到上齿背或者两齿之间。如果碰到上齿背就会发成z、c、s。纠正的关键还是要找准发音部位,j、q、x是舌面音,发音部位是舌面前部和硬腭中部形成的阻碍,发音时舌面抬升和硬腭接触或者接近,此时要注意的是舌尖不参与发音,同时避免发成尖音,可以将舌尖抵在下齿背。

📝 学习任务单

根据已学知识完成下列学习任务单。

基础知识任务单 1-1-2 掌握普通话声母发音和辨正技巧

姓名：_____ 学号：_____ 评分人：_____ 评分：_____

一、填空题(30分)

1. 声母都是由_____音构成的。

2. 声母的发音是由其_____和_____决定的。

3. 不用辅音声母开头的音节叫_____音节。

4. c和ch发音区别主要在于_____不同。

5. n和l发音区别主要在于_____不同。

二、选择题(4分)

1. 声母x是( )。

A. 舌尖前音　　　　　　B. 舌面前音　　　　　　C. 舌尖后音　　　　　　D. 唇齿音

2. 舌尖后送气清塞擦音的声母是( )。

A. zh　　　　　　　　　B. ch　　　　　　　　　C. sh　　　　　　　　　D. q

三、判断题(6分)

1. 普通话共有23个声母。( )

2. 普通话声母发音时,气流在口腔都要受到阻碍,因此声母都是清音。( )

3. "鱼"这个字有声母,它的声母是y。( )

技能演练任务单 1-1-2 掌握普通话声母发音和辨正技巧

姓名：_____ 学号：_____ 评分人：_____ 评分：_____

一、要求

① 个人练习内容。

② 分小组演练,相互点评。

③ 录制音频,提交至教学系统平台。

二、主题

(一) 词语朗读(30分)

自愿—志愿	鱼刺—鱼翅	私人—诗人	粗布—初步
姿势—知识	村庄—春装	资助—支柱	搜集—收集
近似—近视	增订—征订	推辞—推迟	肃立—树立
振作 沼泽	正宗 杂志	栽种 自重	
差错 陈醋	除草 财产	操场 采茶	
哨所 深思	石笋 散失	宿舍 随时	
大怒—大陆	女客—旅客	浓重—隆重	
恼怒—老路	留念—留恋	允诺—陨落	
奶酪 凝练	脑力 烂泥	留念 辽宁	
路口—入口	卤汁—乳汁	蒸笼—峥嵘	
理论 亮丽	浏览 仍然	荣辱 如若	
人类 日历	热烈 利润	路人 冷热	

接洽 紧俏 机械 军训 权限 清晰 戏剧 学前
心境 星期 加强 情绪 细节 践行 兴趣 前进

（二）绕口令练习（20分）

四是四,十是十,十四是十四,四十是四十。别把十四说成四十,也别把四十说成十四。要想说好四和十,全靠舌头和牙齿。要想说对四,舌尖碰牙齿;要想说对十,舌头别伸直。认真学,常练习,十四、四十、四十四。

念一念,练一练,n、l的发音要分辨,l是边音软腭升,n是鼻音舌靠前。你来练,我来念,不怕累,不怕难,齐努力,攻难关。

老龙恼怒闹老农,老农恼怒闹老龙。农怒龙恼农更怒,龙恼农怒龙怕农。

热天吃肉,肉漏油。油漏肉热,人又愁。

日历上的染料染绿了丽人的柔弱的手。

稀奇稀奇真稀奇,麻雀踩死老母鸡,蚂蚁身长三尺六,八十岁老头儿躺在摇篮里。

七巷一个漆匠,西巷一个锡匠。七巷漆匠用了西巷锡匠的锡,西巷锡匠拿了七巷漆匠的漆,七巷漆匠气西巷锡匠用了漆,西巷锡匠讥七巷漆匠拿了锡。请问锡匠和漆匠,谁拿谁的锡? 谁拿谁的漆?

三山撑四水,四水绕三山,三山四水春常在,四水三山四时春。

（三）诗文练习（10分）

《寻隐者不遇》

〔唐〕贾岛

松下问童子,

言师采药去。

只在此山中,

云深不知处。

三、活动过程记录

四、小组建议反馈

反思评价

1. 反思

请结合本次学习要点及实训内容,谈谈你在普通话声母发音中存在的问题,并说说该如何纠正。

2. 评价

请你对本次任务进行评价。

评价表 1-1-2 掌握普通话声母发音和辨正技巧

内　　容	评　　分
1. 对普通话声母知识的理解程度	☆☆☆☆☆
2. 普通话声母发音标准程度	☆☆☆☆☆
3. 对普通话声母发音认识程度	☆☆☆☆☆
4. 说一说通过本次任务的学习，自己在普通话声母发音方面还存在哪些不足或困惑	

支持链接

学习了解普通话声母的本音和呼读音；学唱声母歌，辨析声母发音。（扫描二维码查看内容）

文档

声母发音

任务三 掌握普通话韵母发音和辨正技巧

任务描述

韵母是一个音节中声母后面的部分。本次学习任务包括：知道普通话韵母的结构和分类；掌握普通话韵母的发音要领；能够准确圆润地朗读 39 个韵母，并且能够对韵母发音进行辨正。

要点学习

一、普通话韵母结构和分类

普通话韵母指一个音节中声母后面的部分。普通话里有 39 个韵母。

1. 普通话韵母结构

普通话韵母并不像声母唯有 1 个音素构成，例如，音节教（jiào）中，韵母是 iao，由 3 个音素构成。一个韵母最多由 3 个音素构成，最少由 1 个音素构成。

对韵母的结构进行分析，韵母通常可以分为韵头、韵腹、韵尾三部分。

韵头：介于声母和韵腹之间，又叫介音或者介母。由 i、u、ü 充当，发音总是又轻又短，往往一带而过。例如，iao 中的 i。

韵腹：韵母中的主要元音，是韵母的主要构成部分，是韵母发音的关键。发音时，声音最响亮清晰。

微课

普通话韵母
结构和分类

任何元音都可以充当韵腹。例如,iao 中的 a。

韵尾:韵腹后面起收尾作用的音素,发音比较短促模糊。由 i、u(o)或者鼻辅音 n、ng 充当,如 iao 中的 o。

要注意的是,每个韵母必有韵腹,韵头和韵尾可有可无。

2. 普通话韵母分类

(1) 根据韵母音素组成情况,可以把韵母分为单韵母、复韵母和鼻韵母三类。

单韵母:由一个元音构成的韵母,共 10 个,其中舌面元音韵母有 7 个,分别是 a、o、e、ê、i、u、ü。特殊元音 3 个,包括舌尖元音韵母 2 个 -i(前)、-i(后),卷舌元音 1 个 er。

复韵母:由 2 个或者 3 个元音构成,共 13 个,根据韵腹位置的不同分为 4 个前响复韵母 ai、ao、ei、ou,5 个后响复韵母 ia、ie、ua、uo、üe,4 个中响复韵母 uai、uei、iao、iou。

鼻韵母:由元音和鼻辅音构成的韵母,共 16 个,分为 8 个前鼻韵母 an、en、in、ün、ian、uan、üan、uen、8 个后鼻韵母 ang、eng、ing、ong、iang、uang、ueng、iong。

(2) 根据韵母开头元音发音口形分类,可分为开口呼、齐齿呼、合口呼和撮口呼四类,又称"四呼"(见表 1-1-2)。

表 1-1-2 普通话韵母总表

韵母	开口呼	齐齿呼	合口呼	撮口呼
单韵母	-i(前)	i	u	ü
	-i(后)			
	a	ia	ua	
	o		uo	
	e			
	ê	ie		üe
	er			
复韵母	ai		uai	
	ei		uei	
	ao	iao		
	ou	iou		
鼻韵母	an	ian	uan	üan
	en	in	uen	ün
	ang	iang	uang	
	eng	ing	ueng	
			ong	iong

开口呼:通常指没有韵头,或韵头不是 i、u、ü 的韵母,共有 15 个,分别为 a、o、e、ê、-i(前)、-i(后)、er、ai、ao、ei、ou、an、en、ang、eng。

齐齿呼:通常指韵头或韵腹是 i 的韵母,共 9 个,分别为 i、ia、ie、iao、iou、in、ian、ing、iang。

合口呼:通常指韵头或韵腹是 u 的韵母,共 10 个,分别为 u、ua、uo、uai、uei、uan、uen、ong、uang、ueng。

撮口呼:通常指韵头或韵腹是 ü 的韵母,共 5 个,分别为 ü、üe、ün、üan、iong。

韵母 ong 和 iong 在四呼中根据实际发音唇形分别为合口呼和撮口呼。

二、普通话韵母发音

1. 单韵母发音

单韵母发音特点是发音过程中,舌位、口型自始至终保持不变。

（1）舌面元音韵母。

普通话10个单韵母中,7个是舌面元音。

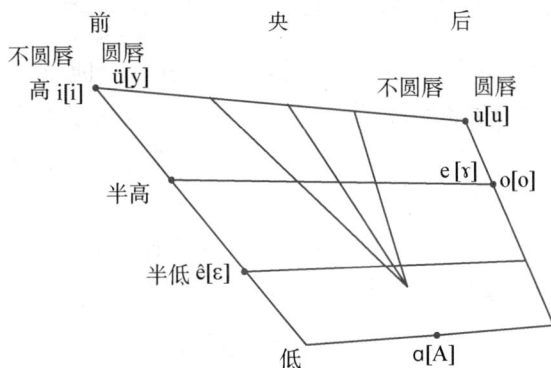

图 1-1-2 舌面元音音位图

图 1-1-2 中这个不规则四边形表示的是舌面在口腔里的活动范围:左方表示舌面前部,右方表示舌面后部;前宽后窄,表示舌面前部活动大,口的开合度也大;舌根受到口腔限制,活动量小,开合度也小。图中的横线由上大到下小表示舌位的高、半高、半低、低,兼示口腔的闭、半闭、半开、开;竖线表示舌位的前、央、后,中间三角形表示"央元音"区,其左属"前元音"区,右属"后元音"区;竖线左方音标属"不圆唇"（展唇）,右方的音标属"圆唇"。

① a 舌面央低不圆唇元音。

发音时,口腔大开,舌尖微离下齿背,舌位降至最低,舌头居中,唇形不圆。如:打靶、大厦、发达、喇叭、沙发、哈达。

② o 舌面后半高圆唇元音。

发音时,口腔半合,舌面半高,舌头后缩,嘴唇拢圆。如:薄膜、泼墨、伯伯、婆婆、默默、薄弱。

③ e 舌面后半高不圆唇元音。

和 o 比较,嘴角向两边微展,舌位和 o 一样。如:隔阂、合格、客车、特色、折射、苛刻。

④ ê 舌面前半低不圆唇元音。

发音时,和 e 比较,舌位偏前,口腔自然打开,舌头前伸,下移,舌尖抵住下齿背,舌位降至半低,展唇。（ê 除了语气词"欸"外,单用机会不多,只出现在复韵母 ie、üe 中）。如:解决、雀跃、确切、趔趄、谐谑。

⑤ i 舌面前高不圆唇元音。

发音时,上下门齿相对（齐齿）,双唇呈扁平形,舌尖轻抵下门齿背,舌位前而高,口闭。如:笔记、激励、基地、记忆、霹雳、习题。

⑥ ü 舌面前高圆唇元音。

发音时,和 i 比较,ü 的舌位与 i 相同,都是高、前、口闭,只是唇形不同,ü 是圆唇,双唇要撮成扁圆。如:区域、须臾、语序、豫剧、龃龉、剧曲。

⑦ u 舌面后高圆唇元音。

发音时,和 ü 比较,舌位都高,但 u 的舌位在后,舌头要后缩,舌面后部隆起,唇比 ü 收拢变圆。如:幅度、祝福、互助、初步、读书、突出。

（2）舌尖元音韵母。

舌尖元音韵母有-i（前）、-i（后）2 个。

① -i(前)舌尖前高不圆唇元音。

发音时,舌尖靠近上齿背,形成窄缝,气流通过时不发生摩擦,唇形扁平。也可发"私"音并延长,取其后半部分。此韵母在普通话里只和声母 z、c、s 相拼。如:字词、私自、相似、此次、刺丝、恣肆。

② -i(后)舌尖后高不圆唇元音。

发音时,舌尖上翘靠近硬腭前端,形成窄缝,气流通过时不发生摩擦,唇形扁平。也可发"知"音并延长,取其后半。此韵母在普通话里只和声母 zh、ch、sh、r 相拼。如:志士、制止、支持、值日、日食、事实。

（3）卷舌元音韵母。

普通话中只有一个卷舌元音韵母 er。er 发音时,口腔半开,开口度比 ê 略小,舌位居中,不前不后,不高不低,发 e 同时舌尖轻巧地向硬腭一卷,发成 er 音。这里 r 是表示卷舌动作。如:而且、儿子、十二、遐迩、耳朵、幼儿。

2. 复韵母发音

复韵母发音最显著的特点是有"动程",指在发音过程中舌位和唇形有连续移动变化的过程,是舌位由一个元音向另一个元音滑动的结果,听上去浑然一体,中间没有界限。此外,复韵母中每个元音在整体中的分量不等,其中充当韵腹的元音发音最响亮,持续时间最长。

（1）前响复韵母。

发音要领:元音舌位由低到高滑动。开头元音清晰响亮,收尾元音短促模糊,只表示舌位滑动的方向。

ai 起点元音 a 是比单韵母 a 舌位靠前的前低不圆唇元音。发 a 时,口打开,舌面前部略隆起,舌尖抵住下齿背,声音清晰响亮,然后再滑动到 i 发音含混模糊。如:爱戴、采摘、海带。

ao 起点元音 a 是比单韵母 a 舌位靠后的后低不圆唇元音。发 a 时,口打开,舌头后缩,舌面后部略隆起,声音清晰响亮,然后再滑动到 o,o 舌位状态比单元音 o 高,接近单元音发音 u 的状态,o 发音含混模糊。如:懊恼、操劳、高超。

ei 起点元音 e 是比单韵母 e 舌位靠前的前半高不圆唇元音。发 e 时舌尖抵住下齿背,舌面隆起与硬腭中部相对,声音清晰响亮,然后再滑动到 i,i 发音含混模糊。如:肥美、妹妹、配备。

ou 起点元音 o 比单元音 o 的舌位略高、略前,唇形略圆。发音时,开头的 o 清晰响亮,舌位向 u 的方向滑动,u 的发音含混模糊。它是普通话复韵母中动程最短的复合元音。如:欧洲、兜售、口头。

（2）后响复韵母。

发音要领:舌位由高到低滑动。收尾的元音发音清晰响亮,音值是固定的,开头的元音都是高元音 i、u、ü,发音比较短促。共有 5 个,分别是 ia、ie、ua、uo、üe。

ia,如:加压、恰恰、压价。

ie,如:结业、贴切、铁屑。

ua,如:挂画、耍滑、娃娃。

uo,如:错落、硕果、脱落。

üe,如:雀跃、约略、雪月。

（3）中响复韵母。

发音要领:舌位由高向低滑动,再从低向高滑动。中间的元音发音清晰响亮,开头结尾的元音发音短促模糊。在前响复韵母前加上韵头 i 或者 u。共有 4 个,分别是 uai、uei、iao、iou。

uai,如:外快、怀揣、乖乖。

uei,如:垂危、归队、悔罪。uei 前面加声母,写成 ui。

iao,如:吊销、疗效、巧妙。

iou,如:优秀、悠久、牛油。iou 前面加声母,写成 iu。

3. 鼻韵母发音

与复韵母发音一样,鼻韵母发音也有动程,由元音的"口音"状态向鼻辅音的"鼻音"状态过渡。

（1）前鼻韵母发音。

an　发音时，起点元音是前低不圆唇元音 a，再向鼻音 n 滑动。如：参战、反感、烂漫。

en　发音时，起点元音是央元音 e，舌位不高不低不前不后，再向鼻音 n 滑动。如：根本、门诊、人参。

in　由前高不圆唇元音 i，滑动到鼻音 n，开口度几乎没有变化，动程很短。如：近邻、拼音、信心。

ün　由前高圆唇音 ü 滑动到鼻音 n，与 in 的发音过程基本相同，只是唇形变化不同。如：逡巡、均匀、军训。

ian　发音时，从前高不圆唇元音 i 开始，向前低元音 a 的方向滑降，舌位只到前半低元音 ê，再迅速滑动到鼻音 n。如：艰险、简便、连篇。

uan　发音时，由后高圆唇元音 u 开始，滑动到前低不圆唇元音 a，再升高滑动到鼻音 n。如：贯穿、换算、专断。

üan　发音时，从前高圆唇元音 ü 开始，向前低元音 a 的方向滑降，舌位只发到前半低元音 ê，再迅速滑动到鼻音 n。如：源泉、轩辕、渊源。

uen　发音时，由后高圆唇元音 u 开始，滑动到央元音 e，再升高滑动到鼻音 n。跟声母拼读时省去 e。如：昆仑、温存、论文。

（2）后鼻韵母发音。

ang　发音时，起点元音是后低不圆唇元音 a，然后舌面后部抬起，向鼻音 ng 滑动。如：帮忙、苍茫、当场。

eng　发音时，起点元音是央元音 e，再向鼻音 ng 滑动。如：萌生、声称、冷风。

ing　由前高不圆唇元音 i，滑动到鼻音 ng，口型没有明显变化。如：评定、姓名、情景。

ong　发音时，起点元音接近后高圆唇元音 u，但比 u 的舌位略低一点，再滑动到 ng。如：笼统、工农、空洞。

iang　发音时，起点元音是 i，向后滑动到后 a，然后舌面后部抬起，向鼻音 ng 滑动。如：响亮、奖项、强将。

uang　发音时，起点元音是 u，向下滑动到后 a，然后舌面后部抬起，向鼻音 ng 滑动。如：状况、狂妄、双簧。

ueng　发音时，起点元音是 u，向下滑动到央 e，然后舌面后部抬起，向鼻音 ng 滑动。如：蓊郁、水瓮、蕹菜。

iong　发音时，起点元音接近前高圆唇元音 ü，再滑动到 ng。如：汹涌、炯炯、穷凶。

三、普通话韵母辨正

1. o、e 和 ou 的辨正

在有些方言中，会把 o 发成 e，ou 发成 e。要根据各个韵母的发音方法及声韵拼合规律进行辨正。

2. er 和 ao 的辨正

er 是卷舌单韵母。发音时，发央元音 e 的同时，舌尖迅速卷起抵在硬腭和软腭之间。ao 是复韵母，发音时，是由 a 滑动到 o 的动程。

3. 前鼻韵母和后鼻韵母发音辨正

前鼻韵母和后鼻韵母在发音时有两点不同：

（1）前鼻韵母是由元音与舌尖阻鼻音 n 复合而成，发 n 音时舌头活动的区域在舌面前部；后鼻韵母是由元音与舌面后阻鼻音 ng 复合而成，发 ng 音时舌头活动区域在舌面后部。

（2）二者归音时的口形不同：前鼻韵母发完音后收口时，舌尖前伸，上下齿闭拢，而后鼻韵母发完音收口时，舌身后缩，舌面后部抵住软腭，上下齿分离，口打开。

微课

普通话鼻韵母
发音及辨正

📝 **学习任务单**

根据已学知识完成下列学习任务单。

基础知识任务单1-1-3 掌握普通话韵母发音和辨正技巧

姓名：_____ 学号：_____ 评分人：_____ 评分：_____

一、填空题(26分)

1. 韵母主要是由_____音构成的。

2. 元音的发音主要取决于三个条件_____、_____和_____。

3. 对韵母的结构进行分析,韵母通常可以分为_____、_____和_____三部分。

4. 根据韵母音素组成情况,可以把韵母分为_____、_____和_____三类。

5. 根据韵腹位置的不同,复韵母可以分为_____、_____和_____三类。

二、选择题(6分)

1. "ei"和"ie"两个韵母的韵腹是(   )。

A. 都是 e   B. 都是 ê   C. 前是 ê,后是 e   D. 前是 e,后是 ê

2. i 和 u 的区别在于(   )。

A. 舌位的高低、前后不同   B. 舌位的高低、唇形的圆展不同

C. 唇形的圆展、舌尖舌面的不同   D. 舌位的前后、唇形的圆展不同

3. 下列句子陈述不正确的是(   )。

A. 拼写音节 iou 写成 iu

B. uei 前面有声母写成 ui,前面没有声母时,写成 wei

C. ueng 前面不带声母,只能自成音节,如 weng(翁)

D. 含有 iu 和 ui 的音节声调应标在 i 上

三、判断题(8分)

1. 普通话韵母都是元音充当的,所以辅音不能充当韵母。(   )

2. an、en、in、ün 中,前面的 a、e、i、ü 都是韵腹,n 是韵尾。(   )

3. gui 这个音节共有三个音素,其中 u 是韵腹。(   )

4. 鼻韵母根据韵尾不同,分为前鼻韵母和后鼻韵母两类。(   )

技能演练任务单1-1-3 掌握普通话韵母发音和辨正技巧

姓名：_____ 学号：_____ 评分人：_____ 评分：_____

一、要求

① 个人练习以下内容。

② 分小组演练,相互点评。

③ 录制音频,提交至教学系统平台。

二、主题

(一)字词朗读(20分)

an—ang 斑—帮 凡—房 蓝—郎 寒—杭

en—eng 笨—崩 盆—鹏 闷—梦 芬—风 扽—凳

　　　　恳—铿 痕—恒 晨—成 仁—仍 岑—曾

in—ing 冀—并 频—评 敏—明 您—宁 因—英
吝—另 今—经 亲—轻 信—兴 印—映

安然—盎然 板子—膀子 产地—场地 担心—当心 大盆—大鹏
门面—蒙面 陈旧—成就 分化—风化 身手—圣手 审视—省市
参差—层次 狠心—恒心 频繁—平凡 贫瘠—平级 临时—零食
林木—铃木 金银—晶莹 人民—人名 信服—幸福 尽头—镜头
班长 反抗 坦荡 战场 帮办 商贩 当然 抗旱 奔腾 纷争
真正 人生 神圣 深层 本能 文风 烹饪 政审 省份 横亘
能人 诚恳 整本 成真 品评 民兵 心境 禁令 尽兴 引擎
新型 钦敬 精心 病因 听信 灵敏 清新 倾尽 警民 冰品

(二)绕口令练习(20分)

1. 哥哥弟弟坡前坐,坡上卧着一只鹅,坡下流着一条河,哥哥说,宽宽的河,弟弟说,肥肥的鹅。鹅要过河,河要渡鹅。不知是鹅过河,还是河渡鹅。

2. 要说"尔",专说"尔"。马尔代夫,喀布尔,阿尔巴尼亚,扎伊尔,卡塔尔,尼泊尔,贝尔格莱德,安道尔,萨尔瓦多,伯尔尼,利伯维尔,班珠尔,厄瓜多尔,塞舌尔,汉密尔顿,尼日尔,圣彼埃尔,巴斯特尔,塞内加尔的达喀尔,阿尔及利亚的阿尔及尔。

3. 毛毛和涛涛,跳高又赛跑。毛毛跳不过涛涛,涛涛跑不过毛毛。毛毛起得早,教涛涛练跑。涛涛起得早,教毛毛跳高。毛毛学会了跳高,涛涛学会了赛跑。

4. 东洞庭,西洞庭,洞庭山上一根藤,青青藤条挂金铃。风起藤动金铃响,风定藤定铃不鸣。

5. 小金到北京看风景,小金到天津买纱巾。看风景,用眼睛,还带一个望远镜。买纱巾,带现金,到了天津把商店进。看风景,用眼睛,买纱巾,用现金,巾、金、京、景要分清。

(三)儿歌练习(20分)

1. 忽听门外人咬狗,拿起门来开开手;拾起狗来打砖头,又被砖头咬了手;从来不说颠倒话,口袋驮着骡子走。

2. 手指操《有礼貌的小手》:小白兔,路上走,碰到一只小花狗,小花狗招招手,小白兔点点头,说了一句你好,你好!

三、活动过程记录

四、小组建议反馈

反思评价

1. 反思

请结合本次学习要点及实训内容,谈谈你在普通话韵母发音中存在的问题,以及该如何纠正。

2. 评价

请你对本次任务进行评价。

评价表1-1-3 掌握普通话韵母发音和辨正技巧

内　　容	评　　分
1. 对普通话韵母知识的理解程度	☆☆☆☆☆
2. 普通话韵母发音标准程度	☆☆☆☆☆
3. 对普通话韵母发音的认识程度	☆☆☆☆☆
4. 说一说通过本次任务的学习,自己在普通话韵母发音方面还存在哪些不足或困惑	

支持链接

学习韵母诗,以及复韵母、鼻韵母儿歌,掌握韵母的发音要点。(扫描二维码查看内容)

韵母诗与韵母儿歌

任务四　掌握普通话声调和辨正技巧

任务描述

声调是一个音节发音时,高低升降的变化,具有区别意义的作用。本次学习任务包括:知道普通话的四个调类和调值,体会普通话声调韵律美;掌握普通话声调的发音要领;能够对普通话声调进行辨正。

要点学习

普通话声调和声调辨正

一、普通话声调概述

声调是音节中具有区别意义作用的高低升降的变化。它主要是由音高决定的,是汉语音节中必不可少的成分。例如,"知道"和"指导"、"理解"和"历届",它们分别表示的意义不同,是靠声调音高变化来决定的。一个音节可以没有声母,但一定有韵母和声调。有声调,是汉语的一个显著特点。

二、调类和调值

1. 调类

调类是指声调的分类,是把一种语言或方言中调值相同的字归为一类。普通话有四个调类,分别是阴平、阳平、上声和去声,也可以称作第一声、第二声、第三声、第四声,与普通话四个调值分别对应。

2. 调值

调值是指声调的实际读法,也就是声调高低升降的变化。普通话声调调值的表示法最简便实用的是用五度标记法来表示。所谓五度标记法,就是用五度竖标来表示调值和相对音高的一种方法(图1-1-3)。普通话四声的调值分别是[55][35][214][51]。

汉语拼音的调号"ˉ ˊ ˇ ˋ"就是从声调五度标记法中去掉竖标简化而来的。

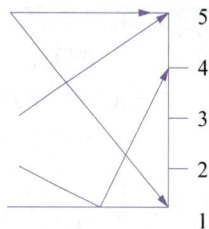

图1-1-3　五度标记法

三、声调的发音

普通话四声高低升降变化的类型各不相同,阴平是高平型、阳平是上升型、上声是降升型、去声是全降型。基本情况如表1-1-3所示。

表1-1-3　声调

调型	高平调	中升调	降升调	全降调
调值	55	35	214	51
调类	阴平(第一声)	阳平(第二声)	上声(第三声)	去声(第四声)
调号	ˉ	ˊ	ˇ	ˋ
调值描述	起音高高一路平	由中到高往上升	先降后升曲折起	高起猛降到底层
例词	鲜花	人民	美好	庆祝

普通话声调的发音主要从音高去分析,但结合音强和音长去分析可以更准确地把握普通话声调和方言声调的细微差别。

四、标调法

《汉语拼音方案》规定将声调符号标在主要元音上。下面的顺口溜可以帮助记忆标调法:a、o、e、i、u、ü,标调时按顺序,i上标调去掉点,i、u并排标后边。

五、声调辨正

声调辨正先要辨别普通话声调和方言声调的差异。一般情况下,方言和普通话在声调上的差异主要是调类不同,调值不同,入声保留或归并的情况不同。

普通话声调辨正主要表现在:在大部分方言区,声调辨正要注意克服阴平调值不够高、阳平调值上不去,上声调值只降难升,去声降不下去、易发入声的问题。即使平时不说方言,由于受方言影响也会或多或少地表现出发普通话声调的缺陷,应注意克服。

📝 学习任务单

根据已学知识完成下列学习任务单。

基础知识任务单1-1-4　掌握普通话声调和辨正技巧

姓名:＿＿＿＿＿　学号:＿＿＿＿＿　评分人:＿＿＿＿＿　评分:＿＿＿＿＿

一、填空题(10分)

1. 声调是音节中具有＿＿＿＿＿＿作用的高低升降的变化。

2. 普通话声调调值的表示法最简便实用的是用_____来表示。

二、选择题(10分)

1. 声调主要是由( )决定的。

A. 音高　　　　　　　B. 音强　　　　　　　C. 音长　　　　　　　D. 音色

2. 调值214对应的调类是( )。

A. 阴平　　　　　　　B. 阳平　　　　　　　C. 上声　　　　　　　D. 去声

三、判断题(20分)

1. 一个音节可以没有声母,但一定有韵母和声调。( )

2. 声调可以标在一个音节中任何元音音素上。( )

3. 现代汉语的调值是由古代汉语声调发展来的,古代汉语的四个调类的调值和现代汉语四个调类的调值相同。( )

4. 声调的高低升降有时是滑动的,有时是跳跃的。( )

技能演练任务单 1-1-4　掌握普通话声调和辨正技巧

姓名:_____　学号:_____　评分人:_____　评分:_____

一、要求

① 个人练习以下内容。

② 分小组演练,相互点评。

③ 录制音频,提交至教学系统平台。

二、主题

(一) 词语练习(30分)

一　姨　乙　艺　辉　回　毁　会　飞　肥　匪　费

通　同　桶　痛　风　冯　讽　奉　迁　余　语　育

清洁　氛围　山水　倾吐　充沛　压轴

提供　结果　传统　明净　牢固　广播

漂白　皎洁　哺育　翡翠　迸发　构思

序言　渲染　驯养　良师　惋惜　沸腾

忧心忡忡　声东击西　名存实亡　涸泽而渔

有板有眼　岂有此理　变幻莫测　浴血奋战

花红柳绿　千锤百炼　光明磊落　山明水秀

风调雨顺　深谋远虑　因循守旧　酸甜苦辣

破釜沉舟　妙手回春　调虎离山　弄巧成拙

刻骨铭心　覆水难收　信以为真　异口同声

(二) 诗文练习(10分)

梅花

〔宋〕王安石

墙角数枝梅,

凌寒独自开。

遥知不是雪,

为有暗香来。

(三) 练习绕口令(20分)

1. 松树上住松鼠,松鼠爬到松树上。鼠爬松树树住鼠,鼠住松树鼠爬树。

2. 华华去商店买画儿，买画儿的华华不说普通话。卖货的花花给华华拿来花儿，华华怪花花错拿花儿当画儿。花花说华华明明买花儿才拿花儿，华华说花花拿花儿当画儿不像话。花花指出华华将"画儿"说成"花儿"，把"画儿"说成"花儿"的华华决心今后说好普通话。

三、活动过程记录

四、小组建议反馈

反思评价

1. 反思

请结合本次学习要点及实训内容，谈谈你在普通话声调发音中存在的问题，以及该如何纠正。

2. 评价

请你对本次任务进行评价。

评价表 1-1-4 掌握普通话声调和辨正技巧

内　　容	评　　分
1. 对普通话声调知识的理解程度	☆☆☆☆☆
2. 普通话声调发音标准程度	☆☆☆☆☆
3. 对普通话声调发音认识程度	☆☆☆☆☆
4. 说一说通过本次任务的学习，自己在普通话声调发音方面还存在哪些不足或困惑	

支持链接

普通话声调是具有区别意义作用的、一个音节在发音时高低升降方面的变化，是学习普通话的重要部分。请练习朗读《施氏食狮史》和《季姬击鸡记》，辨析、读准普通话四种声调。（扫描二维码查看朗读内容）

《施氏食狮史》

《季姬击鸡记》

任务五　掌握普通话语流音变规律

任务描述

知道普通话轻声、变调、儿化、语气词"啊"的音变等语流音变现象；掌握普通话语流音变规律；能够正确地进行语流音变。

要点学习

微课

变调及语气词
"啊"的音变

一、语流音变

人们日常说话表达思想情感时，发出的一个个音节是连续的。把许多音节组成词、短语和句子连续说出来，习惯上被称为语流。在语流中，音素之间、音节之间就会互相影响，产生语音的变化，这种变化一般是有规律的，也有一部分是约定俗成的，统称为语流音变。要准确流畅地用普通话表达思想情感，除了读准基本音节，还必须注意语流音变。普通话的语流音变现象主要有：变调、轻声、儿化和语气词"啊"的变读。

二、变调

变调是声调的音变，是相邻音节互相影响而产生的音高变化。最显著的变调有两类：上声变调和"一""不"变调。

1. 上声变调

（1）上声处在阴平、阳平、去声、轻声音节前，变为半上 21，可用顺口溜"上声连非上，前面变半上"记忆。

上声＋阴平，如：普通、火车、北京、小说、委托、手机。

上声＋阳平，如：语文、主持、检查、朗读、启程、拟人。

上声＋去声，如：典范、讲义、感谢、法律、主要、检验。

上声＋轻声，如：首饰、骨头、脊梁、脑袋、打扮、晚上。

（2）上声在上声前面变为阳平 35，可用顺口溜"上声连上声，前面变阳平"记忆。例如：允许、演讲、审美、友好、理想、堡垒。

（3）三个上声音节相连时，按词语内部结构分两种情况。

当词语的结构为"单音节＋双音节"（习惯上称作"单双格"）时，第一个音节变读为半上 21，第二个音节变读为阳平 35。例如：女选手、纸老虎、孔乙己。

当词语的结构为"双音节＋单音节"（习惯上称作"双单格"）时，前两个上声变读为阳平 35。例如：展览馆、演讲稿、水彩笔。

（4）三个以上上声相连，先将它们根据结构分成两字组或三字组，然后再按照上述规则变调。例如：永远/友好、你有/五把/纸雨伞。

2. "一""不"变调

"一""不"是古入声音节，同时在普通话里是高频率出现的常用字，且变调现象比较突出。

（1）"一""不"单念或用在词句末尾，及"一"表日期或序数，声调不变，读原调。例如：

统一　第一　五月一日

不，我偏不。

（2）在去声前，"一""不"一律变读为阳平 35。例如：

一夜　一样　一定　一道

不必　不变　不错　不到

(3) 在非去声前,"一"变读为去声51,"不"仍读原调去声51。例如:

一边　一天　一般　一生

一年　一群　一条　一同

一本　一朵　一起　一早

不吃　不同　不管　不想

(4) "一""不"在重叠动词、形容词、动补式词语间,读得近乎轻声。例如:

谈一谈　想一想　试一试　笑一笑

信不信　好不好　走不走　说不说

走不动　打不开　看不清　摸不着

三、语气词"啊"的音变

"啊"作为叹词单独使用时,一般都发 a 音,根据不同感情,可以发成 ā、á、ǎ、à。例如:

啊(ā),好好干!

啊(á)! 你怎么说出这样的话?

啊(ǎ)! 大点儿声,我听不清啊!

啊(à)! 我明白了。

作为语气词,用在句子末尾,往往受前一个音节末尾因素影响,产生连音或同化等变化,使"啊"变读为"呀""哇""哪"等。

前面音节的末尾音素是 a、o(不包括 ao 和 iao)、e、ê、i、ü,变读为"ya",写作"呀"。

怎么是他啊(呀,ya)?　　　好陡的山坡啊(呀,ya)!

她唱的是山歌啊(呀,ya)!　　快写啊(呀,ya)!

雪白的大米啊(呀,ya)!　　你去不去啊(呀,ya)?

前面音节的末尾音素是 u(包括 ao 和 iao),变读为"wa",写作"哇"。

去种树啊(哇,wa)!　　　真好啊(哇,wa)!

前面音节的末尾音素是 n,变读为"na",写作"哪"。

他真能干啊(哪,na)!　　这儿近啊(哪,na)!

前面音节的末尾音素是 ng,变读为"nga",写作"啊"。

真好听啊(啊,nga)!　　这饭菜真香啊(啊,nga)!

前面音节的末尾音素是-i(前),变读为"za",写作"啊"。

原来如此啊(啊,za)!　　不能太自私啊(啊,za)!

前面音节的末尾音素是-i(后)或 er(包括儿化韵),变读为"ra",写作"啊"。

大家吃啊(啊,ra)!　　他考了第二啊(啊,ra)!

什么事儿啊(啊,ra)?

四、轻声

有些音节在词语或句子中使用,失去了原来的调值,变得又轻又短,这就是轻声。轻声不是四声之外的第五种声调,而是四声的一种特殊音变。

1. 轻声的作用

轻声具有区别词义和词性的作用。

兄弟 xiōngdì(哥哥和弟弟)　　　兄弟 xiōngdi(弟弟)

是非 shìfēi(对和错)　　　是非 shìfei(纠纷)

大方 dàfāng(有专门学问的人)　　大方 dàfang(不吝啬,不小气)

地道 dìdào(地下通道,名词)　　　　　　　地道 dìdao(纯正,形容词)

编辑 biānjí(对资料或作品进行整理,动词)　　编辑 biānji(做编辑工作的人,名词)

2. 轻声的朗读规律

普通话中多数轻声同词汇、语法有密切的联系,可以归纳为以下几点规律。

(1)"吗、呢、啊、吧"等语气助词,如:是吗、他呢、看啊、走吧。

(2)"着、了、过、的、地、得"等助词,如:笑着、来了、看过、我的、勇敢地、唱得好。

(3)"子、头、们"等名词的后缀,如:椅子、木头、同学们。

(4)"上、下、里、边"等方位词,如:墙上、底下、家里、那边。

(5)叠音词或动词重叠形式的末一个音节,如:弟弟、奶奶、谈谈、跳跳、商量商量、考虑考虑。

(6)动词、形容词后表示趋向的动词,如:出来、进去、拿下去、热起来。这里需注意的是轻声可以连读,如:下来吧。

(7)某些常用的双音节词的第二个音节习惯上读轻声,如:明白、暖和、衣服、眼睛。

3. 轻声的读法

轻声是依据前一个音节来确定其调值的。

(1)当前面一个音节的声调是阴平、阳平、去声的时候,后面一个轻声音节是短促的低降调,调值是31。

阴平＋轻声,如:巴掌、冤枉、秧歌、奔拉、窗子、知识。

阳平＋轻声,如:能耐、白净、累赘、什么、盘算、学问。

去声＋轻声,如:凑合、认识、案子、刺猬、钥匙、地道。

(2)当前面一个音节的声调是上声的时候,后面一个轻声音节是短促的半高平调,调值是44。

上声＋轻声,如:我的、老实、马虎、起来、姐姐、暖和。

需要注意的是轻声音节不仅在音强、音长上较原来的读音有一些变化,而且在音色上也会发生变化,例如:复元音韵母弱化为单元音韵母,如"包涵";单元音韵母向央元音 e 靠拢等,如"活泼"。轻声音节的声母也可能发生变化,比如清音声母弱化为浊音声母,尤其是不送气的清塞音、清塞擦音往往浊化为浊擦音、浊塞擦音,如"秧歌"。

五、儿化

一个音节中,韵母带上卷舌色彩的一种特殊音变现象,叫作"儿化",这种卷舌化了的韵母就叫作"儿化韵"。如"山坡儿""小孩儿""胡同儿"等。

书面上用汉字"儿"表示儿化,但是"儿"不是一个独立音节,它和前面的汉字同属一个音节。用汉语拼音表示就在原来音节之后加上 r 表示卷舌动作。

1. 儿化的作用

儿化不仅是纯粹的语音现象,在表达词语的语法意义和修辞色彩上也起着积极的作用。

(1)区别词性。

盖(动)—盖儿(名词)　　　　画(动)—画儿(名词)

错(形)—错儿(名词)　　　　尖(形)—尖儿(名词)

(2)区别词义。

信(信件)—信儿(消息)　　　眼(眼睛)—眼儿(小孔)

头(脑袋)—头儿(领头的)　　火星(行星)—火星儿(极小的火)

(3)表示"可爱""亲切""诙谐"等喜爱温婉的感情色彩。

小孩儿、老头儿、脸蛋儿、小曲儿

(4)表示细、小、轻、微的性状特征。

小鱼儿、门缝儿、细丝儿、一会儿

2. 儿化音变规律

（1）音节末尾音素是 a、o、e、ê、u（包括 ao、iao）的，儿化时直接加上卷舌动作"r"。这类韵母共 13 个。

a-ar，如：刀把儿、板擦儿、冰碴儿、找茬儿。

ia-iar，如：脚丫儿、豆芽儿、哥俩儿、书架儿。

ua-uar，如：年画儿、牙刷儿、小褂儿、鲜花儿。

o-or，如：围脖儿、山坡儿、媒婆儿、锯末儿。

uo-uor，如：酒窝儿、发火儿、干活儿、课桌儿。

e-er，如：饭盒儿、蛋壳儿、小车儿、逗乐儿。

ie-ier，如：台阶儿、半截儿、树叶儿、小鞋儿。

ou-our，如：小丑儿、土豆儿、小狗儿、纽扣儿。

u-ur，如：媳妇儿、眼珠儿、面糊儿、小兔儿。

ao-aor，如：豆包儿、皮袍儿、灯泡儿、小猫儿。

iao-iaor，如：面条儿、麦苗儿、小鸟儿、豆角儿。

üe-üer，如：丑角儿、口诀儿、小靴儿、闰月儿。

iou-iour，如：皮球儿、抓阄儿、衣袖儿、蜗牛儿。

（2）韵尾是 i 或 n（韵母 in 和 ün 除外）时，儿化发音时韵尾 i、n 丢失，主要元音央化后做一个卷舌动作。这类韵母一共 10 个。

ai-ar，如：锅盖儿、小菜儿、鞋带儿、小孩儿。

uai-uar，如：糖块儿、碗筷儿、使坏儿、一块儿。

ei-er，如：刀背儿、晚辈儿、眼泪儿、摸黑儿。

uei-uer，如：零碎儿、耳坠儿、跑腿儿、一会儿。

an-ar，如：上班儿、花瓣儿、竹竿儿、脸盘儿。

ian-iar，如：笔尖儿、花边儿、窗帘儿、心眼儿。

uan-uar，如：拐弯儿、贪玩儿、撒欢儿、茶馆儿。

üan-üar，如：烟卷儿、手绢儿、小院儿、花园儿。

en-er，如：书本儿、脑门儿、花盆儿、杏仁儿。

uen-uer，如：打滚儿、没准儿、冰棍儿、开春儿。

（3）韵母是 i 和 ü 时，儿化发音要把韵腹 i 和 ü 变成韵头，后面增加央元音[ə]，然后做卷舌动作。

i-ier，如：饭粒儿、玩意儿、眼皮儿、小米儿。

ü-üer，如：有趣儿、蛐蛐儿、小曲儿、马驹儿。

（4）韵母是-i（前）、-i（后）时，儿化发音要把-i 变成央元音[ə]，然后做卷舌动作。

-i（前）-er，如：瓜子儿、鱼刺儿、肉丝儿、单词儿。

-i（后）-er，如：小事儿、小侄儿、果汁儿、锯齿儿。

（5）韵母是 in 和 ün 时，儿化发音要先失落韵尾 n，然后按照 i 和 ü 的音变规律，加上央元音[ə]，再做卷舌动作。

in-ier，如：皮筋儿、鼓劲儿、背心儿、脚印儿。

ün-üer，如：短裙儿、围裙儿、合群儿。

（6）韵尾是 ng 的韵母（ing 和 iong 除外）时，儿化发音要失落韵尾 ng，前面的主要元音留下鼻化色彩，然后做卷舌动作。这类韵母有 6 个。

ang-ar（鼻化），如：帮忙儿、偏方儿、鞋帮儿、偏旁儿。

iang-iar（鼻化），如：木箱儿、鼻梁儿、小巷儿、透亮儿。

uang-uar(鼻化)，如：蛋黄儿、木桩儿、借光儿、天窗儿。

eng-er(鼻化)，如：信封儿、凉棚儿、头绳儿、板凳儿。

ong-or(鼻化)，如：胡同儿、没空儿、门洞儿、酒盅儿。

ueng-uer(鼻化)，如：小瓮儿。

(7) 韵母是 ing 和 iong 时，儿化发音时韵尾 ng 失落，加上鼻化的央元音，之前的主要元音[i]和[y]变成韵头，然后做卷舌动作。

ing-ier(鼻化)，如：出名儿、花瓶儿、打鸣儿、电影儿。

iong-ior(鼻化)，如：小熊儿、苦穷儿、蚕蛹儿。

✎ 学习任务单

根据已学知识完成下列学习任务单。

基础知识任务单 1-1-5　掌握普通话语流音变规律

姓名：_____　学号：_____　评分人：_____　评分：_____

一、填空题(10 分)

1. 在普通话中，轻声的主要作用是区别意义和_____。

2. 轻声在语音物理性质上主要是由_____和音长决定的。

二、选择题(15 分)

1. "一定"中的"一"应读(　　)。

A. 阴平　　　　　　　B. 阳平　　　　　　　C. 上声　　　　　　　D. 去声

2. 下面都属于儿化词的一组是(　　)。

A. 男儿　鸟儿　瓶儿　活儿　　　　　　B. 头儿　豆儿　哪儿　婴儿

C. 尖儿　信儿　健儿　画儿　　　　　　D. 瓶儿　今儿　错儿　亮儿

三、判断题(15 分)

1. "一"在单念或在词句末尾时念阴平。(　　)

2. "小曲儿""脸蛋儿"中的"儿"含有小、喜爱、亲切等感情色彩。(　　)

3. "你请坐啊"中的"啊"音变为"wa"，汉字写为"哇"。(　　)

技能演练任务单 1-1-5　掌握普通话语流音变规律

姓名：_____　学号：_____　评分人：_____　评分：_____

一、要求

① 个人练习以下内容。

② 分小组演练，相互点评。

③ 录制音频，提交至教学系统平台。

二、主题

(一) 轻声(15 分)

1. 词语练习

妈妈　巴结　风筝　帮手　烧饼　高粱

朋友　蘑菇　裁缝　眉毛　学生　活泼

枕头　爽快　委屈　晚上　养活　打算

事情　凑合　漂亮　地方　栅栏　利落

下来吧　上面的　出去吧　起来了　看看吧　累得慌

2. 绕口令、儿歌练习

桃子、李子、梨子、栗子、橘子、柿子和榛子,栽满院子、村子和寨子。

刀子、斧子、锯子、凿子、锤子、刨子和尺子,做出桌子、椅子和箱子。

小兔子,开铺子。一张小桌子,两把小椅子,三根小绳子,四只小匣子,五管小笛子,六条小棍子,七个小盘子,八颗小豆子,九本小册子,十双小筷子。

3. 朗读练习《春》节选

盼望着,盼望着,东风来了,春天的脚步近了。

一切都像刚睡醒的样子,欣欣然张开了眼。山朗润起来了,水长起来了,太阳的脸红起来了。

小草偷偷地从土里钻出来,嫩嫩的,绿绿的。园子里,田野里,瞧去,一大片一大片满是的。坐着,躺着,打两个滚,踢几脚球,赛几趟跑,捉几回迷藏。风轻悄悄的,草软绵绵的。

桃树、杏树、梨树,你不让我,我不让你,都开满了花赶趟儿。红的像火,粉的像霞,白的像雪。花里带着甜味儿;闭了眼,树上仿佛已经满是桃儿、杏儿、梨儿! 花下成千成百的蜜蜂嗡嗡地闹着,大小的蝴蝶飞来飞去。野花遍地是:杂样儿,有名字的,没名字的,散在草丛里,像眼睛,像星星,还眨呀眨的。

(二) 变调(15 分)

1. 词语练习

水果　保险　采取　打扰　演出　简单　领空　语音　普及　朗读

举行　感觉　挽救　请示　访问　省略　老实　买卖　喇叭　走走

古典美　选举法　老领导　冷处理

2. 词组和句子练习

永远友好!

请往北走。

我很了解你。

给你两碗炒米粉。

请你给我打点洗脸水。

展览馆里有好几百种展览品。

3. 读一读下面的一字诗

一帆一桨一渔舟,一个渔翁一钓钩。

一俯一仰一顿笑,一江明月一江秋。

一东一西垄头水,一聚一散天边路。

一去一来道上客,一颠一倒池中树。

4. 读一读下面成语

一分为二　一成不变　一反常态　一视同仁

不以为然　不约而同　不同凡响　不动声色

5. 读一读诗歌

给我

杨晓民

给我一粒种子,

我为一颗颗荒芜的心灵插上新绿。

给我一缕阳光,

我用爱去点燃跳动的田野。

让星火传递星火，

让夏日的野藤蔓，

爬满一个个光秃的山头。

给我一滴白露，

我涂抹一条丰收的河流；

给我一个妄想啊，

我要让时间一分分慢下来，

让头顶上飘扬的白发，

和新年的雪花一起悄悄地融化，

悄悄地……

（三）儿化（15分）

1. 词语练习

石子儿　木棍儿　树梢儿　眼神儿　带刺儿　宝贝儿　嘴唇儿　面条儿

球门儿　花裙儿　心窝儿　瓜瓤儿　抽空儿　小羊儿　树枝儿　相框儿

号码儿　板擦儿　找茬儿　小孩儿　加塞儿　老伴儿　脸蛋儿　门槛儿

一下儿　掉价儿　露馅儿　麻花儿　牙刷儿　一块儿　饭馆儿　好玩儿

大腕儿　烟卷儿　手绢儿　人缘儿　绕远儿　老本儿　纳闷儿　走神儿

杏仁儿　半截儿　小鞋儿　旦角儿　跑腿儿　墨水儿　走味儿　打盹儿

胖墩儿　冰棍儿　没准儿　开春儿　瓜子儿　没门儿　挑刺儿　墨汁儿

记事儿　鞋垫儿　针鼻儿　玩意儿　脚印儿　毛驴儿　小曲儿　合群儿

2. 句子练习

小王特别喜欢吃瓜子儿。

咱俩一块儿去打球儿吧！

我们从后门儿走，到公园儿玩儿玩儿。

麻烦你把盖儿盖上。

别急，慢慢儿说，大伙儿会帮你的。

3. 绕口令练习

小哥俩儿，红脸蛋儿，手拉手儿，一块儿玩儿。小哥俩儿，一个班儿，一路上学唱着歌儿。学造句，一串串儿，唱新歌儿，一段段儿，学画画儿，不贪玩儿。画小猫儿，钻圆圈儿，画小狗儿，蹲庙台儿，画只小鸡儿吃小米儿，画条小鱼儿吐水泡儿。小哥俩儿，对脾气儿，上学念书不费劲儿，真是父母的好宝贝儿。

进了门儿，倒杯水儿，喝了两口儿运运气儿，顺手拿起小唱本儿，唱了一曲儿又一曲儿，练完嗓子我练嘴皮儿，绕口令儿，练字音儿，还有单弦儿牌子曲儿，小快板儿大鼓词儿，又说又唱我真带劲儿。

（四）语气词"啊"的音变（15分）

1. 句子练习

千万注意啊！这里的条件真好啊！身上这么多土啊！

大家加油干啊！她的歌声多好听啊！同志们，冲啊！

他在写字啊！他真好玩儿啊！

2. 对话练习

甲：这是什么啊？

乙：吃的东西啊！面包啊，香肠啊，饮料啊，西瓜啊，瓜子啊，应有尽有啊！

甲：今天我们要大吃一顿啊！

乙：是啊，给你好好庆贺啊！

甲：给我庆贺什么啊？

乙：今天是你的生日啊！你怎么忘了？

甲：啊，对啊！今天是我的生日啊，我怎么忘了呢？

三、活动过程记录

四、小组建议反馈

反思评价

1. 反思

请结合本次学习要点及实训内容，谈谈你在语流音变发音中存在的问题，以及该如何纠正。

2. 评价

请你对本次任务进行评价。

评价表 1-1-5 掌握普通话语流音变规律

内　　容	评　分
1. 对普通话语流音变知识的理解程度	☆☆☆☆☆
2. 普通话语流音变发音标准程度	☆☆☆☆☆
3. 说一说通过本次任务的学习，自己在普通话语流音变方面还存在哪些不足或困惑	

支持链接

在普通话水平测试中，必读轻声词语和儿化词语的准确表达非常重要。请扫描二维码学习《普通话水平测试用必读轻声词语表》和《普通话水平测试用儿化词语表》，练习朗读好必读轻声词语和儿化词语。

《普通话水平测试用必读轻声词语表》　　《普通话水平测试用儿化词语表》

项目二　普通话发声技巧训练

学习目标

（一）素质目标

1. 在教学中建立科学发声意识。

2. 明确吐字归音在语言训练中的作用，养成良好的吐字归音习惯。

3. 在语言表达过程中逐渐熟练使用共鸣发声，让声音变得圆润、浑厚、饱满。

（二）知识目标

1. 掌握科学的用气发声理论，知晓科学发声方法，形成自己的声音特色。

2. 熟练把握字头、字腹、字尾在吐字归音中的发声要领。

3. 了解发声共鸣控制的特点，熟练掌握口腔、胸腔、鼻腔的共鸣要领。

（三）能力目标

1. 学会科学发声、美化声音，形成发声过程中自我控制和自我完善的能力，提高发声质量。

2. 熟练运用不同的气息控制模式改变音色，成功塑造口语表达中各种角色形象。

任务一　掌握用气发声技巧

任务描述

气乃音之帅，气动则声发。只有气息充足，声音才能洪亮、持久。幼儿教师在日常教学中既要有洪亮的声音，又要有自己的声音特色，同时还需要在朗读、讲故事等教学中通过科学发声，用声音塑造不同的人物形象，展示不同的人物性格特征，表达人物不同的情感变化。本次学习任务是了解发音器官及发音原理，掌握科学的呼吸方法，通过训练在教学过程中能积极运用发声技巧。

微课

呼吸发声训练

要点学习

一、发音器官及发音原理

发音器官指的是说话过程中参与发音动作的器官，这些在发音中起着不同作用的器官按呼出气流的方向自下而上分成三个部分，他们分别是动力区、声源区和调音区，见图1-2-1。

（1）动力区包括肺、横膈膜、气管。肺是呼吸气流的活动风扇，呼吸气流是语音的动力。肺部呼出的气流，通过气管到达喉头，作用于声带、咽腔、口腔、鼻腔等器官。

（2）声源区主要指声带。声带位于喉头的中间，是两片富有弹性的带状薄膜。声带之间的空隙叫声门，肌肉的收缩、杓状软骨的活动可使声带放松或收紧，使声门打开或关闭，气流通过声门使声带发生振动发出声音。控制声带松紧变化可以发出高低不同的声音。

（3）调音区主要包括口腔、鼻腔、咽腔。口腔包括唇、齿、舌，口腔后边是咽腔。口腔和鼻腔靠软腭和小舌分开。软腭和小舌上升时鼻腔关闭，口腔畅通，这时发出的声音在口腔中共鸣，叫口音。软腭和小舌下垂,口腔成阻,气流只能从鼻腔中发出,这时声音主要在鼻腔中共鸣,叫鼻音。如果气流从口腔、鼻腔同时发出,发出的声音在口腔和鼻腔中同时产生共鸣,叫鼻化音。

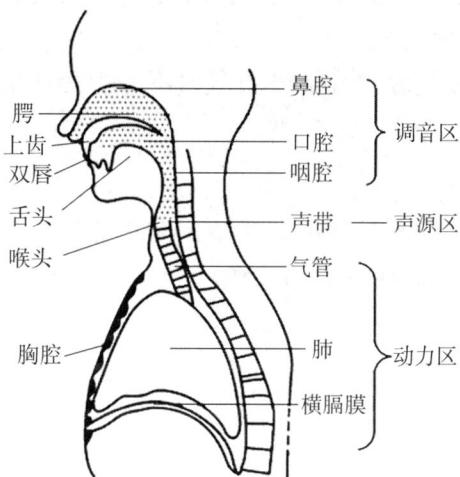

图 1-2-1 发音器官

二、呼吸的基本方法

常见的呼吸方法有三种,即胸式呼吸、腹式呼吸和胸腹式联合呼吸。

1. 胸式呼吸

胸式呼吸,又叫浅式呼吸。它主要靠上体肋骨扩大胸腔的水平度来呼吸。吸气时横膈膜下降程度很小,腹肌基本没有运动;呼气时,只把肌肉放松以恢复原状。在故事讲述中模仿一些声音比较细、尖的人或小动物的声音时适用。

2. 腹式呼吸

腹式呼吸,又叫深呼吸。这种呼吸法的特点为吸气时腹部明显凸起,它主要靠膈肌升降完成呼吸运动。在故事讲述中模仿一些声音比较粗犷、深沉的人或小动物时适用。

3. 胸腹式联合呼吸

胸腹式联合呼吸,也称胸部与横膈并用式呼吸。这种呼吸方法增强了对气流的控制能力,能够对气流的强弱、长短进行调节,进而自如地控制声音的高低强弱,以适应各种长时间的发声运动,发出的声音也圆润饱满。建议幼儿教师使用胸腹式联合呼吸的方式。

三、用气发声训练

(1) 吸气要领及训练。

吸气要领是吸入肺底,两肋打开,腹壁站定。训练方法如下。

第一种:闻花香。平坐在凳子上,闭上双眼,双手轻轻放在腰部两侧,想象面前有一束鲜花,花香沁人心脾。缓缓地深吸一口气,让花香从鼻腔慢慢进入肺底部,此时两肋渐渐打开,腰部慢慢膨胀,控制一秒钟,数一、二,缓缓吐出。

第二种:半打哈欠。也就是不张大嘴打哈欠。吸气时,气息瞬间进入,腹部膨胀,胸腔扩张,腰带周围也有胀满的感觉。

第三种:喊人训练。想象自己急于要找的人突然出现在前方,你准备呼喊,此刻吸气类似于倒吸气,两肋会快速提起,气息在不知不觉中迅速吸入肺底。快吸时要注意也要保持住呼吸的要领,保持两肋打开、吸入肺底、腹壁"站定"的基本状态。

（2）呼气要领及训练。

呼气要领是稳劲持久,要有控制,富于变化。

第一种:吹灰训练。假设面前有一张桌子,上面布满灰尘,将上边的灰尘吹掉。要缓缓地、持久有力地吹,找到吹气过程中腹部收缩、紧绷的感觉。

第二种:自行车漏气法。深吸气后均匀吐气,吐气时不间断发 si 的声音,吐出的气流要均量匀速。反复练习后,达到吐出气息时长能持续 30—40 秒。

四、幼儿教师职业发声特点

幼儿教师的职业发声,整体上以实声为主,虚实结合,声音清晰圆润,声音变化幅度不大,但层次丰富,表情达意准确。口语化用声,状态自如,声音流畅。

✍ 学习任务单

根据已学知识完成下列学习任务单。

基础知识任务单 1-2-1　掌握用气发声技巧

姓名:＿＿＿＿＿＿　学号:＿＿＿＿＿＿　评分人:＿＿＿＿＿＿　评分:＿＿＿＿＿＿

一、填空题(18 分)

1. 呼吸的基本方法有＿＿＿＿、＿＿＿＿、＿＿＿＿。

2. 调音区主要包括＿＿＿＿、＿＿＿＿、＿＿＿＿。

二、选择题(10 分)

1. 吸气要领训练有哪些?（　　　）

A. 闻花香　　　　　　B. 吹灰　　　　　　C. 自行车漏气训练　　　　D. 打喷嚏训练

2. 发音器官按照呼出气流的方向自下而上分成哪三个部分?（　　　）

A. 调音区、声源区、口腔区

B. 声源区、动力区、口腔区

C. 动力区、调音区、口腔区

D. 动力区、声源区、调音区

三、判读题(12 分)

1. 胸式呼吸,又叫深呼吸。它主要靠上体肋骨扩大胸腔的水平度来呼吸。吸气时横膈膜上升程度很小,腹肌基本没有运动;呼气时,只把肌肉放松以恢复原状。（　　　）

2. 吸气要领是吸入肺底、两肋张开、腹壁站定。（　　　）

技能演练任务单 1-2-1　掌握用气发声技巧

姓名:＿＿＿＿＿＿　学号:＿＿＿＿＿＿　评分人:＿＿＿＿＿＿　评分:＿＿＿＿＿＿

一、要求

① 综合性训练气息发声,力争做到呼吸自如。

② 换气练习,通过训练感受换气与补气。

③ 录制训练视频,并提交教学系统平台。

二、主题

(一)气息综合性训练(30分)

1. 慢吸慢呼

深吸气,一口气连续、均匀发单韵母 a、o、e、i、u、ü,努力保持音调和音强不变。

2. 慢吸快呼

练习绕口令,例如:吃葡萄不吐葡萄皮,不吃葡萄倒吐葡萄皮。一口气尽量说又多又快的话。

3. 快吸慢呼

想象朋友突然在远方出现,急切呼喊。例如:阿毛、小刚。吸气时倒吸气,喊人名时拉长音。

4. 快吸快呼

喊口令:"一二三四,五六七八;二二三四,五六七八……"换气时吸气速度要快。

(二)换气训练(30分)

1. 贯口训练

天上看,满天星;地上看,有个坑;坑里看,有盘冰。坑外长着一老松,松上落着一只鹰,鹰下坐着一老僧,僧前点着一盏灯,灯前搁着一部经,墙上钉着一根钉,钉上挂着一张弓。说刮风,就刮风,刮得那男女老少难把眼睛睁。刮散了天上的星,刮平了地上的坑,刮化了坑里的冰,刮断了坑外的松,刮飞了松上的鹰,刮走了鹰下的僧,刮灭了僧前的灯,刮乱了灯前的经,刮掉了墙上的钉,刮翻了钉上的弓。只刮得星散、坑平、冰化、松倒、鹰飞、僧走、灯灭、经乱、钉掉、弓翻,还不停。

2. 新闻播报

(1)日前,国务院2024年度省级政府安全生产和消防工作考核巡查正式启动。此次考核巡查聚焦城镇燃气安全专项整治、电动自行车安全隐患全链条整治等11项重点工作开展情况。考核中发现的典型重大问题,巡查组将首次提级督办并要求属地倒查责任。(央视新闻)

(2)外交部4日就大湄公河次区域经济合作第八次领导人会议即将举行表示,中方期待通过此次领导人会议,同各方深入交流,紧扣开放、创新、融通、协同四大关键词,推动地区互联互通、贸易投资、农业、减贫等重点领域合作取得新进展,为促进地区可持续发展,实现经济一体化作出更大贡献。(外交部网站)

三、活动过程记录

四、小组建议反馈

反思评价

1. 反思

请结合本次学习要点及实训内容,谈谈气息运用在语言表达中的重要作用。

2. 评价

请你对本次任务进行评价。

评价表1-2-1 掌握用气发声技巧

内　　容	评　　分
1. 对科学发声的重要意义了解程度	☆☆☆☆☆
2. 对发音器官及发音原理的掌握程度	☆☆☆☆☆
3. 用气发声技巧熟练运用程度	☆☆☆☆☆
4. 通过呼吸训练后,在语言表达中换气自如程度	☆☆☆☆☆
5. 说一说通过本次任务的学习,还存在哪些困惑	

支持链接

幼儿教师口语表达中气息运用很重要,要学会科学发声,合理用嗓。保护嗓子的方法有哪些呢? 请扫描二维码查看了解。

文档

保护嗓子的方法

任务二　掌握吐字归音技巧

任务描述

吐字归音是我国传统说唱理论中提及咬字方法时所用的一个术语,从汉语音节特点出发,把汉字一个音节的发音过程分为字头、字腹、字尾三个阶段。吐字归音训练就是要将以上三个阶段发声到位,以实现字正腔圆。

微课

吐字归音训练

要点学习

一、普通话音节结构特点

普通话音节由声母、韵母、声调三部分构成,韵母又分为韵头、韵腹、韵尾。为了实现发音的字正腔圆,要把一个字(音节)的字头(字头＝声母＋韵头)、字腹(字腹＝韵腹)、字尾(字尾＝韵尾)三部分发清楚。

二、吐字归音要领

汉字发音要遵循汉字的音节结构特点,尽量将每个字发音过程处理成"枣核型",字头为一端,字尾为一端,字腹为核心。这要求掌握叼住字头,立起字腹,弱收字尾的发音要领。

（1）字头发音要求：部位准确，叼住弹出。

字头出字是指声母成阻、持阻阶段的发音，它要求成阻部位的肌肉要有紧张度，出气要有力，且力量集中在相应部位的中纵线上，不要满口用力，要用巧劲而非拙劲。

（2）字腹发音要求：拉开立起，圆润饱满。

字腹立字部分是吐字归音的核心部分。从吐字的枣核形来看，字腹部分需做到拉开立起。拉开是指时间上的感觉，立起是空间上的感觉，通过拉开立起使发音到位、充分，发出饱满、响亮、圆润的声音。复韵母发音时舌位的移动和唇形的变化要做到快速而自然。

（3）字尾发音要求：弱收到位，趋势鲜明。

字尾归音处于音节发音的最后阶段，对于音节发音的完整性很重要，无论有无韵尾的音节都有归音的问题，所以对于字尾的归音要做到弱收到位。"弱收"是指音节结尾的发音要做到气渐弱，力渐松，尾音轻短，这样实现了音节发音的完整性和音节与音节之间的区分。"到位"是指有韵尾的音节，字尾音素的舌位在发音时要达到规定的位置，干净利落收住。

三、吐字归音训练

口腔控制练习包括三个部分：开口训练、唇部力量训练和舌部力量训练。

1. 开口训练

开口训练的口诀是打开牙关、提起颧肌、挺起软腭、放松下巴。

（1）打开牙关。打开牙关是指打开后槽牙，打开时要有弹性，不要太僵硬。训练时可采用咬苹果，反复咀嚼的方式进行体会。

注意：训练时口腔要放松，不要过于紧张，也不要张到极限，牙关打开时面颊两侧会有凹陷的现象。

（2）提起颧肌。两嘴角向斜上方抬起，口腔前部及上颚有展宽的感觉，上唇与上齿较为贴合，下唇也是包裹着下齿。可以采用微笑的方式进行训练。

注意：动作要自然，不要太僵硬。

（3）挺起软腭。挺起软腭可以增加口腔后部的空间，减少气流过多灌入鼻腔，避免造成鼻音。训练时可寻找半打哈欠的感觉，软腭立起时，口腔内部呈穹庐状，可适当保持这种状态去发声，如：发 hao 音时明显感觉到口腔后部的开度较大，用它再去带发其他音节会收到较好的效果。

注意：训练时口腔不必张开过大，要做到口腔内部空间扩展，但唇形处于自然状态。

（4）放松下巴。打开口腔时，下巴一定要放松，否则会导致喉部紧张疲劳。训练时可用手扶住下巴，然后慢慢抬头打开口腔，再缓缓低头关闭口腔。

注意：训练时下巴尽量保持不动，感觉颈部后方有一条线在牵引我们做此运动。

2. 唇部力量训练

双唇是咬字的器官，唇的控制对吐字质量有明显的影响。在发音时加强唇的力量可以使声音清晰、集中。双唇松懒，声音发出来则散漫、无力，唇形不正确还会使字音出错，影响语义。

（1）咧唇。双唇紧闭再用力向前撅起，然后将嘴角用力向两边伸展。嘴唇要始终抓住牙齿运动的感觉，也就是唇齿相依，练习过程中寻找向前撅起是个"点"，向两边伸展是条"线"的感觉。

（2）绕唇。双唇闭紧向前撅起，沿唇部的上、左、下、右方向转动，做完 360 度再反方向转，然后反复转动。

（3）喷唇。双唇紧闭，将唇的力量集中于唇中央三分之一处，堵住气流，唇齿相依，不裹唇，突然连续喷气出声，发出 p 的声音。

3. 舌部力量训练

（1）刮舌。舌尖抵在下齿背，上齿背接触舌前部，随着嘴的张开，上齿背沿舌面中纵线从前往后刮动，注意舌面中纵线一定要明显隆起与上门齿接触刮动。口腔开度不好或舌面音 j、q、x 发音有问题者可以多做此练习。

（2）顶舌。首先闭起双唇，用舌尖顶住左内颊，用力顶，再用舌尖顶住右内颊，左右交替做同样的练习。

（3）转舌。首先要闭起双唇，将舌尖放置于唇内齿外，可以顺时针或逆时针进行360度转动。

（4）舌打响。将舌尖顶住硬腭，用力持阻，然后突然弹开，发出类似"de"的响声。

四、吐字归音注意事项

1. 忌浮

浮，指唇舌无力，叼不住字。

2. 忌拙

拙，指成阻用力过大，持阻时间过长，或者是满口用力。

📝 学习任务单

根据已学知识完成下列学习任务单。

基础知识任务单 1-2-2　掌握吐字归音技巧

姓名：_____　学号：_____　评分人：_____　评分：_____

一、填空题(28分)

1. 吐字归音要领指出，要将每个字发音过程处理成_____型。

2. 吐字归音的发音要领有_____、_____、_____。

3. 口腔控制练习包括_____、_____、_____。

二、选择题(8分)

1. 音节的发音过程分为( )。

A. 字头　　　　　　　　　　　　B. 字腹

C. 字尾　　　　　　　　　　　　D. 韵尾

2. 开口训练包括( )。

A. 打开牙关　　　　　　　　　　B. 提起颧肌

C. 挺起软腭　　　　　　　　　　D. 放松下巴

三、判断题(4分)

1. 唇部力量训练包括咧唇、绕唇、喷唇。( )

2. 吐字归音要做到唇舌放松，满口用力。( )

技能演练任务单 1-2-2　掌握吐字归音技巧

姓名：_____　学号：_____　评分人：_____　评分：_____

一、要求

① 个人练习以下内容。

② 分小组演练，相互点评。

③ 录制音频，提交至教学系统平台。

二、主题

根据自己吐字归音的不足,选择相应的绕口令进行训练(60分)

(一)吐字训练(20分)

1. 双唇音

(1) 八百标兵奔北坡,炮兵并排北边跑;炮兵怕把标兵碰,标兵怕碰炮兵炮。

(2) 一平盆面,烙一平盆饼,饼碰盆,盆碰饼。

(3) 白猫黑鼻子,黑猫白鼻子。黑猫的白鼻子,碰破了白猫的黑鼻子。白猫的黑鼻子破了,剥个秕谷壳儿补鼻子。黑猫的白鼻子没破,就不必剥秕谷壳补鼻子。

2. 唇齿音

(1) 风吹灰飞堆灰乱,灰飞花上花堆灰。风吹花灰灰飞去,灰在风里灰飞灰。

(2) 方辉、黄飞学画凤凰,方辉画了红凤凰、黄凤凰、灰凤凰。黄飞画了粉红凤凰、花凤凰。方辉、黄飞画的凤凰像活凤凰。

3. 舌尖中音

(1) 你会炖冻豆腐,你来炖我的炖冻豆腐;你不会炖冻豆腐,别胡炖乱炖炖坏了我的炖冻豆腐。

(2) 老罗拉了一车梨,老李拉了一车栗。老罗人称大力罗,老李人称李大力。老罗拉梨做梨酒,老李拉栗去换梨。

(3) 有个面铺门朝南,门上挂着蓝布棉门帘,摘了蓝布棉门帘,面铺门朝南;挂上蓝布棉门帘,面铺还是门朝南。

(4) 大刀对单刀,单刀对大刀,大刀斗单刀,单刀夺大刀。

4. 舌面后音

(1) 哥挎瓜筐过宽沟,过沟筐漏瓜滚沟,隔沟够瓜瓜筐扣,瓜滚筐空哥怪沟。

(2) 一班有个黄贺,二班有个王克,黄贺王克二人搞创作,黄贺搞木刻,王克搞诗歌。黄贺帮助王克写诗歌,王克帮助黄贺搞木刻。由于二人搞协作,黄贺完成了木刻,王克写好了诗歌。

5. 舌面前音

(1) 氢气球,气球轻,轻轻气球轻擎起,擎起气球心欢喜。

(2) 七巷一个漆匠,西巷一个锡匠。七巷漆匠用了西巷锡匠的锡,西巷锡匠拿了七巷漆匠的漆,七巷漆匠气西巷锡匠用了漆,西巷锡匠讥七巷漆匠拿了锡。

6. 舌尖后音

(1) 朱家一株竹,竹笋初长出。朱叔处处锄,锄出笋来煮,锄完不再出,朱叔没笋煮,竹株又干枯。

(2) 我吃瓜,我也请你吃瓜,你喝茶,你也请我喝茶。

(3) 山羊上山,山碰山羊角。水牛下水,水没水牛腰。黑猪进圈,圈碰黑猪脑。毛驴驮草,草压毛驴腰。

(4) 认识从实践始,实践出真知。知道就是知道,不知道就是不知道。不要知道说不知道,也不要不知道说知道。老老实实,实事求是,一定要做到不折不扣的真知道。

7. 舌尖前音

(1) 紫紫茄子,紫茄子紫。紫茄子结籽,紫茄子皮紫肉不紫。紫紫茄子结籽,紫紫茄子皮紫籽也紫。你喜欢吃皮紫肉不紫的紫茄子,还是喜欢吃紫皮紫籽的紫紫茄子。

(2) 山前有个崔粗腿,山后有个崔腿粗,二人山前来比腿。不知是崔腿粗比崔粗腿的腿粗,还是崔粗腿比崔腿粗的腿粗。

(3) 石、斯、施、史四老师,天天和我在一起。石老师教我大公无私,斯老师给我精神粮食,施老师教我遇事三思,史老师送我知识钥匙。我感谢石、斯、施、史四老师。

(二)立字训练(20分)

1. 开口呼

小花和小华,一同种庄稼。小华种棉花,小花种西瓜。小华的棉花开了花,小花的西瓜结了瓜。小花找小华,商量瓜换花。小花用瓜换了花,小华用花换了瓜。

2. 齐齿呼

一二三,三二一,一二三四五六七,七六五四三二一。七个姑娘来齐聚,七只花篮手中提,摘的是橙子、橘子、柿子、李子、栗子、梨。

3. 合口呼

山上五株树,架上五壶醋,林中五只鹿,柜中五条裤。伐了山上树,取下架上醋,抓住林中鹿,拿出柜中裤。

4. 撮口呼

大渠养大鱼不养小鱼,小渠养小鱼不养大鱼。一天天下雨,大渠水流进小渠,小渠水流进大渠。大渠里有了小鱼不见大鱼,小渠里有了大鱼不见小鱼。

(三)归音训练(20 分)

1. 鼻尾音:练习 n、ng 字尾发音。n 发音,舌尖收到上齿龈,阻住口腔通道,鼻音一出即收;ng 发音,舌根收到软腭处,阻住口腔通道,鼻音一出即收。

山岩出山泉,山泉源山岩,山泉抱山岩,山岩依山泉,山泉冲山岩。

老龙恼怒闹老农,老农恼怒闹老龙。龙怒农恼龙更怒,龙恼农怒龙怕农。

2. 不圆唇音:练习 i 字尾发音。归音时不能完全归到 i,而是在舌前部向 i 的位置抬起的过程中弱收。

(1)黑化肥挥发发灰会花飞,灰化肥挥发发黑会飞花

(2)废话费话费,会花费话费,废话飞,飞话费,付话费会责怪话费贵。

3. 圆唇音:练习 u、o 字尾发音。u 做字尾,唇形要收圆,o 做字尾,归音归到 u 的位置才好。

(1)柳林镇有个六号楼,刘老六住在六号楼。有一天,来了牛老六,牵着六只猴;来了侯老六,拉了六头牛;来了仇老六,担了六篓油;来了尤老六,背了四匹绸。牛老六、侯老六、仇老六、尤老六,住在刘老六住的六号楼。半夜里,牛抵猴,猴斗牛,撞倒了仇老六的油,油坏了尤老六的绸。仇老六拉起牛老六要赔油,尤老六拉着侯老六要赔绸,牛老六怨侯老六的牛,侯老六怨牛老六的猴。

(2)东边庙里有个猫,西边树梢有只鸟。猫鸟天天闹,不知是猫闹树上鸟,还是鸟闹庙里猫。

三、活动过程记录

四、小组建议反馈

反思评价

1. 反思

请结合本次学习要点及实训内容,谈谈如何标准地发出一个音节。

2. 评价

请你对本次任务进行评价。

评价表 1-2-2 掌握吐字归音技巧

内　容	评　分
1. 对吐字归音要领掌握程度	☆☆☆☆☆
2. 对吐字归音各项训练技巧把握程度	☆☆☆☆☆
3. 说一说通过本次任务的学习,自己吐字归音方面还有哪些不足或困惑	

📎 支持链接

朗诵等口语表达中强调"字正腔圆"。在朗诵与歌唱中如何准确清晰地咬字、吐字呢?绕口令训练也是练习吐字归音的好方法。绕口令技巧与方法有哪些?请扫描二维码学习。

绕口令技巧与方法

任务三　掌握共鸣控制技巧

👤 任务描述

共鸣控制是科学发声中的重要一环,它可以扩大和美化声音,改善声音质量,提高声音色彩表现力,同时在幼儿故事讲述中,对塑造角色声音起着重要作用。

📋 要点学习

一、共鸣含义

共鸣是指物体因共振而发声的现象。共振是指两个振动频率相同的物体,当一个发声振动时,引起另一个物体振动。人们说话时,声带因振动而发出的声音叫基音,基音是单薄无力的,它的声波能引起人体内各个共鸣体发生共振,因而产生泛音。基音在共鸣腔内引起的共振就是人声的共鸣。

共鸣控制训练

二、共鸣腔及其作用

共鸣腔自下而上分别是胸腔、喉腔、咽腔、口腔、鼻腔、头腔。

1. 胸腔

胸腔是由肋骨支撑的胸廓,它包括气管、支气管和整个肺部。由于胸腔容积较大,而且体积较为固定,它是不可调节共鸣。胸腔共鸣作用时,胸部会有明显的震动感,它对低音声波共鸣的作用比较明显,胸腔共鸣会使声音听起来浑厚、结实。

2. 喉腔

喉腔是声带受到肺部气流冲击,发出的音经过的第一个共鸣腔,它的状况会直接影响到声音的质量,在发声时,喉头要放松,喉头若束紧,喉腔会被挤扁,声音就会偏扁,不利于形成喉腔共鸣。

3. 咽腔

咽腔也叫作咽管,它是一个前后稍扁的漏斗状肌管。咽腔是一个重要的共鸣腔,是重要的共鸣交通区,对于扩大音量、润色音色起着重要的作用。

4. 口腔

口腔是咬字和吐字的重要器官,是发声过程中最灵活的、可以调节的腔体,它可以根据舌位、唇形的改变而获得不同的音色,是最重要的共鸣腔。良好的口腔共鸣可以使字音明亮结实,圆润动听。

5. 鼻腔

鼻腔共鸣是声波在鼻骨上的振动,也就是将声音的焦点定位在鼻腔,因此声音会显得明亮、高亢,但如果过度使用鼻腔共鸣会降低语音的清晰度,使音色浑浊。

6. 头腔

头腔包括鼻腔、鼻咽腔和鼻窦等,它们属于固定空间,声波共振属于无气息的共鸣。由于体积小,位置高,这种共鸣色彩明亮,声音集中而柔和,因此头腔共鸣也叫作高音共鸣,它在声乐中比较常用到。

三、共鸣控制训练

1. 口腔共鸣控制训练

口腔是发音器官中最复杂、动作最灵活的腔体,口腔共鸣的训练可以使声音变得更加明朗、圆润、集中。发声训练时,双唇用喷法,舌尖用弹法,要有意识集中一点发力,让音沿上颚打到硬腭前端送出,也就是所谓的声挂硬腭。发音时要注意,鼻腔要关闭,不要产生鼻泄露。训练方法如下。

(1)练习 bā—dā—gā、pā—tā—kā 的读音。

注意:训练时可延长每一个音节,感受到气息通畅不受阻,气流从硬腭前端发出。

(2)练习复韵母 ai、ei、ao、ou 的读音。

注意:发音时牙关打开,笑肌微提,声波沿口腔上颚的中纵线向前滑,朝着上牙齿齿背方向进行推送。

(3)练习朗读表达喜悦、兴奋、轻松、愉快心情的词语。例如:喜笑颜开、心花怒放、眉开眼笑、喜出望外、扬眉吐气、神采奕奕。

注意:朗读时气息上提,音色明亮。

2. 胸腔共鸣控制训练

胸腔的空间及共鸣能量大,发出的声音具有宽度和深度,可以让声音变得浑厚、结实、有力。发音时要在上胸部蓄满一口气,喉头下沉,振动声带,此时胸部明显感到振动,从而产生共鸣。胸腔共鸣是口腔共鸣不可缺少的基础。但胸腔共鸣不可过多运用,否则容易造成声音低沉、浑浊,含混压抑。

(1)用手轻轻地按着胸腔上方,用较低的声音发 a 音,可以从高到低,从低到高,从实到虚,体会哪一段声音在上胸腔的震动最强烈,在这个声音段里多使用这样的共鸣状态发出声音。

注意:要寻找声音从低到高,再从高到低共鸣感最强烈的位置。

(2)用夸张法读下列字词。

百炼成钢　山河美丽　中流砥柱　英明伟大　普天同庆
翻江倒海　响彻云霄　丰功伟绩　满园春色　盖世无双

3. 鼻腔共鸣控制训练

鼻腔共鸣是通过软腭来实现的。当软腭放松,鼻腔通路打开,口腔关闭,声音在鼻腔中得到了共鸣。鼻腔共鸣会使声音洪亮、高远、厚重,但过多使用会降低声音的清晰度,使音色浑浊,有堵和腻的感觉。

(1)练习鼻辅音＋口腔元音。

ma—mi—mu

na—ni—nu

注意:要用拖长音节的方式进行训练,在读的过程中要充分感受鼻腔的振动。

(2)用哼唱的方式进行训练,如哼唱《外婆的澎湖湾》。

(3)词语练习。

妈妈 大妈 光芒 中央 接纳 头脑 南方

泥泞 满足 美貌 蒙蔽 能耐 男女 嫩绿

4. 三腔共鸣的要领

训练时,要注意掌握发音的总体感觉:气息下沉,两肋扩张,喉部放松,胸部不僵,声音像一条弹性带,从小腹拉出垂直向上,经口咽部向前,沿上腭中线前行,"挂"于硬腭前部,透出口外,声音通畅,运行自如。

📝 学习任务单

根据已学知识完成下列学习任务单。

基础知识任务单 1-2-3 掌握共鸣控制技巧

姓名:_____ 学号:_____ 评分人:_____ 评分:_____

一、填空题(22 分)

1. 共鸣腔自下而上分别是_____、_____、_____、_____、_____、_____。

2. 共鸣控制训练的部位包括_____、_____、_____。

3. 口腔是咬字和吐字的重要器官,它可以根据_____、_____的改变而获得不同的音色,是最重要的共鸣腔。

二、选择题(10 分)

1. 头腔包括(   )。

A. 鼻腔   B. 鼻咽腔

C. 鼻窦   D. 胸腔

2. 鼻腔共鸣控制训练方法包括(   )。

A. 鼻辅音+口腔元音   B. 哼唱

C. 打哈欠   D. 练习韵母 ai、ei、ao、ou

三、判断题(8 分)

1. 口腔共鸣训练可以练习"妈妈""光芒""中央""南方"等音。(   )

2. 胸腔共鸣是可以调节的共鸣。(   )

技能演练任务单 1-2-3 掌握共鸣控制技巧

姓名:_____ 学号:_____ 评分人:_____ 评分:_____

一、要求

① 个人根据自身共鸣情况选择口腔、胸腔或鼻腔共鸣训练。

② 分小组演练,相互听,并指导。

③ 录制音频或视频,提交至教学系统平台。

二、主题

(一) 口腔共鸣训练(15 分)

1. 字词

加价　假牙　彩排　拍卖　巧妙　报告

耍滑　刷牙　反叛　漫谈　长江　厂房

吧嗒嗒　咣当当　哗啦啦　扑通通

波澜壮阔　调兵遣将　快马加鞭　八面玲珑

2. 诗词

七律·人民解放军占领南京

毛泽东

钟山风雨起苍黄,百万雄师过大江。

虎踞龙盘今胜昔,天翻地覆慨而慷。

宜将剩勇追穷寇,不可沽名学霸王。

天若有情天亦老,人间正道是沧桑。

(二) 胸腔共鸣训练(15 分)

1. 字词

武汉　感染　漫谈　淡蓝　难堪　展览

到达　计划　转换　鲜艳　简便　见面

暗箭伤人　年富力强　箭在弦上　冠冕堂皇

2. 诗词

敕勒歌

〔南北朝〕

敕勒川,阴山下。

天似穹庐,笼盖四野,

天苍苍,野茫茫,风吹草低见牛羊。

(三) 鼻腔共鸣训练(15 分)

1. 字词

美满　命脉　埋没　牧童　弥漫　恼怒

奶娘　难弄　满面　农奴　美梦　茂密

南腔北调　弄假成真　怒发冲冠　能说会道

2. 诗词

菩萨蛮

〔唐〕韦庄

人人尽说江南好,游人只合江南老。春水碧于天,画船听雨眠。垆边人似月,皓腕凝霜雪。未老莫还乡,还乡须断肠。

(四) 共鸣综合训练(15 分)

朗读张抗抗的散文《牡丹的拒绝》节选,注意体会含有高元音 ɑ 的音节的共鸣控制。

其实你在很久以前并不喜欢牡丹。因为它总被人作为富贵膜拜。后来你目睹了一次牡丹的落花,你相信所有的人都会为之感动:一阵清风徐来,娇艳鲜嫩的盛期牡丹忽然整朵整朵地坠落,铺散一地绚丽的花瓣。那花瓣落地时依然鲜艳夺目,如同一只被奉上祭坛的大鸟脱落的羽毛,低吟着壮烈的悲歌离去。牡丹没有花谢花败之时,要么烁于枝头,要么归于泥土,它跨越萎顿和衰老,由青春而死亡,由美丽而消遁。它虽美却不吝惜生命,即使告别也要留给人最后一次惊心动魄的体味。

所以在这阴冷的四月里,奇迹不会发生。任凭游人扫兴和诅咒,牡丹依然安之若素。它不苟且不俯就不妥协不媚俗,它遵循自己的花期自己的规律,它有权利为自己选择每年一度的盛大节日。它为什么不拒绝寒冷?!

　　天南海北的看花人,依然络绎不绝地涌入洛阳城。人们不会因牡丹的拒绝而拒绝它的美。如果它再被贬谪十次,也许它就会繁衍出十个洛阳牡丹城。

　　于是你在无言的遗憾中感悟到,富贵与高贵只是一字之差。同人一样,花儿也是有灵性、有品位之高低的。品位这东西为气为魂为筋骨为神韵只可意会。你叹服牡丹卓尔不群之姿,方知"品位"是多么容易被世人忽略或漠视的美。

三、活动过程记录

四、小组建议反馈

反思评价

1. 反思

请结合本次学习要点及实训内容,谈谈对共鸣训练的认识。

2. 评价

请你对本次任务进行评价。

评价表 1-2-3　掌握共鸣控制技巧

内　容	评　分
1. 对基本的共鸣体了解程度	☆☆☆☆☆
2. 共鸣控制训练基本方法掌握程度	☆☆☆☆☆
3. 说一说经过本次任务的学习,还存在哪些困惑	

支持链接

　　坚持做口腔操,可以使舌头灵活,更容易与口腔形成共鸣。怎样进行面部口腔操训练呢?请扫描二维码学习。

文档

口腔操

项目三　普通话水平测试备测训练

学习目标

（一）素质目标

1. 具有学习和推广普通话的意识。

2. 在积极参与普通话学习及水平测试过程中增强对祖国语言文字的热爱。

（二）知识目标

1. 记住普通话水平测试等级标准。

2. 明确普通话水平测试内容和范围，了解试卷的构成和评分标准。

3. 熟悉普通话水平测试的流程。

（三）能力目标

1. 能掌握普通话水平测试项目的有关要求。

2. 能掌握普通话水平测试应试策略。

3. 能达到普通话水平测试要求等级。

任务一　认识普通话水平测试

任务描述

通过普通话水平测试是取得教师资格证的必备条件之一。本次学习任务是记住普通话水平测试等级标准，明确普通话水平测试内容范围，熟悉普通话水平测试流程。

要点学习

一、普通话水平测试

1994年10月，国家语言文字工作委员会、国家教育委员会、广播电影电视部联合发布了《关于开展普通话水平测试工作的决定》。2000年9月颁布的《〈教师资格条例〉实施办法》第八条规定，申请认定教师资格者"普通话水平应当达到国家语言文字工作委员会颁布的《普通话水平测试等级标准》二级乙等以上标准"。普通话水平测试（PUTONGHUA SHUIPING CESHI，缩写为PSC）是测查应试人的普通话规范程度、熟练程度，确定其普通话水平等级的标准参照性测试。

普通话水平测试采用计算机辅助测试，以口头方式进行。

二、普通话水平测试等级标准

普通话水平测试等级标准为三级六等。97分及其以上，为一级甲等；92分及其以上但不足97分，为一级乙等；87分及其以上但不足92分，为二级甲等；80分及其以上但不足87分，为二级乙等；70分及其以上但不足80分，为三级甲等；60分及其以上但不足70分，为三级乙等。

三、普通话水平测试内容和范围

普通话水平测试的内容包括普通话语音、词汇和语法。

普通话水平测试的范围是国家测试机构编制的《普通话水平测试用普通话词语表》《普通话水平测试用普通话与方言词语对照表》《普通话水平测试用普通话与方言常见语法差异对照表》《普通话水平测试用朗读作品》《普通话水平测试用话题》。

具体测试包括四项：读单音节字词、读多音节词语、短文朗读和命题说话。

四、计算机辅助普通话水平测试流程

计算机辅助普通话水平测试过程由候测（信息采集）、正式测试两个主要环节组成。应试人在参加测试的过程中须注意以下步骤和细节：

1. 信息采集

应试人在测试当天须携带身份证、准考证，进行信息采集。

第一步：身份信息验证。

将身份证贴到终端设备相应位置上进行身份信息验证（图1-3-1）。

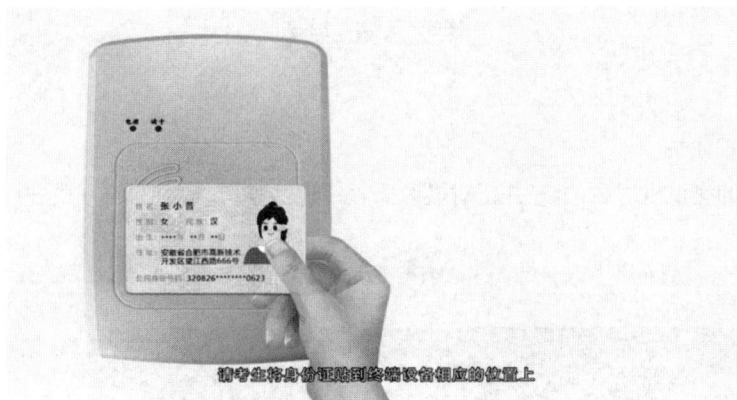

图1-3-1 身份信息验证

第二步：照片采集。

应试人在管理人员指定位置采集照片（图1-3-2）。

图1-3-2 采集照片

第三步：系统抽签。

系统随机自动分配机器号给应试人，应试人须记住自己的考试机号（图1-3-3）。

图1-3-3 抽签

2. 正式测试

第一步：人脸验证登录。

应试人进入对应的测试机房后，坐好并正对摄像头，系统将通过人脸识别的方式进行登录（图1-3-4）。

图1-3-4 人脸验证登录

第二步：核对信息。

人脸识别验证通过后，电脑界面上会显示应试人的个人信息（图1-3-5），应试人认真核对，确认无误后点击"确定"按钮进入下一环节。如果信息错误，请告知老师。

第三步：佩戴耳机。

按照屏幕上的提示戴上耳机，并将麦克风调整到距嘴边2—3厘米，等待考场指令，准备试音（图1-3-6）。

第四步：试音。

进入试音页面后，应试人会听到系统的提示语"现在开始试音"，听到提示语"嘟"声后朗读文本框中的个人信息。提示语结束后，以适中的音量和语速朗读文本框中的试音文字（图1-3-7）。

图 1-3-5 核对信息

图 1-3-6 佩戴耳机

图 1-3-7 试音

若试音失败,页面会弹出提示框,请点击"确认"按钮重新试音。若试音成功,页面同样会弹出提示框:"试音成功,请等待考场指令!"

第五步:正式测试。

系统进入第一题提示:"第一题,读单音节字词,限时 3.5 分钟,请横向朗读。"应试人听到"嘟"声后,朗读试卷内容(图 1-3-8)。

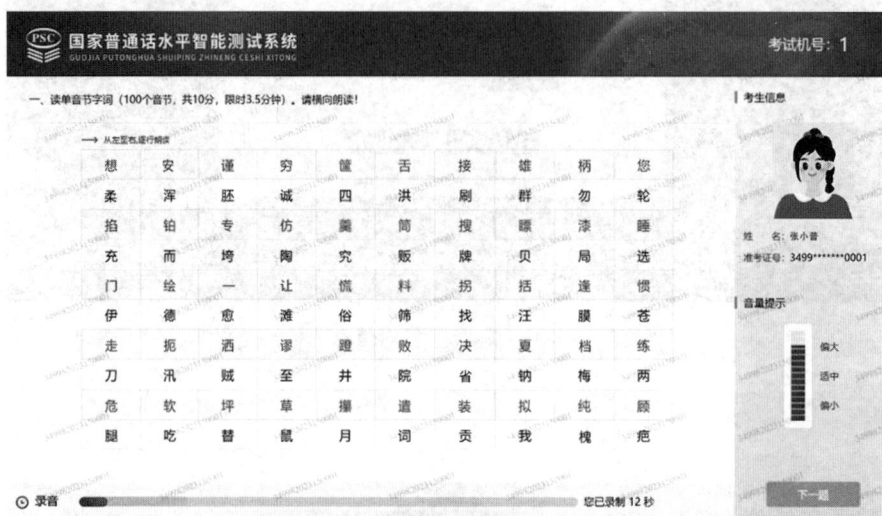

图 1-3-8　读单音节字词

3. 试卷形式和实测过程图解

第 1 题　读单音节字词(图 1-3-8)。

第 2 题　读多音节词语(图 1-3-9)。

图 1-3-9　读多音节词语

＊注意:应试人务必横向、逐字、逐行朗读,注意语音清晰,防止增字、漏字。

第 3 题　朗读短文(图 1-3-10)。

＊注意:朗读时保持音量稳定,音量大小与试音音量一致,音量过低会导致评测失败。

第 4 题　命题说话(图 1-3-11、图 1-3-12)。

图 1-3-10　朗读短文

图 1-3-11　命题说话

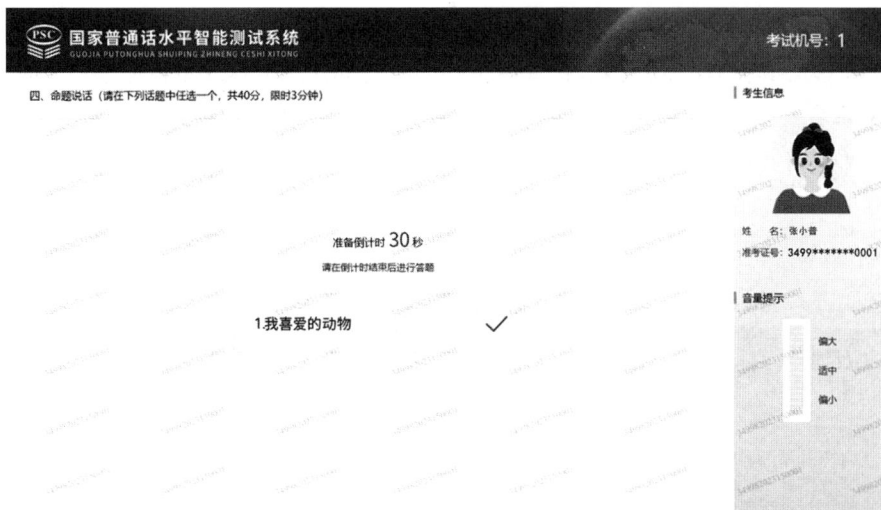

图 1-3-12　命题说话

学习任务单

根据已学知识完成下列学习任务单。

基础知识任务单 1-3-1　了解普通话水平测试

姓名：＿＿＿＿＿＿　学号：＿＿＿＿＿＿　评分人：＿＿＿＿＿＿　评分：＿＿＿＿＿＿

一、填空题(20分)

1. 普通话水平测试的内容包括普通话＿＿＿＿、＿＿＿＿和＿＿＿＿。

2. 普通话水平测试等级分为＿＿＿＿级＿＿＿＿等。

二、选择题(10分)

1. 普通话水平测试的目的是(　　)。

A. 推广普通话　　　　　　　　　　B. 评定应试人的普通话水平

C. 促进普通话的普及　　　　　　　D. 以上都是

2. 下列不属于普通话水平测试等级的是(　　)。

A. 一级甲等　　　　B. 二级乙等　　　　C. 三级丙等　　　　D. 三级甲等

三、判断题(10分)

1. 普通话水平测试是对应试人运用普通话的规范程度、熟练程度的口语考试。(　　)

2. 普通话水平测试先考命题说话再考其他环节。(　　)

技能演练任务单 1-3-1　了解普通话水平测试

姓名：＿＿＿＿＿＿　学号：＿＿＿＿＿＿　评分人：＿＿＿＿＿＿　评分：＿＿＿＿＿＿

一、要求

① 个人准备以下演练内容。

② 分小组演练，相互点评。

③ 录制音频，提交至教学系统平台。

二、主题

描述普通话水平测试的完整流程。描述需要包括测试前的准备、进入考场后的步骤、各个测试环节的具体内容以及测试结束后的相关事宜。要求表达流畅，逻辑清晰，能够准确传达普通话水平测试的全过程。(60分)

三、活动过程记录

四、小组建议反馈

反思评价

1. 反思

请结合本次学习要点及实训内容，谈谈你在普通话水平测试理论知识学习中存在的问题，以及如何纠正。

2. 评价

请你对本次任务进行评价。

评价表 1-3-1　了解普通话水平测试

内　容	评　分
1. 对普通话水平测试的了解程度	☆☆☆☆☆
2. 对普通话水平测试操作规范的了解程度	☆☆☆☆☆
3. 经过本次任务的学习，说一说自己对哪一部分的内容还存在困惑	

支持链接

《普通话水平测试大纲》是参加普通话水平测试的指南，请扫码学习，在大纲的引领下，顺利通过普通话水平测试。

📄文档

普通话水平测试大纲

任务二　掌握普通话水平测试字词朗读应试技巧

任务描述

普通话水平测试读单音节字词和读多音节词语是最基础的考核内容。本次学习任务包括：知道读单音节字词和读多音节词语项目评分标准和基本要求；掌握读单音节字词和读多音节词语的技巧；能够准确读单音节字词和读多音节词语。

要点学习

🎬微课

一、读单音节字词辅导与训练

读单音节字词是普通话水平测试的第一项，该项共有 100 个单音节字词，占总分值 10%，即 10 分。测试目的是考查应试人声母、韵母、声调读音的标准程度。

普通话水平测试
单音节字词和多
音节词语朗读

1. 读单音节字词测试评分标准

朗读时每错一个音节,扣 0.1 分,如有缺陷扣 0.05 分。此题要求在 3.5 分钟内朗读完毕,超时 1 分钟以内扣 0.5 分,1 分钟以上扣 1 分。

2. 读单音节字词测试要求

(1) 准确、音量适中、有节奏地读准普通话单音节的字、词。

(2) 从左到右横行依次朗读,不漏字、不跳行。

(3) 遇到不认识的字,可任意读一个字音。

(4) 遇到多音字,朗读其中一个读音即可。

3. 读单音节字词测试中的常见失误

(1) 声调失误,往往将普通话声调读成方言声调,或把上声字的调值读成 21 或 2142。

(2) 误读字形相近的字,如拔—拨、册—删、崇—祟。

(3) 竖行朗读、跳行、漏字、回读。

(4) 语速过快,导致韵母无动程、声调不到位等现象。

4. 参加测试要掌握读单音节字词的技巧

(1) 发音准确。读单音节字词要根据传统的吐字归音要求做到字正腔圆,要把音节的声母、韵母、声调读得完美准确。要求朗读时吐字归音准确、声调要到位。

(2) 音量适中。音量过大过小,忽高忽低,都会影响计算机识别,影响到测试成绩。

(3) 节奏稳定。单音节一字一节拍,不要忽快忽慢,不要两个或多个连读。

5. 易错读单音节字词举例

苯 贬 虋 蹭 抻 惩 舂 蹿 窨 档
滇 踱 酚 赣 颌 脊 较 秸 揪 灸
绢 撅 揩 框 拎 绺 氯 篾 抿 谬
溺 拈 啮 镍 凝 暝 瞥 凭 圊 汹
潜 跷 锹 沁 仍 缧 涮 吮 髓 佟
瓮 吾 穴 尹 铀 仄 眨 辙 拙 攥

二、读多音节词语辅导与训练

1. 读多音节词语测试内容和测试目的

读多音节词语是普通话水平测试的第二项,该项要求应试者朗读由 100 个音节组成的多音节词语(40—50 个),该项测试共计 20 分(占总分值的 20%),要求应试者在 2.5 分钟内正确地读出。该项测试目的是进一步考核应试者在多音节词语的连读中,对普通话声、韵、调发音的掌握情况,以及轻声、儿化、变调的发音。

2. 读多音节词语测试评分标准

朗读多音节词语时,读错一个音节声、韵、调的任何一个部分,算该音节发音错误,每错一个音节扣 0.2 分,读音有明显缺陷的音节扣 0.1 分。此题要求在 2.5 分钟内朗读完毕,超时 1 分钟以内扣 0.5 分,1 分钟以上扣 1 分。

3. 读多音节词语测试要求

(1) 准确、音量适中、有节奏地读准普通话多音节词语。注意声、韵、调及轻声、儿化、变调的发音。

(2) 从左到右横向依次朗读,不漏词、不跳行

(3) 如果在多音节中遇到不认识的音节,可任意读一个字音。

4. 读多音节词语测试中的常见失误

(1) 应试人由于过分注重音节声母、韵母、声调的到位,把一个多音节词语切割开,按字分读。

(2) "一""不"在连续变调时发生变调错误。

（3）两个上声音节相连时没有按应有的规律变调。

（4）轻声音节没有读成轻声。

（5）儿化音节没有读儿化韵，读成两个音节；儿化卷舌色彩不明显或发音生硬。

5. 易错读多音节词语举例

挨个儿　白桦　本色儿　笨拙　摈弃　层出不穷　处分　痤疮

挫伤　大相径庭　呆板　旦角儿　当即　当作　方兴未艾

氛围　给以　给予　骨髓　关卡　汗流浃背　横财　脊梁

夹克　家畜　尽量　框子　累赘　连累　勉强　模样

剽窃　撇开　强劲　强求　悄然　悄声　亲家　确凿　仍然　拓本

挖潜　肖像　胸脯　殷红　佣金　友谊　有的放矢　召开

✏️ 学习任务单

根据已学知识完成下列学习任务单。

基础知识任务单 1-3-2　掌握普通话水平测试字词朗读应试技巧

姓名：_____　学号：_____　评分人：_____　评分：_____

一、填空题（20分）

　　1. 在普通话水平测试中，读单音节字词环节主要考查考生对普通话_____、_____声调的准确发音能力。

　　2. 读多音节词语时，考生需要注意词语内部的轻声、儿化、变调等_____现象。

　　3. 在进行读单音节字词和读多音节词语测试时，考生应以适当的_____朗读每个字或词语。

二、选择题（10分）

　　1. 读单音节字词时，以下哪项不是考查的重点？（　　　）

　　A. 声母的准确性　　　　B. 韵母的完整性　　　　C. 词语的意义理解　　　　D. 声调的准确性

　　2. 下列哪项不属于读单音节字词和读多音节词语测试时可能遇到的语音难点？（　　　）

　　A. 平翘舌不分　　　　　　　　　　B. 前后鼻音混淆

　　C. 轻声和儿化音的准确运用　　　　D. 方言词汇的干扰

三、判断题（10分）

　　1. 读单音节字词时，考生可以为了追求速度而牺牲发音的准确性。（　　　）

　　2. 在普通话水平测试中，读单音节字词和读多音节词语环节的分数占比相对较低，因此考生可以不必过分重视。（　　　）

技能演练任务单 1-3-2　掌握普通话水平测试字词朗读应试技巧

姓名：_____　学号：_____　评分人：_____　评分：_____

一、要求

　　① 个人练习以下内容。

　　② 分小组演练，相互点评。

③ 录制音频,提交至教学系统平台。

二、主题

1. 读单音节字词(20分)

仍	鸥	溺	儿	垦	胸	弱	巢	锅	芽
呆	眸	封	榜	坤	逃	恐	蔫	闯	焦
我	修	娘	染	砌	池	末	屯	傲	塔
词	播	腿	擦	怎	莫	舔	揍	买	份
锡	肉	许	哀	癖	带	能	谎	插	蠢
而	砖	柄	控	选	述	缓	庞	腔	吮
儒	腻	原	啮	徒	猫	肺	松	导	廊
骚	昂	偏	投	午	喉	翁	朽	翻	爬
砍	滨	甩	滑	拐	军	刘	梦	雄	湿
邓	歌	瓦	国	制	巾	灌	堆	染	月

2. 读多音节词语(40分)

婴儿　红娘　干脆　外部　老本儿　妇女　孩子

谬论　研究生　增多　疲倦　钢铁　佛学　加塞儿

胆小鬼　主体　现存　恩情　寻找　牵挂　门口儿

成就　利落　愉快　天下　贫穷　自治区　敏感

能耐　健全　学校　包涵　傀儡　编纂　昂贵

即日　饭盒儿　撇开　富翁　苍白　信仰　聪明

被窝儿　临床　四周　合同　正好　风驰电掣

三、活动过程记录

四、小组建议反馈

反思评价

1. 反思

请结合本次学习要点及实训内容,谈谈你在普通话水平测试字词朗读中存在的问题,以及如何纠正。

2. 评价

请你对本次任务进行评价。

评价表 1-3-2 掌握普通话水平测试字词朗读应试技巧

内　　容	评　　分
1. 对普通话水平测试字词朗读的理解程度	☆☆☆☆☆
2. 对普通话水平测试常用词语朗读的标准程度	☆☆☆☆☆
3. 经过本次任务的学习,说一说自己在普通话水平测试字词朗读方面还存在哪些不足或困惑	

支持链接

　　普通话水平测试用普通话词语表按照常用度,分为表一和表二,供普通话水平测试第一项和第二项测试使用,请扫码学习与练习。

普通话水平测试用普通话词语表

任务三　掌握普通话水平测试短文朗读应试技巧

任务描述

　　短文朗读是普通话水平测试重要测试项。本次学习任务包括:知道短文朗读项目评分标准和注意事项;掌握短文朗读技巧;能够准确流畅朗读短文。

要点学习

　　朗读是学习普通话语音的重要环节。用普通话朗读,可以逐步纠正方音,熟练运用语言技巧,学好普通话。朗读训练是口语训练的有机组成部分,是普通话正音的继续,是说话训练的开始。"朗读短文"是普通话水平测试的一个重要测试项。

一、短文朗读的范围

　　普通话水平测试短文朗读从《普通话水平测试用朗读作品》50 篇中选取,以应试人员所读作品的前 400 个音节为检测范围,限时 4 分钟。分值占总分的 30%。

二、短文朗读的测查目的

　　《普通话水平测试实施纲要》对朗读考查目的的定位是测查应试人在有文字凭借情况下运用普通话的规范程度和熟练程度。具体地说,包括:声母、韵母、声调等音节要素的读音标准程度;重点测查轻声、儿化、变调、语气词"啊"的变读等连读音变要素的准确发音,以及停连、重音、语速、语调等朗读要素的运用。

三、短文朗读的评分标准

（1）读错一个音节,扣0.1分;漏读或增读一个音节,扣0.1分。

语音错误是指将某个音节的声母、韵母、声调中的任何一个或几个要素,读成其他声母、韵母、声调;轻声、儿化、变调("一""不"的变调,上声的变调)、语气词"啊"的音变不合规律;增读、漏读、颠倒读。

（2）声母或韵母的系统性语音缺陷,视程度扣0.5分、1分。

语音缺陷是指虽然没有将某个音节的声母、韵母、声调读成其他声母、韵母、声调,但其中一个或几个要素没有达到标准的程度。

（3）语调偏误,视程度扣0.5分、1分、2分。

语调偏误指重音不当,词语轻重不和谐,词的轻重音格式不对,声调有系统性缺陷,句调不自然,语速不当等。

（4）停连不当,视程度扣0.5分、1分、2分。

停连不当指由不恰当的停顿或连读造成的对词语的肢解或对语义的误解。

（5）朗读不流畅(包括回读),视程度扣0.5分、1分、2分。

朗读不流畅指回读、停顿过多,按音节崩读等。

（6）超时扣1分。

四、短文朗读的注意事项

1. 发音准确清晰

发音准确清晰既指400个字的音节发音准确,又指音节与音节间的音变发音准确,还指多音节词的轻重格式发音准确。

要使短文朗读发音准确清晰,要做到以下几点:

（1）读准生僻字。

（2）注意多音多义字的发音。

（3）注意读书音和口语音。有些字有读书音和口语音两种不同的读音,但意义几乎没有区别。这种词在双音节词语中,往往发读书音;在单音节词语中往往发口语音。这种现象也叫文白两读。

（4）音译外来词的发音。音译外来词已经采用汉字的书写形式,就尽量按照汉语音节来读音译的外来词。

（5）注意"啊"的音变。"啊"的音变在读单音节字词和读多音节词语中没有被考查到,容易被忽略。

2. 语调自然流畅

语调接近生活口语,不过于夸张;忠实于原作品,不颠倒、不重复、不添字、不漏字;尽量避免方言色彩。熟读《普通话水平测试用朗读作品》50篇,尽量避免回读。

3. 语速快慢适中

语速不宜过快或过慢,宜舒缓、中速,节奏有变化,但不可随意忽快忽慢,要与文章内容及思想表达吻合。

4. 深入理解作品,表达真情实感

理解作品内容;寻求适当的表现方法,用气发声,以声传情。深入理解作品,才能准确地把握句子的重音、停连、语气等。

📝 学习任务单

根据已学知识完成下列学习任务单。

基础知识任务单 1-3-3 掌握普通话水平测试短文朗读应试技巧

姓名：_____ 学号：_____ 评分人：_____ 评分：_____

一、填空题(10分)

1. 普通话水平测试中,短文朗读的分值为_____分。

2. 在普通话水平测试中,朗读短文时,错读音节、增读音节、漏音节都属于_____错误。

二、选择题(10分)

1. 朗读短文时,以下哪项不属于会被扣分的错误?(　　)

A. 错读音节　　　　　　　　　　　　B. 增读音节

C. 语调适中,没有偏误　　　　　　　　D. 漏读音节

2. 在朗读测试中,以下哪项做法是正确的?(　　)

A. 朗读超时,但内容完整,无须扣分

B. 可以根据个人喜好随意增减文章内容

C. 需要熟悉作品,深刻理解文章主题

D. 不需要注意标点符号的停顿

三、判断题(20分)

1. 朗读时,语速的快慢可以根据文章的内容和体裁来决定。(　　)

2. 在朗读测试中,即使读破了句子,但只要整体流畅,也不会被扣分。(　　)

3. 朗读短文时,应试者不需要注意轻声词和儿化韵的学习。(　　)

4. 朗读短文不需要有感情朗读。(　　)

技能演练任务单 1-3-3 掌握普通话水平测试短文朗读应试技巧

姓名：_____ 学号：_____ 评分人：_____ 评分：_____

一、要求

① 个人练习《普通话测试用朗读作品》50篇。

② 分小组演练,相互点评。

③ 录制音频,提交至教学系统平台。

二、主题

从《普通话水平测试用朗读作品》50篇短文中,任选1篇按照测试要求朗读。(60分)

三、活动过程记录

四、小组建议反馈

反思评价

1. 反思

请结合本次学习要点及实训内容,谈谈你在普通话水平测试短文朗读中存在的问题,以及如何纠正。

2. 评价

请你对本次任务进行评价。

评价表 1-3-3　掌握普通话水平测试短文朗读应试技巧

内　　容	评　　分
1. 对普通话水平测试短文朗读的理解程度	☆☆☆☆☆
2. 对《普通话水平测试用朗读作品》朗读的标准程度	☆☆☆☆☆
3. 经过本次任务的学习,说一说自己在普通话水平测试短文朗读方面还存在哪些不足或困惑	

支持链接

《普通话水平测试用朗读作品》50 篇供普通话水平测试第三项用,请扫描二维码听范读,进行练习。

普通话水平测试用朗读作品　　　　朗读示范

任务四　掌握普通话水平测试命题说话应试技巧

任务描述

命题说话是普通话水平测试项目之一,是无文字可凭借的测试项目。本次学习任务包括:明确命题说话评分标准和注意事项;掌握命题说话技巧;能够围绕话题准确、流畅、自然地表达。

要点学习

说话是表情达意的方式,是沟通理解的主要手段,也是教师传道授业解惑的重要途径。说话能力是一种综合能力,它不仅包括说话的技能、技巧,而且受说话人知识储备、人文素养、思维能力、心理素质以及其他因素的制约。说话能力是教师一项重要的职业能力。作为未来的幼儿园教师,幼师生必须重视和加强有效的训练,才能使自己的语言表达准确、流畅、生动,具有较好的说话能力,以胜任各项教育教学工作。

一、命题说话

命题说话是口语表达的一种常用方式,是指说话人根据事先给定的话题进行准备,在没有任何文字凭借的情况下,按要求连续地说话。

命题说话的基本要求是言之有物、言之有序、言之有范,准确清晰、自然流畅。命题说话是说话人口语表达能力和综合素养的外现。

二、命题说话的准备

命题说话因为事先确定了主题范围,通常有充裕的时间进行说话内容的准备。

1. 审题立意

根据事先确定的题目、说话的对象和说话的目的等,明确题目要求和自己想表达的核心思想、主要内容、表达顺序。如命题说话《谈谈卫生与健康》,审题时要清楚,说话的内容需要包括卫生和健康两个方面,并且要阐明这两者之间的关系,不能只说一点。在说的时候,可以先说两者关系,再通过举例等来论证观点;也可以先举例说明两者间紧密关联,再总结强调观点。内容安排的层次顺序可以根据表达需要灵活调整。

2. 选择材料

第一,收集与题目和观点有关的各种素材,包括说话所需要的事实材料、论证材料、参考资料等。第二,对素材进行取舍,筛选出切题的、典型的、鲜活的、自己熟悉的、听者感兴趣的素材。第三,对素材进行加工,在力求材料真实、准确的基础上,挖掘材料中吸引人、感动人、说服人的元素,如人物的语言、行动、内心活动,事物的特点、影响力等。

3. 构思列纲

根据题目立意和表达重点,结合所选材料,进行整体构思,理清说话的层次和先后顺序,编出说话的提纲。在准备命题说话,特别是参加普通话水平测试时,要保证围绕一个话题有话可说,并且要达到语言规范,表意明确,语感自然、流畅的效果可使用命题说话备试方略——"6'W'组合＋典型事例"。"6W"即 What、Why、When、Where、Who、How。简单讲即是什么(是哪些)、为什么、什么时间、什么地点、是谁、怎么样(进行、实现)。尽量用叙述的口吻,把说话的内容变成一个个生活化的故事,这是表达技巧和效果的有机结合。如《尊敬的人》说话,可围绕以下内容展开:

尊敬的人是谁? 我的某老师(爸爸、妈妈……)

我为什么尊敬他(她)? 因为他(她)品德高尚、学识渊博……(讲故事,包括时间、地点、怎么样……)

我尊敬他(她),还因为他(她)怎样? 特别关心我……(讲关心的故事)

所以,某老师(爸爸、妈妈……)是我所尊敬的人。

提纲可以只列一些关键词句,也可列出较详细的。

4. 备稿试说

因为命题说话不是给别人"看"的语言,而是让别人"听"的语言,语言要口语化。要多用通俗易懂的口语词,少用晦涩难懂的书面语词;多用明白晓畅的短句,少用冗长啰嗦的长句;可适当运用承上启下的关联词或呼应的句子来引导听者的思路,便于听者理解和加深印象;词汇语法运用要准确规范;若能根据内容和语境,运用比喻、拟人、排比、夸张等修辞手法,增加语言的形象性、生动性会更好。所以,对于平时口语表达机会少,心理素质不够好,说话能力不强的人,需要提前认真准备说话的内容。要反复练说,可将自己说的话录下来听,目的是在说和听的过程中整理好思绪,规范语言表达,把握好说话时间。这样,在脱离文本说话时,能做到表达清晰、自然、流畅、不缺时。口语表达能力强、底蕴丰厚的人可只打腹稿,按提纲直接说话。

三、普通话水平测试命题说话训练指导

表1-3-1　普通话水平测试试卷构成表

题号	测试项目	测试内容	限时	分值
一	读单音节字词	100个音节	3.5分钟	10分
二	读多音节词语	100个音节	2.5分钟	20分
三	朗读短文	1篇,400个音节	4分钟	30分
四	命题说话	—	3分钟	40分

从表1-3-1可以看出:在普通话水平测试四项中,命题说话占分比重最大,本测试项成绩对等级判定影响很大,相对而言也是普通话测试中最难的一项,历来受到考生的重视。

本项限时3分钟,要求应试人在无文字凭借的情况下,围绕命题,用普通话自然流畅、连续地说3分钟内容充实的话,所说的每一个音节均为测试评分的依据。

命题说话测试这么重要,究竟有哪些规则和要求呢?

1. 测试目的

测查应试人在无文字凭借的情况下,说普通话的能力和所能达到的规范程度。重点测查三方面:

第一,语音标准程度。每个音节的声母、韵母、声调是否正确;轻声、儿化、变调和语气词"啊"的变读等语流音变是否正确。

第二,词汇语法规范程度。考查应试人是否使用了方言词汇、方言句式,是否有病句。

第三,自然流畅程度。主要考查:应试人说话是否口语化,有没有背稿子现象等;语言是否跟得上思维;有没有太多的口头禅等无效话语。

对测试目的认识上的误区:

(1) 认为命题说话=命题作文。

命题说话不讲究主题积极宏大,不要求结构完整严密、首尾圆合,不要求语言生动形象,不讲究辞藻华丽优美,不要求情节曲折离奇,不必在3分钟内做到取材典型、详略得当、立意新颖。千万不能因为太讲究内容而限制了普通话水平的发挥。

(2) 认为命题说话=朗诵或演讲。

命题说话不要求感情充沛,气势饱满,抑扬顿挫,富有感染力,不能有表演的性质,只要求作生活化的口语表达。

2. 测试要求

从50个普通话水平测试用话题(见表1-3-2)中,抽签选取两个话题,由应试人自主选择其中一个话题,然后围绕该话题连续说一段话。

表1-3-2　《普通话水平测试用话题》50个

1. 我的一天	13. 印象深刻的书籍(或报刊)
2. 老师	14. 难忘的旅行
3. 珍贵的礼物	15. 我喜欢的美食
4. 假日生活	16. 我所在的学校(或公司、团队、其他机构)
5. 我喜爱的植物	17. 尊敬的人
6. 我的理想(或愿望)	18. 我喜爱的动物
7. 过去的一年	19. 我了解的地域文化(或风俗)
8. 朋友	20. 体育运动的乐趣
9. 童年生活	21. 让我快乐的事情
10. 我的兴趣爱好	22. 我喜欢的节日
11. 家乡(或熟悉的地方)	23. 我欣赏的历史人物
12. 我喜欢的季节(或天气)	24. 劳动的体会

25. 我喜欢的职业(或专业)	38. 谈社会公德(或职业道德)
26. 向往的地方	39. 对团队精神的理解
27. 让我感动的事情	40. 谈中国传统文化
28. 我喜爱的艺术形式	41. 科技发展与社会生活
29. 我了解的十二生肖	42. 谈个人修养
30. 学习普通话(或其他语言)的体会	43. 对幸福的理解
31. 家庭对个人成长的影响	44. 如何保持良好的心态
32. 生活中的诚信	45. 对垃圾分类的认识
33. 谈服饰	46. 网络时代的生活
34. 自律与我	47. 对美的看法
35. 对终身学习的看法	48. 谈传统美德
36. 谈谈卫生与健康	49. 对亲情(或友情、爱情)的理解
37. 对环境保护的认识	50. 小家,大家与国家

本项对测试内容没有数量要求,没有规定必须在 3 分钟内说多少个字。因此,本项要求以正常语速说话,语速不要太快或太慢,太快普通话容易发不标准,太慢了听上去不流畅。

3. 六项评分标准

评分标准见表 1 - 3 - 3。

表 1 - 3 - 3　命题说话六项评分标准

评分要素	评分标准	扣分
语音标准程度 (25 分)	一档:语音标准,或极少有失误	扣 0 分、1 分、2 分
	二档:语音错误在 10 次以下,有方音但不明显	扣 3 分、4 分
	三档:语音错误在 10 次以下,但方音比较明显;或语音错误在 10—15 次之间,有方音但不明显	扣 5 分、6 分
	四档:语音错误在 10—15 次之间,方音比较明显	扣 7 分、8 分
	五档:语音错误超过 15 次,方音明显	扣 9 分、10 分、11 分
	六档:语音错误多,方音重	扣 12 分、13 分、14 分
词汇、语法规范程度(10 分)	一档:词汇、语法规范	扣 0 分
	二档:词汇、语法偶有不规范的情况	扣 1 分、2 分
	三档:词汇、语法屡有不规范的情况	扣 3 分、4 分
自然流畅程度 (5 分)	一档:语言自然流畅	扣 0 分
	二档:语言基本流畅,口语化较差,有类似背稿子的表现	扣 0.5 分、1 分
	三档:语言不连贯,语调生硬	扣 2 分、3 分
缺时	缺时 1 分钟以内(含 1 分钟)	扣 1 分、2 分、3 分
	缺时 1 分钟以上	扣 4 分、5 分、6 分
	说话不满 30 秒(含 30 秒)	本测试项成绩记为 0 分
离题 内容雷同	视程度	扣 4 分、5 分、6 分
无效话语	累计占时 1 分钟以内(含 1 分钟)	扣 1 分、2 分、3 分
	累计占时 1 分钟以上	扣 4 分、5 分、6 分
	有效话语不满 30 秒(含 30 秒)	本测试项成绩计为 0 分

注意点:

（1）语音标准程度，共25分。

定档原则：使用定量与定性相结合的方法，先按错字数量归档，再定性；以数量为基础，强调语音错误的次数；重复的错误要重复计数。

语音标准程度要综合考虑。看错误性质：有的是一字重复错，有的是多字错误，有的是一类错误，有的是多类错误，有的是异读字错误，有的是方言性错误。

同一音节反复出错，按出现次数累计，如"比较"说错6次，算6个错误。

本项评分只有错误判定，没有缺陷标准，语音缺陷程度以有无方音和方音是否明显定性。

（2）词汇、语法规范程度，共10分。

词汇、语法不规范指使用了典型的方言词、典型的方言语法以及明显的病句。

典型的方言词汇包括梨子、狗子、老早子、前年子、黄芽菜、洋山芋等。

典型的方言语法格式：

<blockquote>
拿一本书把我。（给我一本书。）

这天好好蓝啊！（这天好蓝啊！）

走这儿离开。（从这儿离开。）

这件事我有说过。（这件事我说过。）
</blockquote>

明显的病句包括：搭配不当，如蔚蓝的草地，请了很多客人和很多菜；句子成分不完整，如我们买了很多野炊，准备露营；句式杂糅，如假日的天空晴朗无云是很令人开心的。

（3）自然流畅程度，共5分。

命题说话应完全采用口语语体。可以重复、倒装等；明显背稿子要扣分，不要背诵整段歌词、故事、领袖语录，不要大段复述故事；不自然的语调也要扣分。"命题说话"是考查应试者在自然状态下普通话口语水平的重要测试项目，最能比较真实地反映出应试者的普通话水平。

四、命题说话的应试

1. 命题说话中常见的问题

（1）语音错误和语音缺陷过多，方音明显。

（2）词汇语法不规范。

（3）内容贫乏，无话可说。

（4）离题和雷同。

（5）背稿应付。

（6）表达不流畅。

（7）心理紧张，语无伦次。

（8）说不满三分钟。

2. 命题说话应试技巧

（1）考前充分准备，做到胸有成竹。

① 要明确测试目的，有的放矢，刻苦练习。"命题说话"就是考查在有准备情况下自由表达时普通话的水平，包括语音、词汇、语法是否标准，表述是否自然流畅。所以，平时要加强训练，尽量规避方言语音、词汇和语法错误。对比正确语音发现自己的语音缺陷，多听标准语音，找出问题，及时纠正。另外，要有意识地用普通话思维来训练自己，与人交往时要说普通话。抓住时机，积极参加各种能增强口头表达能力的活动，如班会、演讲会、辩论赛等活动，要多讲多练，不断提高口头表达能力。

② 充分准备，对于50个话题内容要了如指掌。考试试题是从《普通话水平测试用话题》50个中选取，由应试人从给定的两个话题中选定一个话题，连续说一段话。应试人单向说话，时间不少于3分钟。考生应事先做好准备。

可以根据体裁先将话题分为三类：叙述类，如《假日生活》《尊敬的人》《难忘的旅行》等；说明类，如

《我喜爱的植物》《我喜爱的职业》《我知道的风俗》等；议论类，如《谈个人修养》《谈服饰》《对团队精神的理解》等。将话题合并归类后，针对每一类话题准备一些说话的题材。叙述类的话题表述起来相对容易些，主要是对事实的复述，不需要太多的发挥。说明类的话题也相对容易些，主要是要表述清楚所说明事物的特征。议论类的话题难度最大，不过只要掌握好几个要素也会迎刃而解，即论点、论据和论证。在明确观点后，宜多举例叙述，少发议论，这样能化难为易。

再把内容相近或相关的进行归类。比如：《我的理想（或愿望）》《我喜爱的职业》等归为一类；《尊敬的人》《朋友》等归为一类；《假日生活》《难忘的旅行》等归为一类。

考前应准备800字左右的腹稿，防止因紧张而加快语速，导致缺时；还可以列出命题说话稿的提纲（切不可机械背稿），越口语化越好。

（2）应试时放松心情，从容应对。

"命题说话"不仅是对应试人语言水平的考查，同时也是对应试人心理素质的考验。说话是在没有文字凭借的情况下，把思维的内部语言转化为自然、准确、流畅的外部语言，需要应试人有良好的心理素质。在这一测试项中，应试者除了在语音标准程度、自然流畅度和词汇语法规范方面普遍存在各种问题，失分率较高外，不少是因为心理紧张、思路不清晰等非语言因素，削弱了说话质量。

① 轻装上阵，克服紧张情绪。在对50个话题如何说做了充分的准备后，进入考场之前要调整好情绪，保持良好的心态和较为振奋的精神，轻装上阵。

② 慎重选题，随机应变。按考试要求，从两个给定的话题中任选其一说话。这就要求应试者从自身的具体情况出发，选择自己感兴趣的、较熟悉的话题来说，充分发挥自己的水平，充分挖掘自身的潜能来解决所遇到的问题。当确定题目后，应试者可以迅速考虑说话的思路，列出提纲，切忌面面俱到，更不要像写作文一样，句句准备，只要把想说的几个方面想清楚就可以了。

注意：超时是不扣分的。

③ 控制好语速，力求字正腔圆。

④ 表达要自然流畅，用词要准确得体。所谓"自然"指的是能按照日常口语的语音、语调来说话，不要带着朗诵或背诵、演讲等腔调。说话时要多用口语词，少用书面语，摒弃方言词汇，还要多用短语、单句，避免口头禅，如"嗯""啊""然后""那个"等。只要采用正确的方法，充分准备，放松心情，从容应试，一定能取得较满意的成绩。

📝 学习任务单

根据已学知识完成下列学习任务单。

基础知识任务单 1-3-4 掌握普通话水平测试命题说话应试技巧

姓名：_____ 学号：_____ 评分人：_____ 评分：_____

一、填空题（10分）

1. 普通话水平测试中，命题说话的分值为_____分。

2. 在命题说话测试中，应试者需围绕给定的题目，连续说话_____分钟以上。

二、选择题（12分）

1. 在命题说话测试中，以下哪项不属于评分内容？（　　　）

A. 语音标准程度

B. 词汇、语法规范程度

C. 说话内容是否新颖独特

D. 自然流畅程度

2. 以下关于命题说话测试的说法,哪一项是正确的?(　　)

A. 说话内容必须完全按照题目要求,不得有任何偏离

B. 说话时可以使用方言或少数民族语言

C. 应试者可以根据自己的兴趣选择说话的内容

D. 命题说话测试主要考查应试者的口语表达能力和思维组织能力

三、判断题(18分)

1. 命题说话测试中,应试者可以适当地使用口头禅和语气词来增强表达的生动性。(　　)

2. 命题说话要求应试者必须完全脱稿,不能有任何形式的准备。(　　)

3. 在命题说话中,应试者应该尽量使用丰富的词汇和多样的句式来表达自己的思想。(　　)

技能演练任务单 1-3-4　掌握普通话水平测试命题说话应试技巧

姓名:＿＿＿＿＿＿　学号:＿＿＿＿＿＿　评分人:＿＿＿＿＿＿　评分:＿＿＿＿＿＿

一、要求

① 准备与练习普通话测试 50 个命题说话。

② 分小组演练,相互点评。

③ 录制音频,并提交至教学系统平台。

二、主题

从普通话水平测试用 50 个话题中任选一个话题,按照考试要求进行命题说话。(60 分)

三、活动过程记录

四、小组建议反馈

反思评价

1. 反思

请结合本次学习要点及实训内容,谈谈你在普通话水平测试命题说话中存在的问题,以及该如何纠正。

2. 评价

请你对本次任务进行评价。

评价表 1-3-4 掌握普通话水平测试短文朗读应试技巧

内 容	评 分
1. 对普通话水平测试命题说话的理解程度	☆☆☆☆☆
2. 在准备普通话水平测试命题说话中普通话使用的标准程度	☆☆☆☆☆
3. 经过本次任务的学习,说一说自己在普通话水平测试命题说话方面还存在哪些不足或困惑	

支持链接

普通话水平测试命题说话项共 50 个话题,准备时需要明确思路,充实内容。以下话题的解题思路供备测参考。

命题说话解题思路

模块二 幼儿教师基础口语训练

岗位认知

幼儿教师的口语表达能力是幼儿教师必备的职业能力,直接影响幼儿的学习、成长和生命质量。

学前教育、早期教育等专业学生通过幼儿教师口语课程学习,掌握普通话语音基础和幼儿教师口语表达基本理论,能用标准或比较标准的普通话进行准确、规范、得体、形象的口语表达,形成幼儿教师教育教学工作必备的职业口语能力,在幼儿语言发展过程中起到学习指导和引领作用,为未来幼师岗位工作、继续学习和终身发展奠定良好的口语基础。

幼儿教师基础口语训练是幼儿教师口语课程的重要模块,主要包括态势语训练、朗读能力训练、朗诵技能训练和幼儿故事讲述与表演训练。通过系统的口语理论学习和语言实践训练,形成幼儿教师一般口语表达能力,学会倾听、沟通、理解和团队协作,养成良好的口语学习习惯,提升对祖国语言文字的热爱之情,对中华文化充满自信,对家国情怀有更多体悟。

标准要求

国家关于幼儿教师和学前教育的一些法规、标准和文件中,对幼儿教师基础口语有明确要求,主要内容如下。

★《中华人民共和国学前教育法》"第二章　学前儿童"部分条目:

第十四条　实施学前教育应当从学前儿童身心发展特点和利益出发,尊重学前儿童人格尊严,倾听、了解学前儿童的意见,平等对待每一个学前儿童,鼓励、引导学前儿童参与家庭、社会和文化生活,促进学前儿童获得全面发展。

★《幼儿园教师专业标准(试行)》"专业理念与师德"部分"(三)幼儿保育和教育的态度与行为"条目:

11. 注重保护幼儿的好奇心,培养幼儿的想像力,发掘幼儿的兴趣爱好。

......

13. 重视丰富幼儿多方面的直接经验,将探索、交往等实践活动作为幼儿最重要的学习方式。

14. 重视自身日常态度言行对幼儿发展的重要影响与作用。

"专业能力"部分"(十一)教育活动的计划与实施"条目:

50. 在教育活动的设计和实施中体现趣味性、综合性和生活化,灵活运用各种组织形式和适宜的教育方式。

51. 提供更多的操作探索、交流合作、表达表现的机会,支持和促进幼儿主动学习。

★《教师教育课程标准(试行)》"教师教育课程目标与课程设置"部分"(一)幼儿园职前教师教育课程目标与课程设置"条目:

理解幼儿的认知特点和学习方式,学会把教育寓于幼儿的生活和游戏中,创设适宜的教育环境,保护与发展幼儿探究、创造的兴趣,让幼儿在愉快的幼儿园生活中健康地成长。

★《学前教育专业师范生教师职业能力标准(试行)》"师德践行能力"部分"1.2.4　自身修养"条目:

掌握一定的自然和人文社会科学知识,传承中华优秀传统文化,具有人文底蕴、科学精神和审美能力。

"保育和教育实践能力"部分"2.1.2　领域素养"条目:

掌握幼儿健康、语言、社会、科学、艺术等领域教育的基本知识和方法,理解幼儿园各领域教育之间的联系,能在教育实践中综合运用各领域知识,实现各领域教育活动内容相互渗透。

"自主发展能力"部分"4.2.1　沟通技能"条目:

具有阅读理解能力、语言与文字表达能力、交流沟通能力、信息获取和处理能力。

★《幼儿园教育指导纲要(试行)》"语言"部分"(一) 目标"条目:

3. 能清楚地说出自己想说的事。

4. 喜欢听故事、看图书。

"(二) 内容与要求"条目:

3. 鼓励幼儿大胆、清楚地表达自己的想法和感受,尝试说明、描述简单的事物或过程,发展语言表达能力和思维能力。

4. 引导幼儿接触优秀的儿童文学作品,使之感受语言的丰富和优美,并通过多种活动帮助幼儿加深对作品的体验和理解。

"(三) 指导要点"条目:

1. 语言能力是在运用的过程中发展起来的,发展幼儿语言的关键是创设一个能使他们想说、敢说、喜欢说、有机会说并能得到积极应答的环境。

2. 幼儿语言的发展与其情感、经验、思维、社会交往能力等其他方面的发展密切相关,因此,发展幼儿语言的重要途径是通过互相渗透的各领域的教育,在丰富多彩的活动中去扩展幼儿的经验,提供促进语言发展的条件。

核心能力

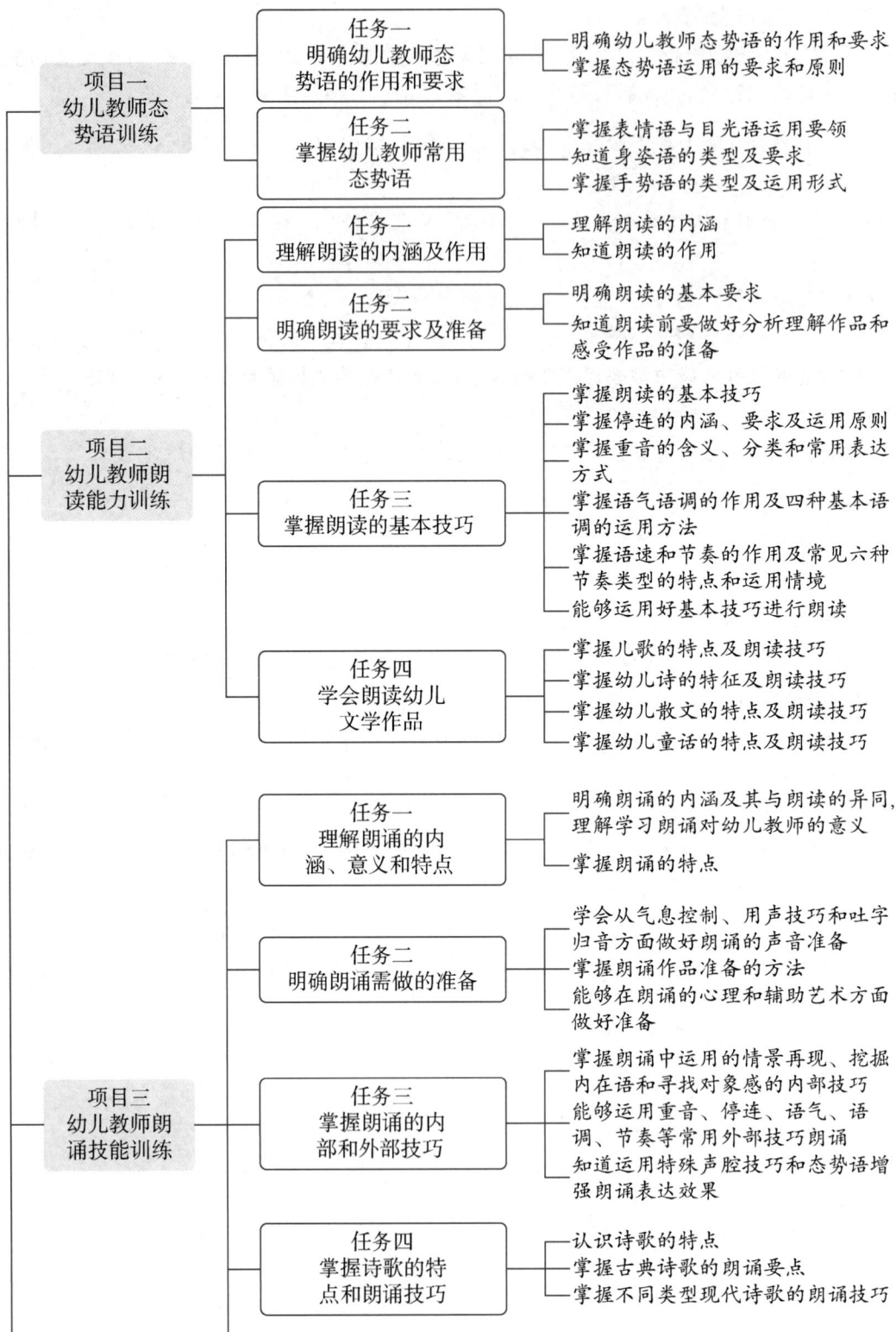

项目一
幼儿教师态
势语训练

任务一
明确幼儿教师态
势语的作用和要求
— 明确幼儿教师态势语的作用和要求
— 掌握态势语运用的要求和原则

任务二
掌握幼儿教师常用
态势语
— 掌握表情语与目光语运用要领
— 知道身姿语的类型及要求
— 掌握手势语的类型及运用形式

项目二
幼儿教师朗
读能力训练

任务一
理解朗读的内涵及作用
— 理解朗读的内涵
— 知道朗读的作用

任务二
明确朗读的要求及准备
— 明确朗读的基本要求
— 知道朗读前要做好分析理解作品和
感受作品的准备

任务三
掌握朗读的基本技巧
— 掌握朗读的基本技巧
— 掌握停连的内涵、要求及运用原则
— 掌握重音的含义、分类和常用表达
方式
— 掌握语气语调的作用及四种基本语
调的运用方法
— 掌握语速和节奏的作用及常见六种
节奏类型的特点和运用情境
— 能够运用好基本技巧进行朗读

任务四
学会朗读幼儿
文学作品
— 掌握儿歌的特点及朗读技巧
— 掌握幼儿诗的特征及朗读技巧
— 掌握幼儿散文的特点及朗读技巧
— 掌握幼儿童话的特点及朗读技巧

项目三
幼儿教师朗
诵技能训练

任务一
理解朗诵的内
涵、意义和特点
明确朗诵的内涵及其与朗读的异同，
理解学习朗诵对幼儿教师的意义
— 掌握朗诵的特点

任务二
明确朗诵需做的准备
学会从气息控制、用声技巧和吐字
归音方面做好朗诵的声音准备
— 掌握朗诵作品准备的方法
能够在朗诵的心理和辅助艺术方面
做好准备

任务三
掌握朗诵的内
部和外部技巧
掌握朗诵中运用的情景再现、挖掘
内在语和寻找对象感的内部技巧
能够运用重音、停连、语气、语
调、节奏等常用外部技巧朗诵
知道运用特殊声腔技巧和态势语增
强朗诵表达效果

任务四
掌握诗歌的特
点和朗诵技巧
— 认识诗歌的特点
— 掌握古典诗歌的朗诵要点
— 掌握不同类型现代诗歌的朗诵技巧

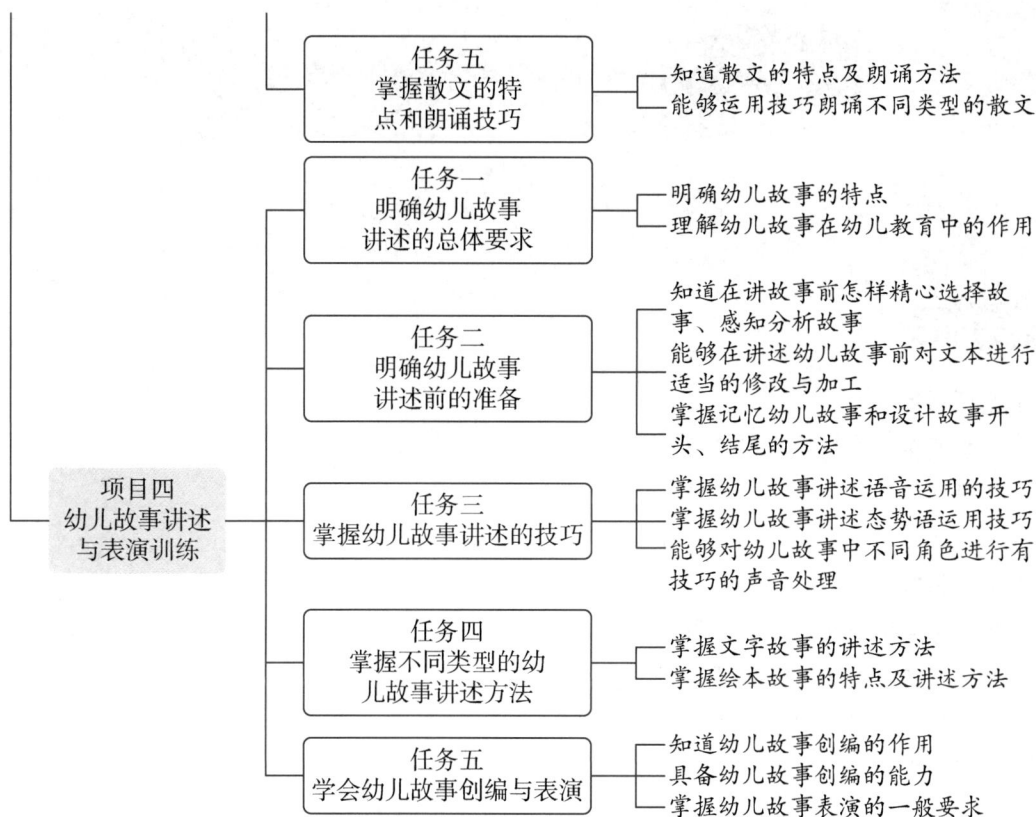

任务五
掌握散文的特点和朗诵技巧

——知道散文的特点及朗诵方法
——能够运用技巧朗诵不同类型的散文

任务一
明确幼儿故事讲述的总体要求

——明确幼儿故事的特点
——理解幼儿故事在幼儿教育中的作用

任务二
明确幼儿故事讲述前的准备

知道在讲故事前怎样精心选择故事、感知分析故事
能够在讲述幼儿故事前对文本进行适当的修改与加工
掌握记忆幼儿故事和设计故事开头、结尾的方法

项目四
幼儿故事讲述与表演训练

任务三
掌握幼儿故事讲述的技巧

——掌握幼儿故事讲述语音运用的技巧
——掌握幼儿故事讲述态势语运用技巧
——能够对幼儿故事中不同角色进行有技巧的声音处理

任务四
掌握不同类型的幼儿故事讲述方法

——掌握文字故事的讲述方法
——掌握绘本故事的特点及讲述方法

任务五
学会幼儿故事创编与表演

——知道幼儿故事创编的作用
——具备幼儿故事创编的能力
——掌握幼儿故事表演的一般要求

项目一 幼儿教师态势语训练

学习目标

（一）素质目标

1. 建立在教学中规范使用态势语的意识。
2. 在教学环境中规范使用态势语。
3. 在不同语言环境下有效使用态势语。

（二）知识目标

1. 了解态势语的基本概念及作用。
2. 掌握态势语的种类及相关特点。
3. 掌握态势语的训练技巧及方法。

（三）能力目标

1. 在学习运用有声语言的同时，能够重视无声语言运用的学习和训练，自觉培养和提升自身态势语运用能力。
2. 在保育、教育、教学和交际活动中，恰到好处地使用态势语辅助口语表达。

任务一 明确幼儿教师态势语的作用和要求

任务描述

美国心理学家艾伯特·梅瑞宾认为：人们在沟通中一条信息的传递效果，词语的作用占 7％，声音的作用占 38％，面部表情的作用占 55％。从这个数据中可以看到态势语的重要性，声音和面部表情往往决定沟通的效果。

要点学习

微课

态势语

一、态势语的含义

态势语又称为体态语言。"体态语言"这个词，是美国心理学家雷勒·伯德惠斯特尔创造的，涉及的领域包括目光语、手势语、表情语和身姿语等，是一种利用表情、眼神、手势、身姿等非语言因素配合有声语言传递信息、表情达意的言语辅助形式，是口语交际中经常使用的辅助手段。

幼儿教师态势语是建立良好师幼关系和传授知识经验的一种特殊语言，是幼儿教师通过身体有关部位发出的用来与幼儿交流思想、表达情感、传递信息、表明态度的一种无声语言。

二、幼儿教师态势语的作用

幼儿教师的态势语是老师和幼儿信息传递和情感交流的必要手段，对于开展教学活动、提高活动效果、增强师幼沟通来说，都发挥着不可替代的作用。有时，态势语的交流是口头语无法取代的，其效果胜

于口头语,它的作用主要有下面三点:

1. 有利于幼儿身心发展

幼儿教师的言行是幼儿学习、模仿的榜样,教师的态势语往往比口头语更有表现力,更能影响孩子的身心发展。例如:刚入园的孩子对环境不适应,会有恐惧感,此时教师除了用教孩子们唱歌、做游戏来分散他们的注意力外,还可以把孩子轻轻搂在怀里,缓缓地拍拍孩子的后背,说一些安慰的话,这时孩子惊恐的心就会得到安抚。

2. 有助于提高教育教学效果

心理学研究表明:幼儿在接收信息时,靠单一的感觉(如听觉)是容易疲倦的,导致注意力分散。他们对语言的理解需要实物进行立体化辅助,如看图片、看表演等,幼儿教师在教学过程中使用态势语其实也是一种形象性、趣味性的表演,通过身姿体态、目光神情等动态、直观的形象辅助有声语言,传递各种信息,从不同的角度刺激幼儿的感官,充分调动幼儿的学习兴趣,激发幼儿动脑、动口、动手的积极性,使有声语言的表现力和感染力得到升华,促进教育教学效果的提高。

3. 有利于师幼感情沟通

幼儿教师良好的态势语对幼儿学习的积极性和师幼情感的增进起催化作用。教师和蔼可亲、精神饱满,有利于营造愉快轻松的教学氛围,幼儿在这样一种和谐的气氛中往往能轻松投入地学习。例如:在教学过程中,教师以鼓励、信任的目光关注胆怯的孩子,这些孩子就会大胆举手发言,教师以赞赏的语气肯定调皮孩子的某个小小的成功,孩子可能就会长时间控制自己的不良行为。总之,教师的一个亲切的目光、一个赞许的微笑、一个肯定的点头都会缩短教师与幼儿的心理差距,增进双方情感,激发幼儿学习热情。

三、态势语运用的基本要求

1. 适度得体

运用态势语时要注意自身及听者的身份、年龄、职业等相关特征,结合交流的目的及环境氛围,恰当、规范、有效使用态势语。幼儿教师要针对幼儿的年龄、心理、认知能力、性格等特点,结合教学内容恰当使用态势语,注意把握好度,并非多多益善。

2. 自然大方

态势语是表达者在交际过程中情感的自然外化,展示了表达者的个人风度及修养,运用过程中要做到自然,落落大方。教师在教学过程中,需结合教学内容有针对性地设计态势语,设计时要摒弃生搬硬套、装腔作势,将真情实感融入态势语中,充分发挥态势语对有声语言的辅助作用,更好地表情达意。

四、态势语运用的原则

1. 目的性原则

目的性是态势语艺术的出发点,教师在教学过程中运用态势语必须以实现教学目的为出发点,为完成教学任务服务,创设良好的课堂教学气氛,使教学变得生动活泼,引起学生学习的兴趣,集中学生的注意力,从而提高教学效果。

2. 适度性原则

态势语的运用需遵循自然得体、适时适度的原则。在教学活动中,幼儿教师的表情、手势和身体姿势都要根据幼儿的年龄特点和教学内容恰如其分地进行设计与运用。运用过程中要大胆、合理,不要畏首畏尾。但也切忌装腔作势或者刻板生硬,要把握好时机和度,该用则用,不可乱用,过度使用会分散幼儿注意力,适得其反。

3. 综合性原则

幼儿教师要综合运用各种态势语,不要总单一使用某些固定手势,还应学会运用丰富友好的面部表情以及协调的身体动作,将三者结合起来恰当运用,达到事半功倍的效果。

4. 亲切性原则

所谓亲切,就是幼儿教师要心中有爱,以关爱为前提设计并运用态势语。热情、亲切、和蔼、面带微笑、动之以情、发之于心,真正打动孩子,感染自己。

5. 个性化原则

幼儿教师的态势语要具有个性特点。态势语并没有什么固定不变的模式,幼儿教师要根据自己的个性特点和实际需要创造性地使用态势语。

学习任务单

根据已学知识完成下列学习任务单。

基础知识任务单 2-1-1　明确幼儿教师态势语的作用和要求

姓名:＿＿＿＿＿＿　学号:＿＿＿＿＿＿　评分人:＿＿＿＿＿＿　评分:＿＿＿＿＿＿

一、选择题(6 分)

1. 态势语的作用是(　　)。

A. 有利于幼儿身心发展

B. 有助于提高教育教学效果

C. 有利于师幼感情沟通

D. 有利于彰显个性化

2. 态势语运用的原则有(　　)。

A. 目的性原则

B. 适度性原则

C. 综合性原则

D. 沟通性原则

二、填空题(28 分)

1. 态势语包括＿＿＿＿、＿＿＿＿、＿＿＿＿和＿＿＿＿等。

2. 幼儿教师的态势语具有＿＿＿＿性、＿＿＿＿性、＿＿＿＿性。

三、判断题(6 分)

1. 态势语没有固定模式,教师在教学中可以自如设计态势语,只要自然得体、适时适度即可。(　　)

2. 幼儿教师的态势语对幼儿身心发展没有影响,教师不必在意态势语。(　　)

技能演练任务单 2-1-1　明确幼儿教师态势语的作用和要求

姓名:＿＿＿＿＿＿　学号:＿＿＿＿＿＿　评分人:＿＿＿＿＿＿　评分:＿＿＿＿＿＿

一、要求

① 熟读以下儿歌,试着为儿歌内容设计态势语。

② 以小组形式进行训练,找出动作设计的优势及不足。

③ 录制视频,并提交至教学系统平台。

二、主题

态势语设计表演。(共 60 分,各 30 分)

雪地里的小画家

下雪啦,下雪啦!

雪地里来了一群小画家。

小鸡画竹叶,小狗画梅花,

小鸭画枫叶,小马画月牙。

不用颜料不用笔,

几步就成一幅画。

青蛙为什么没参加?

他在洞里睡着啦。

小熊过桥

小竹桥,摇摇摇,

有只小熊要过桥。

立不稳,站不牢,

站在桥上心乱跳。

头上乌鸦哇哇叫,

桥下流水哗哗笑。

"妈妈,妈妈快来呀,

快把小熊抱过桥!"

河里鲤鱼跳出水,

对着小熊高声叫:

"小熊,小熊不要怕,

眼睛向着前面瞧!"

一二三,走过桥,

小熊过桥回头笑,

鲤鱼乐得尾巴摇。

三、活动过程记录

四、小组建议反馈

反思评价

1. 反思

请结合本次学习的理论知识,谈谈态势语在教师口语学习中为什么那么重要。

2. 评价

请你对本次任务进行评价。

评价表 2-1-1　明确幼儿教师态势语的作用和要求

内　　容	评　　分
1. 了解态势语的基本含义	☆☆☆☆☆
2. 了解态势语在教师口语中的重要作用	☆☆☆☆☆
3. 把握住态势语运用的基本原则	☆☆☆☆☆
4. 经过本次任务的学习,说一说自己在日常的工作和生活中态势语运用得如何	

支持链接

1. 态势语在表达过程中有重要作用。名人是如何看待态势语的? 一起来看。
2. 态势语在朗诵中运用较多,扫码看朗诵视频,注意观察朗诵者态势语的运用。

名人看态势语　　　　观察朗诵中的态势语

任务二　掌握幼儿教师常用态势语

任务描述

　　幼儿具有很强的向师性,教师的一举一动都会对幼儿产生潜移默化的影响。幼儿教师的态势语主要包括表情语、目光语、身姿语及手势语,准确使用态势语对教学活动的开展、教学效果的提升以及师幼的沟通都起到了一定的促进作用。

要点学习

表情语与目光语

一、表情语

1. 表情语含义

　　表情语是指面部肌肉、唇、眉等的变化。表情是心理的外在表现,能传达出内心的情感,表情语正是通过面部表情的不同变化反映说话者不同的内心活动。幼儿教师常用的表情语主要包括两个方面:一个是面部表情,一个是目光。

2. 面部表情训练

（1）微笑训练。

　　微笑是面部表情的基本形式,是一个人自信、乐观、积极向上的心理状态的反映,也是最常见的表情语。对于幼儿教师来说,在日常的教学中,微笑如甘露可以滋润幼儿的心田,所以教师应该保持和蔼、亲切、热情开朗,时常带有微笑。

咬筷子训练。第一步用门牙横向轻轻咬住筷子,看看自己的嘴角是否已经高过于筷子。第二步继续咬着筷子,嘴角最大限度地上扬,也可以用双手手指按住嘴角向上推,上扬到最大限度。第三步保持上一步的状态,拿下筷子,这时的嘴角就是微笑的基本脸型,能够看到上排 8 颗左右牙齿就可以了。第四步再次轻轻咬住筷子,发出"yi"的声音,同时嘴角向上向下反复运动,持续 30 秒。第五步拿掉筷子,观察自己微笑时的基本表情,双手托住两颊从下向上推,并要发出声音,反复数次。第六步放下双手,同上一个步骤一样数"1、2、3、4",也要发出声音,重复 30 秒结束。

(2) 随机表情训练。

喜悦表情:面部肌肉放松,嘴角向上,眼光明亮。

愤怒表情:面部肌肉收缩,嘴角向下,怒目圆睁。

悲哀表情:面部肌肉放松,嘴唇微开,眉目低垂。

惊讶表情:面部肌肉收缩,嘴唇打开,眉目骤张。

满意表情:面露微笑,点头。

二、目光语训练

1. 目光语的含义及种类

(1) 目光语含义。

目光语是运用眼睛的动作和眼神来传递信息和感情的一种态势语。目光是表情语的核心,不同的目光表达不同的意义,幼儿教师在教育教学活动中应随时用目光和孩子们交流感情。例如:正视幼儿时目光要亲切自然,做到坦然自信,胸有成竹,不要目光游离或者刻意回避幼儿的目光,这会让幼儿觉得不被老师关注。注视幼儿时要目光炯炯,表明对幼儿真挚的关心,不要眼睑下垂,眼神黯淡,这种目光会让幼儿感到不安,会使他们产生猜疑。

(2) 目光语种类。

平视目光:眼神平直向前,目光落在班级或相应场地的中部。

环视目光:视线有规律地从班级的左到右,再从右到左,或从前到后,再从后到前进行扫视,以实现控场目的。

点视目光:把目光集中到某一点或某一区域,可以有效和某人或某一区域学生进行视线交流。

虚视目光:目光不完全聚焦,似看非看的方法,即所谓的"视而不见"。

(3) 目光语注视区域。

社交注视区:眼睛以下到下巴的部分,呈倒三角状。

严肃注视区:眼睛以上到额头部分,呈正三角状。

亲密注视区:从眼睛到胸部,呈大的倒三角形。该区比较适合亲密关系的人使用,注意异性间慎用。

(4) 不当的目光语。

幼儿教师目光要做到亲切、自然,富有美感,覆盖面广,以鼓励为主,但同时也要注意避免使用一些不当的目光——

① 避免眼神黯淡无光,让幼儿感受不到活力。

② 避免视线不与幼儿交流,以致冷落幼儿。

③ 避免长时间死死盯住某一个幼儿或其他地方,让幼儿焦虑不知所措。

④ 避免眼球乱转或眼动头不动,让幼儿感受不到关注。

⑤ 课堂上避免当众挤眉弄眼,给幼儿一种不庄重感。

三、身姿语

1. 身姿语含义

身姿语是指通过身体的姿态来传递信息和情感的一种肢体语言,包括头姿、站姿、行姿、坐姿等。它是构成口语交际中说话者或听话者整体形象的重要因素,常常会在不经意间、自然而然地表露出一个人的内心情感。

2. 身姿语的类型

(1)头姿:通过头部的活动变化来表达特定含义,包括点头、摇头、侧首、低头等。

(2)站姿:人在交际活动中站立的姿态。

(3)坐姿:人们坐着时候的姿态,是人们日常起居中最常见的样态,能准确地传达出人内心的精神状态。

(4)行姿:一个人在行走时的姿态。

3. 身姿语训练

(1)头姿训练。

幼儿教师在上课时时常会用到头姿来表达自己的想法。一般来说:点头表示赞成和肯定;摇头表示否定和拒绝;侧首表达多种信息,如关注、怀疑、沉思、欣赏;昂头表示自信;低头可能含有消极的信息。因此,幼儿教师在上课时要根据幼儿的表现,通过头姿语给予信息的回应,传递给孩子鼓励、欣赏、赞同的信息。

(2)站姿训练。

站姿总体要求:头正、肩平、臂垂、躯挺、腿并;身体重心主要支撑于脚掌、脚弓上;从侧面看,头部、肩部、上体与下肢应在一条垂直线上。

手位要求:根据不同的场合可采用下列手位的任何一种。一是双手置于身体两侧,自然垂直,垂直时手心朝向裤缝方位。二是女性右手搭于左手上放于腹前,男性可一手握住另一手腕放于体前。

脚位要求:站立时脚位的方式可任选下面的一种,一是男女生脚尖皆可分开,呈 V 字形;二是男性双脚平行分开,不超过肩宽,女性可采用小丁字步。

幼儿教师以站在教室中间的时间居多,要注意克服驼背、塌腰、含胸、斜肩、左右摇晃、两脚打颤等毛病。与幼儿交流时上身可略微前倾,头部倾向说话对象,给人以亲切感。

(3)坐姿训练。

坐姿基本要求:入座时要轻、稳,入座后上体自然挺直,挺胸,双膝自然并拢,双腿自然弯曲,双肩平整放松,双臂自然弯曲,双手自然放在双腿上或椅子、沙发扶手上,掌心向下。头正、嘴角微闭,下颌微收,双目平视,面容平和自然。坐在椅子上,应坐满椅子的 2/3,脊背轻靠椅背。离座时要自然稳当。

入座时手位要求:坐时,双手可采取下列手位之一。一是男性双手平放在双膝上,女性双手叠放,放在一条腿的中前部。二是一手放在扶手上,另一手仍放在腿上或双手叠放在侧身一侧的扶手上,掌心向下。

双腿摆法要求:入座时双腿可采用标准式、侧腿式、重叠式、前交叉式。

坐姿注意事项:一是坐下时不可前倾后仰,或歪歪扭扭。二是双腿不可过于叉开,或长长地伸出。三是坐下后不可随意挪动椅子。四是不可将大腿并拢,小腿分开,或双手放于臀部下面。五是不高架"二郎腿"。六是不可腿、脚不停抖动。七是不要猛坐猛起,女性穿裙入座时要捋顺裙摆。八是坐沙发时不要太靠里面,不能呈后仰状态。

(4)行姿训练。

行姿要求:正身,收腹,直腰,平视,臂松(前后摆臂的夹角一般在 10°或 15°),脚尖微向外或向正前方伸出,跨步均匀,步幅约一只脚到一只半脚长,有节奏感。身体微向前倾,重心随脚步移动,不要将重心停留在后脚,脚着地和后脚离地时伸直膝部。

行姿禁忌:一是方向不定,忽左忽右;二是体位失当,摇头、晃肩、扭臀。三是左顾右盼,重心后坐或前移。四是与多人走路时,或勾肩搭背,或奔跑蹦跳,或大声呼喊等。五是双手反背于后背。六是双手插入裤袋。

四、手势语

1. 手势语的含义

手势语是运用人体上肢表达思想、传递信息的一种体态语言。幼儿教师手势语是指教师根据需要,用手或胳膊的动作来传情达意的态势语。

2. 手势语的类型

手势语包括手指、手掌、手臂及双手发出的、能承载交际信息的各种动作,手势表达的含义相当丰富,幼儿园教学手势语一般分为情意手势语、指示手势语、象形手势语、象征手势语。

(1)情意手势语。

情意手势语即表示某种意向的手势,常常用来表达或强调说话人的某种思想感情、情绪、意向或态度。

(2)指示手势语。

指示手势语指教学中用于组织、指导幼儿学习的手势语,一般用于维持教学纪律,引起幼儿注意。

(3)象形手势语。

象形手势语主要用来描摹比画具体事物或人的形象、外貌等。

(4)象征手势语。

象征手势语是用某种特定姿态表示某种意义的手势,主要用来表达抽象概念。

手势还可以分为单式手势和复式手势,在教学过程中是用单手还是用双手,主要看语意的轻重及使用的场合。一般来说,语意轻使用单式手势,语意重使用复式手势。

3. 手势语的运用形式

手势语运用可有以下三种形式。

(1)手掌动作:手掌动作是手势语中常用的表现形式,例如:手臂弯曲,手掌向下压,表示反对;手掌向外推出,表示拒绝。在运用手掌做动作时要注意:手掌四指并拢,拇指可略微分开,切不可将手指全部分开;手掌、手腕、手臂成一条直线,手腕不可弯曲。

(2)手指动作:手指动作在手势语表达中也较为常用。例如:手向前平伸,掌立起,五指分开,可用来表示具体数目"五"。五个手指由外向内集中收拢,常表示集中某种力量。手指动作使用时要注意慎重使用单指式,尤其在清点人数,或者是指人的时候,用单指式显得不够礼貌,不尊重人。清点人数时我们建议采用手掌式,数一、二、三、四、五,或者用点头式动作,数一、二、三、四、五。

(3)拳头动作:拳头动作给人以力量,在表达某些情感时常用。例如:将拳头握紧、高举,表示坚决拥护或强烈反对。将拳头向下用力挥动或捶击,常表示决断、愤怒等意思。

4. 手势语区域

根据手的动作范围,一般将手势语大体分为上、中、下三个区域。

(1)上区:肩部以上,多表现积极、振奋、肯定、张扬等褒义。

(2)中区:肩部至腰部,多表现坦诚、平静、和气等中性意义。

(3)下区:腰部以下,多表现憎恨、鄙视、压抑、否定等贬义。

一般情况下,表达积极意义的,手往往向上、向前、向内,而表达消极意义的,手往往向下、向后、向外。

5. 手势语的意图

幼儿教师在开展教学过程中常用的表现意图的手势语主要有以下几种。

(1)表示召唤:手臂前伸,五指微弯。

例如:小朋友们,请跟我来。

（2）表示号召：两手平端，向上挥动。

例如：同学们，行动起来！

（3）表示提醒、控制：手心向下，两臂稍曲前伸。

例如：小朋友们，走路轻一点儿，说话小声点儿，别打扰到小花小草的美梦。

（4）表示肯定：单手前伸，掌心向上，做小范围的平移。

例如：他真是个好孩子。

（5）表示否定、厌恶：单手前伸，掌心向下，做小范围的平移。

例如：大灰狼的行径令人不齿。

6. 幼儿教师手势语基本要求

自然、得体、适度是幼儿教师手势语的基本要求。

注意：在使用手势语中，语言与动作要做到配合得当，不要出现语音与动作脱节的现象。例如：在说"我不去"时，声音快过于动作，使得动作显得多余。

📝 学习任务单

根据已学知识完成下列学习任务单。

基础知识任务单 2-1-2　掌握幼儿教师常用态势语

姓名：_____　学号：_____　评分人：_____　评分：_____

一、单选题：(4分)

1. 愤怒时表情特征是什么样的？(　　)

A. 怒目圆睁

B. 面部肌肉放松

C. 嘴角微开

D. 眉目低垂

2. 请幼儿起立时，双手掌心可向上，这种手势语属于(　　)。

A. 情意手势语

B. 指示手势语

C. 象形手势语

D. 象征手势语

二、判断题(6分)

1. 身姿语类型包括坐姿、躺姿、站姿、行姿。(　　)

2. 站姿训练总体要求：头正、肩端、臂垂、躯弯。(　　)

3. 目光语注视区域有社交注视区、严肃注视区、亲密注视区。(　　)

三、填空题(30分)

1. 手势语包括_____、_____、_____及双手发出的能承载交际信息的各种动作。

2. 幼儿园教学手势语一般分为_____、_____、_____、_____。

3. 严肃注视区是指_____以上到_____部分，成_____三角。这个区域给人以庄重、正式的感觉。

技能演练任务单 2-1-2　掌握幼儿教师常用态势语

姓名：＿＿＿＿＿＿＿　学号：＿＿＿＿＿＿＿　评分人：＿＿＿＿＿＿＿　评分：＿＿＿＿＿＿＿

一、要求

① 根据故事内容，自行设计态势语。

② 根据学号依次上台进行表演。

二、主题

故事表演（60分）。

门铃和梯子

周锐

野猪家离长颈鹿家挺远的。但为了见到好朋友，野猪不怕路远。

终于到了。咚咚咚！野猪去敲长颈鹿的门。

敲了好一会儿，没有人来开门。

野猪大声问："长颈鹿在里面吗？"

"在家呢。"长颈鹿在里面答应。

"咦，在家为什么不开门？"

"野猪兄弟，你往上瞧，我新装了一个门铃。有谁来找我，首先按门铃。我听见铃响以后，就会来开门。"

野猪抬起头来，看见了那个门铃。"长颈鹿大哥，我很愿意按门铃的，但你把它装得太高，我够不着。所以，我还是像以前那样敲门吧。"——咚咚，咚咚。

可是长颈鹿仍然不开门。"对不起，野猪兄弟，我知道你真的够不着。但你就不能想想办法吗？要是大家都像你这样，图省事，敲敲门算了，那我的门铃不是白装了吗？

野猪没话说了，但又怎么也想不出能按到门铃的办法，只好嘟嘟囔囔回家去了。

过了一些日子，野猪又来看长颈鹿。这回他"哼哧哼哧"地扛来了一架梯子。

野猪把梯子架在了长颈鹿门外，爬上去，一伸手，够着了那个门铃。

可是，怎么按也按不响。急得野猪哇哇叫。

"对不起，野猪兄弟，"长颈鹿在里面解释说，"门铃坏了。只好麻烦你敲几下门了。"

"这怎么行！"野猪叫起来，"只敲几下门？那我这梯子不是白扛来了！"

三、活动过程记录

四、小组建议反馈

反思评价

1. 反思

态势语的恰当运用是否能体现个人的行为修养？

2. 评价

请你对本次任务进行评价。

评价表 2-1-2 掌握幼儿教师常用态势语

内　　容	评　　分
1. 对态势语种类有了初步了解	☆☆☆☆☆
2. 掌握各类态势语使用的基本要求	☆☆☆☆☆
3. 经过本次任务的学习,说一说自己在态势语运用中有哪些不足	

支持链接

1. 幼儿教师手势语的运用要恰当,才能起到好的表达效果。一起来看教师运用手势语要遵循哪些原则。

2. 讲故事或者开展教育教学活动中,幼儿教师态势语很重要。请扫码学习幼儿故事讲述中的态势语。

运用手势语原则　　　幼儿故事讲述中的态势语

项目二 幼儿教师朗读能力训练

学习目标

（一）素质目标

1. 在学习中感受朗读的魅力。
2. 练习朗读经典作品，体悟中华文化之美。
3. 朗读幼儿文学作品，体会童真、童趣，认同、喜爱幼儿教师职业。

（二）知识目标

1. 理解朗读的内涵和作用。
2. 掌握朗读的基本要求、准备内容和表达技巧。
3. 掌握儿歌、幼儿诗、幼儿散文、幼儿童话等幼儿文学体裁的特点和朗读技巧。

（三）能力目标

1. 能够熟练地运用语调、重音、停连、节奏等表达技巧朗读诗歌、散文作品。
2. 能够声情并茂地朗读儿歌、童话、幼儿诗等幼儿文学作品，并能指导幼儿朗读儿歌、幼儿诗等。
3. 能够运用朗读的技巧读好不同体裁和风格的作品。

任务一 理解朗读的内涵及作用

任务描述

朗读是用富有感染力的声音传递信息、表达思想感情的一种口语表达样式，是人们学习和传情达意的重要途径。朗读是一切口语表达的基础。通过朗读，能够巩固和提高普通话基础训练的成果，能够习得和储备大量词语和句式，习得灵活多样的言语组织技巧和表达方法。本次学习任务是掌握朗读的概念，了解朗读在幼儿园教学中的作用。

要点学习

一、朗读的概念

"朗"是声音清晰、响亮，"读"就是依照文字念。准确地讲，朗读是运用普通话把书面语言清晰、响亮，有感情、有技巧地读出来，把视觉形象（文字）转化为听觉形象（语音），从而使听众得到更加明晰的信息和艺术享受。

二、朗读的作用

1. 促进语言规范，提升口语表达能力

朗读必须使用标准的普通话，对作品里的每个字、每个词、每句话，都要解决好声母、韵母、声调、轻重格式、儿化、语流音变等问题。

微课

朗读的内涵及作用

例如：

朋友即将远行。（"即"注意声调）

甚至可以多拿些回家当晚餐。（"当"注意声调）

穷孩子就受一天冻,挨一天饿,所以老师们宁愿自己苦点儿。（注意儿化韵）

小鸟和水手的感情日趋笃厚。（注意上声的变调）

假日到河滩上转转,看见许多孩子在放风筝。（注意轻声音节）

好大的雪啊！（注意"啊"的音变）

在朗读的过程中,要追求每个字音的准确、标准。所以,朗读能帮助我们增强对语音规范的敏感和鉴别能力,听到不正确的读音或词不达意、生硬不通的句子,就会感到不适,加以排斥,予以纠正。

坚持朗读练习,还可以帮助我们学习和储存大量优美的词汇和句式,培养正确、流利、清晰、富于表情的说话习惯,从而有效提高有声语言的表现力。

2. 陶冶情操，提升艺术鉴赏力

朗读是人们欣赏艺术、抒发感情的重要方式。"情动于中而形于言",优秀的书面语作品,特别是文学作品,总是富含深刻的思想和真挚的情感,朗读者通过对作品的理解和感知,使自己与作者的思想感情共鸣,伴随着生动的词句、抑扬的旋律,使自己和听者的心灵得到净化,文学鉴赏力也就得到了提高。

例如:2020年中央电视台元宵节特别节目中,一众艺术家朗诵的《相信》,讲述了那些感动我们的人与事。伴随着优美的声音,流入我们心田的是英雄们的勇敢坚守,是全国人民的守望相助。在老艺术家们深情的朗诵中,我们真切地看到了中华民族的凝聚力,感受到了中国精神和中国力量！

所以,优秀的文字作品通过朗读对情操的陶冶、对心灵的感染、对思想的启迪,往往比单纯的讲解更细致入微,更感人至深,更能增添人们前进的勇气和希望。

3. 在幼儿园教育教学中有着特殊的作用

朗读作品是一种感化、熏陶的情感体验过程。童年时期从朗读活动中得到的宝贵教益,对一个人树立远大理想、振奋精神、激发斗志都会产生巨大的作用。幼儿教师在教育教学活动中若能准确、优美、生动地为幼儿朗读有益于他们身心健康发展的文艺作品,如儿歌、幼儿诗、幼儿故事、科普读物等,既可以用优美的声音吸引幼儿的注意力、帮助幼儿更好地领会作品,又能使幼儿领略到语言的美感,加强他们听音、辨音、发音的语言训练,这对发展他们良好的语言习惯和语言素养,激发他们从小对祖国语言的热爱有着极其重要的意义。例如,幼儿诗《小小书签》：

小小书签

李约拿

秋天,

枫叶红了,

吵着要

离开妈妈,

风爷爷说:

"让他去吧,

世界大着哪！"

于是,

叶子落了,

落在山冈上,

变成花地毯;

落到课本上,

变成一张张,

小小书签。

老师声情并茂的朗读,会将孩子们带进幼儿文学的百花园。幼儿通过"听"不仅能了解到这首幼儿诗的内容,而且能获得社会和生活的一些经验,感受到语言的魅力。

学习任务单

根据已学知识完成下列学习任务单。

基础知识任务单 2-2-1　理解朗读的内涵及作用

姓名:_____　学号:_____　评分人:_____　评分:_____

一、填空题(20 分)

朗读是运用标准的_____,把_____语言清晰、响亮,有感情、有_____地读出来,把视觉形象转化为_____,从而使听众得到更加明晰的信息和艺术享受。

二、简答题(20 分)

简述朗读的作用。

技能演练任务单 2-2-1　理解朗读的内涵及作用

姓名:_____　学号:_____　评分人:_____　评分:_____

一、要求

① 根据题目要求进行作品朗读演练。

② 分小组演练展示,相互点评。

③ 录制音频或视频,提交至教学系统平台进行分享。

二、主题

大声朗读以下文字,感受朗读的意义和魅力。(60 分)

做最好的自己

[美]道格拉斯·马罗奇

如果你无法成为山顶上的一棵苍松

就做山谷中的一丛灌木

但一定要做溪边

最好的一丛小灌木

如果你成不了灌木

那就做一棵小草

让道路因你而更有生气

如果你成不了海洋中的大梭鱼

那就做一条鲈鱼

但一定要做

湖里那条最有活力的鲈鱼

我们不可能都做船长

必须要有人做船员

总会有适合我们

做的一些事情

有大事,也有小事

我们要做的

就是眼前的事

如果你成不了大道

那就做一条小径

如果你成不了太阳

那就做一颗星星

成功还是失败

并不取决于

所有事情的大小

做最好的自己

三、活动过程记录

四、小组建议反馈

反思评价

1. 反思

请结合本次学习要点及实训内容,谈谈学好朗读对你未来从事职业的重要性。

2. 评价

请你对本次任务进行评价。

评价表 2-2-1 理解朗读的内涵及作用

内　　容	评　　分
1. 对朗读内涵的掌握程度	☆☆☆☆☆
2. 朗读对幼儿和幼儿教师的作用的认识程度	☆☆☆☆☆
3. 经过本次任务的学习,说一说对朗读的认识还存在哪些方面的困惑	

支持链接

请欣赏 2020 年中央电视台元宵特别节目诗朗诵《相信》,体味朗读(诵)对陶冶情操、感染心灵、启迪思想的作用。

任务二　明确朗读的要求及准备

任务描述

许多同学喜欢朗读,也希望自己的朗读优美动听,成功的朗读有着基本要求,并需要在朗读前做充分的准备。本次学习任务是了解朗读的基本要求,同时从准确理解作品和具体感受作品两个方面阐述所需要做的准备。

要点学习

一、朗读的基本要求

1. 语音标准,语调自然

南宋理学家朱熹曾说:"须要读得字字响亮,不可误一字,不可少一字,不可多一字,不可倒一字,不可牵强暗记。只是要多诵遍数,自然上口,久远不忘。"

朗读作品,不仅要求忠实于作品原貌,不添字、漏字、改字、回读,还要求在声母、韵母、声调、轻声、儿化、音变及语句的表达方式等方面都要符合普通话语音的规范。注意克服方音和方言语调,使语音纯正,声音圆润饱满。采用朴素平实的语调,保持自然真实,这样才能正确传达语义。

2. 讲究技巧,抑扬顿挫

朗读技巧是实现朗读目的的重要手段,是对作品语言进行有声创造所进行的设计和处理。任何外在的语言表达都是在内部心理状态的支配下进行的,因此广义的朗读技巧包括内部心理感受技巧和外在的言语表达技巧两个方面。内部心理感受技巧主要是对作品的形象感受和逻辑感受的技巧;外在的言语表达技巧主要是言语声气技巧,包括停连、轻重、缓急、抑扬、节奏等多个方面。朗读中要恰当地运用各种朗读技巧,停连得当,轻重适度,节奏鲜明,抑扬顿挫地表情达意,做到声源于情,以声传情。

微课

朗读的要求

3. 把握基调，感情贴切

曾国藩讲，非高声朗读则不能展其雄伟之概，非密咏恬吟则不能探其深远之韵。朗读前要充分阅读文章，把握文章的写作背景、思想感情脉络或写作线索，把握文章基调。从朗读中体会节奏感，品味作品的情趣和神韵，以情带声，最终达到声情并茂。

二、朗读的准备

【微课】
朗读的准备

"凡事预则立，不预则废"，朗读创作也是如此。朗读要想获得成功，必须做好充分的准备，朗读前的准备工作主要有两方面：一是分析、理解作品；二是具体感受作品。

1. 理解作品

理解作品就是准确解读朗读的文本，包括作品的形式、内容、结构和主题等，确定作品的基调。

（1）熟悉作品内容，扫清文字障碍。

朗读者要把作品的思想感情准确地表现出来，需要透过字里行间，理解作品的内在含义。因此，读好一篇作品，要反复认真阅读作品，充分利用工具书，清除朗读障碍，搞清楚作品中生字、生词、多义词、异读词、成语典故、语句等的含义，不能囫囵吞枣，望文生义。

（2）了解作品背景，把握作品主题。

要想准确地把握文章的主题，就一定要了解其产生的背景或写作动机，这有助于朗读者全面深刻地领会文章的内容。如《乡愁》这首诗，它是诗人余光中于 1972 年创作的。余光中的祖籍是福建永春，他于 1949 年离开大陆去台湾。当时由于政治原因，台湾和大陆长时间的隔绝，致使余光中多年没有回过大陆。他一直思念亲人，渴望祖国的统一和亲人的团聚。在强烈的思乡之情中，诗人在台北厦门街的旧居写下了这首诗。了解了创作背景之后，这首诗的主题也就豁然开朗了。

（3）深入分析作品，确定朗读基调。

朗读基调是作品总的感情色彩及态度。不同的作品有着不同的感情基调，或庄重或诙谐，或欢快或悲哀，或沉郁或从容，或亲切或严肃等。例如：毛泽东的《沁园春·雪》属于典型的昂扬激越、乐观向上的基调；朱自清的《荷塘月色》基调是"淡淡的忧愁，淡淡的喜悦"；马致远的《天净沙·秋思》基调是凄凉萧条、低沉委婉的；戴望舒的《雨巷》基调是迷茫渴望的。朗读者要从作品的人物、事件或作品的语言风格等方面去认真揣摩，有效解析，在此基础上，产生真实的感情、鲜明的态度，产生内在的、急于要表达的律动。只有经历这样一个复杂的过程，朗读者才能把握住基调，表达出作品中蕴含的态度分寸、感情色彩。如艾青的《我爱这土地》，这首诗写于抗战初期，诗人为表达自己对土地最真挚深沉的爱，把自己想象成"一只鸟"，永远不知疲倦地围绕着祖国大地飞翔，永远不停歇地为祖国大地歌唱。既唱出大地的苦难与悲愤，也唱出了大地的欢乐与希望，所以整首诗的感情基调应该是深沉、热情、悲怆的。

我爱这土地

艾青

假如我是一只鸟，

我也应该用嘶哑的喉咙歌唱：

这被暴风雨所打击着的土地，

这永远汹涌着我们的悲愤的河流，

这无止息地吹刮着的激怒的风，

和那来自林间的无比温柔的黎明……

——然后我死了，

连羽毛也腐烂在土地里面。

为什么我的眼里常含泪水？

因为我对这土地爱得深沉……

2. 具体感受作品

具体感受作品，就是在阅读理解作品的基础上，产生对作品的具体感受，激发情感的共鸣。感受，在理解作品和表达作品之间架起了一座桥梁，把朗读者的思维引向情感，使朗读者用自己的感受去丰富和充实文字语言，为"形之于声"做准备。具体感受作品主要有这几点：

（1）形象感受的运用。

朗读者的形象感受，是朗读者对视觉、听觉、嗅觉、味觉、触觉以及时间觉、空间觉、运动觉等综合性的感知。朗读者以语言内容为依据展开再造想象，使作品中的情、景、物、人、事、理在内心活起来，好像"看到""听到""闻到""尝到"一样。例如：

天冷极了，下着雪，又快黑了。

这一句中，字词的结合，再造了客观世界的形象、气氛，透过文字，看到的是天色、雪花，从而感到了寒冷。这便是朗读者由文字语言引起的感受。再如：

吹面不寒杨柳风，不错的，像母亲的手抚摸着你。风里带来些新翻的泥土的气息，混着青草味儿，还有各种花的香，都在微微润湿的空气里酝酿。鸟儿将巢安在繁花嫩叶当中，高兴起来了，呼朋引伴地卖弄清脆的喉咙，唱出宛转的曲子，跟轻风流水应和着。牛背上牧童的短笛，这时候也成天嘹亮地响着。

读这段文字，充分调动嗅觉、听觉、触觉去体会春天的味道、声音和温润，感受扑面而来的春天的气息。

（2）逻辑感受的运用。

逻辑感受是作品中的概念、判断、推理、论证，以及全篇的思想发展脉络，各层次、各语句、各段落之间的内在联系在朗读者头脑中形成的感受。朗读者要学会将作品中的并列、对比、递进、转折、主次、总分等"文路"，通过对关键词、重点句的理解把握，在逻辑感受过程中转为自己的思路，进而形成内心的"语流"，以增强有声语言的征服力。例如：

起先，这小家伙只在笼子四周活动，随后就在屋里飞来飞去。

这句话用关联词"起先……随后"，表达珍珠鸟由开始的害怕到后来的胆子渐大，直到最后对主人产生信任的过程。朗读者要把握前后语句间的这种逻辑，在内心产生清晰的语言脉络，从而使整个朗读一气呵成。

（3）内在语的运用。

内在语即"潜台词"，是文字背后更深一层的意思，也是文字作品所不便表露、不能表露或没有完全表露出来的语句关系或语句本质。朗读时，要运用"内在语"的力量赋予语言一定的思想、态度和感情色彩。例如：

乌云越来越暗，越来越低，向海面直压下来。

语句本质就是反动势力越来越残酷地镇压革命。

波浪一边歌唱，一边冲向空中，去迎接那雷声。

语句本质是革命人民勇往直前，去和反动势力进行殊死搏斗。

这两句话出自高尔基的《海燕》，《海燕》整篇文章都使用了象征手法，只有揭示出文字中所蕴藏的深意，才能准确、贴切地把握作品，调动感情。

📝 学习任务单

根据已学知识完成下列学习任务单。

基础知识任务单 2-2-2　明确朗读的要求及准备

姓名：_____　学号：_____　评分人：_____　评分：_____

一、知识理解（24分）

1. 广义的朗读技巧包括内部心理感受技巧和_____。

2. 内部心理感受技巧主要是对作品的_____和_____技巧。

3. 外部的言语表达技巧包括声音的停连、轻重、缓急、抑扬、_____等多个方面。

4. 朗读要想获得成功，必须做好充分的准备，朗读前的准备工作主要是分析理解作品和_____。

5. 作品中的概念、判断、推理、论证，以及全篇的思想发展脉络，各层次、各语句、各段落之间的内在联系在朗读者头脑中形成的感受叫_____感受。

二、知识运用（16分）

1. 艾青的《我爱这土地》这首诗的朗读基调是_____。

A. 热情悲怆　　B. 慷慨激昂　　C. 欢快欣喜　　D. 沉郁失落

2. "小草偷偷地从土地里钻出来，嫩嫩的，绿绿的。园子里，田野里，瞧去，一大片一大片满是的。坐着，躺着，打两个滚，踢几脚球，赛几趟跑，捉几回迷藏。风轻悄悄的，草软绵绵的。"朗读这几句时，可借用_____觉和_____觉来体会春天的景象，感受春天的生机勃勃。

3. 《海燕》整篇文章都用了_____手法，要揭示出文字所蕴藏的深意，才能准确、贴切地把握作品，调动感情。

技能演练任务单 2-2-2　明确朗读的要求及准备

姓名：_____　学号：_____　评分人：_____　评分：_____

一、要求

① 根据所学知识，以作品《母爱》为例，分析体会如何做好朗读前的准备；

② 分小组分享交流朗读前的准备步骤。

二、主题

根据所学知识，以作品《母爱》为例，分析体会如何做好朗读前的准备。（60分）

母　爱

这是一个真实的故事。故事发生在西部一个极度缺水的沙漠地区。这里，每人每天的用水量只有三斤，日常的饮用、洗漱、洗菜、洗衣，包括饮喂牲口，全都依赖这三斤珍贵的水。这些水还得靠驻军从很远的地方运来。

人缺水不行，牲口也一样。终于有一天，一头向来温驯的老牛挣脱了缰绳，闯到运水车必经的公路旁。运水的军车来了，老牛迅速冲上公路，司机紧急刹车，停了下来。老牛立在车前，任凭司机怎么呵斥驱赶，它就是不肯挪动半步。五分钟过去了，十分钟过去了，双方依然僵持着。运水的战士以前也碰到过牲口拦路索水的情形，但它们都不像这头牛这般倔强。人和牛就这样对峙着，性急的司机反复按响喇叭，可老牛仍然一动不动。

后来，牛的主人寻来了，恼怒的主人扬起长鞭，狠狠地抽打瘦骨嶙峋的老牛。牛被打得哀哀叫唤，但还是不肯让开。鲜血沁了出来，染红了鞭子，老牛凄厉的叫声，和着沙漠中阴冷的酷风，显得分外悲壮。一旁的运水战士哭了，司机也哭了。最后，运水的战士说："就让我违反一次规定吧，我愿意接受一次处分。"他从水车上取出半盆水，放在牛面前。

出人意料的是,老牛没有喝水,而是对着夕阳,仰天长哞,似乎在呼唤什么。不远的沙堆背后跑来一头小牛。老牛慈爱地看着小牛贪婪地喝完水,伸出舌头舔舔小牛的眼睛,小牛也舔舔老牛的眼睛。静默中,人们看到了母子眼中的泪水。没等主人吆喝,它们掉转头,在一片寂静中慢慢往回走去。

三、活动过程记录

四、小组建议反馈

反思评价

1. 反思

请结合本次学习要点及实训内容,谈谈朗读前要做好哪些准备。

2. 评价

请你对本次任务进行评价。

评价表 2-2-2 明确朗读的要求及准备

内　容	评　分
1. 对朗读基本要求的认识程度	☆☆☆☆☆
2. 对朗读准备的掌握程度	☆☆☆☆☆
3. 经过本次任务的学习,说一说对朗读的要求和准备还存在哪些方面困惑	

支持链接

1. 欣赏朗读音频《乡愁》《我爱这土地》,精准把握作品的主题和感情基调。

2. 阅读《关于逻辑感受》(选自张颂《朗诵学》)。

音频	音频	文档
《乡愁》	《我爱这土地》	《关于逻辑感受》

任务三　掌握朗读的基本技巧

任务描述

理解分析作品,具体感受作品,带来作品思想感情的流动,但这最终还是要通过有声语言表达出来。朗读的表达技巧是实现朗读目的,也是表情达意的重要手段,朗读者要熟练地掌握包括停连、重音、语调、节奏等的外在表达技巧。

要点学习

微课

停连训练

一、停连

停连指的是朗读语流中声音的中断和延续。在朗读中,词语间、句子间、段落层次间出现声音的中断叫停顿;在文字中有标点符号的地方不停顿或缩短停顿的时间,连起来读叫连接。

1. 停连的作用

(1)朗读者生理上的自然要求。

朗读者不可能一口气把一篇作品读完,总要有换气的时候,或是对气息进行调节的时候,这时就要停顿;吸气、调节气息之后,又可以继续朗读,且朗读时不会一个字一换气,这就要连接。

(2)句子结构上的需要。

朗读者要把作品按照文字序列传达给听者,在区分、转折、呼应、递进等地方,造成适当的声音空隙,就需要运用停顿;在组织严密、感情奔流、语言推进、意思连贯等地方,造成声音的流动,一气呵成,就需要运用连接。停中有连,连中有停,更能显出操控得心应"口"的心理变化之妙。

(3)语义表达更清楚、更准确的需要。

同样一句话,有没有停顿意思截然不同。

例如:我不相信他是好人。

可以这样读:我不相信他是好人!(说明他是坏人)

也可以这样读:我不相信,他是好人!(说明他是好人)

同样一句话,停连位置不同,意思也不一样。

例如:我赞成他也赞成你怎么样?

可以这样停顿:我赞成他,也赞成你,怎么样?(意思是赞成他和你)

也可以这样停顿:我赞成,他也赞成,你怎么样?(意思是我和他都赞成)

同样一句话,停顿时间长短不同,意思也不一样。

例如:看见王霞张军的脸"刷"地红了。

可以用顿号停顿:看见王霞、张军的脸"刷"地红了。

也可以用逗号停顿:看见王霞,张军的脸"刷"地红了。

因此,不同的停连运用,会衍生出不同的意思。恰当的停连有助于更清楚、更准确地表达语义。

(4)让听众领略和思考、理解和接受的需要。

听到的声音中断过少、过短,或声音中断过多、过长,从开始朗读到结束毫无参差错落,都会造成听者反感。听者通过有声语言听文字作品的内容,希望的是听懂,更希望受到启发和感染。所以,听者要求朗读者连到好处,停在妙处,通情达理,配合默契。

2. 停连运用的基本原则

(1) 标点符号是参考。

朗读的停连通常情况下服从标点符号,依据标点符号的要求来停顿。一般情况下标点符号的停顿时间的长短规律是顿号(间隔号)＜逗号(冒号)＜分号(破折号、连接号)＜句号(问号、叹号、省略号)。

另外,按照作品的结构,在标题、段落、层次之间也要进行适当的停顿,一般情况下,停顿的长短是句子＜层次＜段落＜标题。

(2) 语法关系是基础。

语法停连是指在没有标点符号的地方,按照词语间语法关系所作的停连。相对来说,语法停顿比标点停顿的时间稍短些,有时甚至是极短促的。

① 主语、谓语之间的停连。

深蓝色的天空里/悬着无数半明半昧的星。

爸/不懂得怎样表达爱,而妈/则把我们做过的错事开列清单。

② 动词与较长的宾语之间的停连。

我最爱看/天上密密麻麻的繁星。

我常想/读书人是世间幸福人。

③ 定语、状语、补语和中心词之间的停连。

从彤云密布的/天空中飘落下来。

它披着本色的外衣,亲切温暖地/包裹起我们。

④ 并列成分之间的停连。

从那些往哲先贤/以及当代才俊的著述中/学得他们的人格。

那些失去/或不能阅读的人是多么的不幸。

(3) 情感表达是根本。

标点符号、语法关系是停连标志,但不能生搬硬套,更多的时候是为了强调某个事物,突出某个语意、某种感情而停连,此时的停连没有明确的规律,要根据语气和表意的需要适当处理。

例如:大猴子听见了,跑过来一看,也跟着叫起来:"糟啦,糟啦! 月亮掉在井里啦。"

——为了表示吃惊、紧张、急促的情绪,两个"糟啦"可连起来读,也可以把后面的全句连起来读。

例如:桃树、杏树、梨树,你不让我,我不让你,都开满了花赶趟儿。

——这一句写出了春天各种树木的花儿竞相开放、争奇斗艳的热闹场面。在桃树、杏树后面有标点符号的地方不停顿,更能表现出春天的生机盎然。

再如:第二天清晨,这个小女孩坐在墙角里,两腮通红,嘴角上带着微笑。她/死了,在旧年的大年夜冻/死/了。

——做标记的这三处需停顿,并一字一顿,以示强调,表达出对小女孩儿的无比同情,"冻"字后感情延续的停顿,更能把作者对不平等社会制度的强烈愤恨之情表现得淋漓尽致。

朗读作品,运用停连,不能对单独的句子进行片面、局部的处理,或者孤立、刻板地套用某一个原则,而应该立足全篇,联系上下文来决定。总的来说,停连要按文意、合文气、顺文势。

3. 停连的一般规律

(1) 停连必须依据文字作品的内容和具体语句来确定,必须以思想感情的运动状态为前提,不能毫无根据地胡乱停连。

(2) 句子越长,内容越丰富,停顿就越多;句子越短,内容越浅显,停顿就越少。

(3) 表达感情凝重深沉的作品时,停多连少;表达感情欢快急切的作品时,连多停少。

(4) 停顿的时间长,表示停顿前后词语的组合关系较松动;停顿的时间短,则表示停顿前后词语的组合关系较紧密。

（5）停连必须和重音、语气、节奏等其他技巧相配合，才能共同完成有声语言的再创作。

二、重音

1. 重音的含义

重音是指朗读或说话时，对句子中某些词语从声音上加以突出的现象，是指那些最能体现语句目的、思想感情，而在朗读中需要着意强调或突出的词或词组。

重音是运用轻重对比手段加以强调、予以突出的音，是朗读技巧中非常重要的因素。它关系到语意表达的清晰与否：朗读时，如果通篇用相同的轻重处理，就无法表达出意义的重点，甚至会传递错误的信息。它也关系到语言的生动形象：合理丰富的重音表达手法，能增强语言的表现力和感染力。

需要强调的是，这里的重音特指语句重音，不包括词语的轻重音格式。

2. 重音的分类

重音有语法重音和逻辑重音两种。

（1）语法重音。

语法重音是根据句子的语法结构特点，为突出句子的某个成分而读出的重音。语法重音的位置一般比较固定，常见的规律有：

① 一般短句里的谓语部分常重读。

他只是大声地擤了一下鼻子，便走出房间。

狗放慢脚步，好像嗅到了前面有什么野物。

② 动宾结构中的宾语常重读。

谈文学、谈哲学、谈人生道理等等。

我爱月夜，但也爱星天。

③ 定语、状语、补语比中心语要稍重些。

家乡的桥啊（哇），我梦中的桥！

娇艳鲜嫩的盛期牡丹忽然整朵整朵地坠落。

妈和我笑容可掬地一起拍的照片，多得不可胜数。

④ 疑问代词和指示代词一般要稍重些。

谁能把花生的好处说出来？

⑤ 比喻句中的比喻词和喻体要稍重些。

春天像小姑娘，花枝招展的，笑着，走着。

⑥ 对比性重音

骆驼很高，羊很矮。骆驼说："长得高多好啊！"羊说："不对，长得矮才好呢！"

⑦ 并列性重音

桂林的山真奇啊，桂林的山真秀啊，桂林的山真险啊。

⑧ 拟声性重音

忽听得咔嚓一声，树枝断了。

（2）逻辑重音。

又叫感情重音或强调重音，是为了突出表达某种思想感情而加强语句中的某些词语的读音。它是在不同的语境条件下因表情达意的需要形成的。声随意转，没有固定的位置。

下面这句话，安排不同的重音，传递出来的意思有什么不同？

我请你跳舞。（突出：请者不是别人）

我请你跳舞。（突出：诚恳的态度）

我请你跳舞。（强调：不是请的别人）

我请你跳舞。（强调：是跳舞，不是请你干其他事）

同样的一句话,由于表达的目的不同,逻辑重音会落在不同的词语上,所揭示的含义也就不相同,表达效果也不一样。

因而,同学们在朗读作品时,要认真钻研作品,深入领会作品的思想内容,正确理解作者的意图,仔细体会上下语句的逻辑关系,精细地分析语句的实质,这样才能较快较准地找到重音之所在。

3. 重音的常用表达方式

首先要明确:重音绝不是"加重声音"的简称。它的表达不仅有声音上的加重,还可以通过高低、快慢、刚柔、虚实等对比变化来体现。

重音的表达方式多种多样,常用的表达方式主要有:

(1) 弱中加强法。加大音量,增加音强,把重音读得重而响亮,这种方法一般用于表达明朗的态度、观点与形象鲜明的事物。

其实你在很久前并不喜欢牡丹。

(2) 低中见高法。重音处让声带绷紧,提高频率,使声音略显尖厉。

让暴风雨来得更猛烈些吧!

(3) 快中显慢法。放慢速度或延长重音所在的音节,这种重音听起来富有抒情色彩,一般用于启发思考或表达深挚的情意等。

爸完全不知道怎样表达爱。除非……会不会是他已经表达了而我却未能察觉?

(4) 连中有停法。在重音前后安排或长或短的停顿,使重音显露出来,从而得到强调。

再见了,亲人!我的心／永远／跟你们在一起。

(5) 一字一顿法。用时间顿歇来突出重音,铿锵有力;或者运用控制音量的一字一顿,显示有力、深切、沉重的感情。

春天像健壮的青年,有铁一般的胳膊和腰脚,领着我们上／前／去。

(6) 以轻显重法。控制气息和声带,把强调的音节读得轻一些,弱一些,使这些柔和的、悦耳的字音在较强、较响的语流中突出强调出来。这种方法常用于表现轻巧的动作、寂静的环境、深沉的情思、内心的感奋等。

在这幽美的夜色中,我踏着软绵绵的沙滩,沿着海边,慢慢地向前走去,海水轻轻地抚摸着细软的沙滩,发出温柔的"唰唰"声。

(7) 实中转虚法。重音词语用虚声加以表现。所谓虚声就是指声轻气多的声音。

是的,智力可以受损,但爱永远不会。

4. 重音处理的一般规律

(1) 重音贵精不贵多,"精"指精准、精炼,每一处重音的确定都应有立得住脚的道理。

(2) 重音的表达要注意分寸,切忌强调过分或突兀的起伏变化。

(3) 处理好重音与非重音,重音与次重音、重音之间、非重音之间的关系,特别是重音与非重音的对比,要避免平均用力、没有变化。

三、语气语调

1. 语气语调的内涵

通俗地讲,语气就是说话人的口气,是朗读时因表情达意的需要而调动气息的运动状态。在朗读时,总的感情色彩体现在基调中,具体的感情色彩则体现在语气中。每个语句既有内在思想感情的色彩和分量,又有外在的高低、强弱、快慢、虚实的声音形式。这内外两个方面内容的结合就是语气。

语调是语气的声音形式,是语气外在的快慢、高低、长短、强弱、虚实等各种声音形式的总和。

语气的丰富多彩,决定了语调的千变万化。下面的例句中,同样一个"我"字,采用不同的语调可以回答不同的问题。

谁是班长?——我。(用平稳的语调回答,表示肯定)

你的电话！——我？（用渐升的语调，表示疑问）

谁负得了这个责任？——我！（语调降得既快又低，表示坚决）

你来当班长！——我？！（曲折的语调，表示惊讶）

2. 语调的基本类型

根据句子表示的语气和感情态度的不同，语调可分为四种基本类型：平直调、高升调、降抑调、曲折调。

（1）平直调（可用符号"→"表示）。

语调平稳，没有明显的升降变化，句首和句尾音高变化不明显。一般多用在叙述、说明或表示迟疑、思索、冷淡、追忆、悼念等句子里。例如：

那是力争上游的一种树，笔直的干，笔直的枝。→

他想是向爸妈要钱，还是自己挣钱。→

平直调朗读时始终平直舒缓，没有显著的高低变化。

（2）高升调（可用符号"↑"表示）。

语句音高由低逐渐升高。句子开头低，句尾明显升高。多用在疑问句、反诘句、短促的命令句，或者是表示愤怒、紧张、警告、号召等句子中。例如：

现在您肯定知道为什么阿诺德的薪水比您高了吧！↑

难道说白话文就毫无缺点吗？↑

高升调朗读时，前低后高、语气上扬。

（3）降抑调（可用符号"↓"表示）。

语句音高由高逐渐降低。一般用在感叹句、祈使句或者表示坚决、自信、赞扬、祝愿等感情的句子里。表达沉痛、悲愤的感情，一般也用这种语调。例如：

假若你一直和时间比赛，你就/可以成功！↓

读小学的时候，我的外祖母去世了。↓

降抑调朗读时，调子逐渐由高降低，末字低而短。

（4）曲折调（可用符号"↗↘或↘↗"表示）。

语句音高曲折变化，对句子中某些音节，特别地加重、加高或延长，形成一种升降曲折的调子。用于表示特殊的感情，如表示讽刺、讥笑、夸张、强调、双关、特别惊异的句子里。例如：

可怜的虫子！这样盲目地爬行，什么时候才能爬到墙头呢？

爸听了便叫嚷道："你以为这是什么车？旅游车？"

曲折调朗读时由高而低后又高，或由低而高后又低，把句子中某些特殊的音节特别加重、加高或拖长，形成一种升降曲折的变化。

四、语速和节奏

1. 语速的定义

语速是指朗读时语言的快慢。它也是使语言富有表现力的一种重要手段。朗读时，如果没有语速的变化或变化不大，就会影响内容的表达和感情的抒发。

语速的快慢是由内容表达的需要决定的。一般来说，语速受以下因素的制约：

（1）不同的场面。急剧变化发展的场面宜用快速；平静、严肃的场面宜用慢速。

（2）不同的心情。紧张、焦急、慌乱、热烈、欢畅的心情宜用快速；沉重、悲痛、缅怀、悼念、失望的心情宜用慢速。

（3）不同的谈话方式。辩论、争吵、急呼，宜用快速；闲谈、絮语，宜用慢速。

（4）不同的表达方式。作者的抨击、斥责、控诉、雄辩，宜用快速；一般的记叙、说明、追忆，宜用慢速。

（5）不同的人物性格。描述年轻、机警、泼辣的人物言语动作,宜用快速;年老、稳重、迟钝的人物言语动作,宜用慢速。

语速的快慢在一篇作品中并不是一成不变的,朗读者要根据感情的起伏和事物的发展变化随时调整自己的朗读速度。快慢适度才能表达出作者在文章中表达的思想感情。在朗读过程中实现朗读速度的转换是取得朗读成功的重要一环。

2. 节奏的含义

节奏是朗读时思想感情的波澜起伏所造成的在语音形式上的抑扬顿挫、轻重缓急、回环往复的声音形式。

朗读的节奏应该是该快的时候快,该慢的时候慢,该起的时候起,该落的时候落,这样有起伏,有快慢,有轻重,才能形成语言的乐感,才能给人以美感享受。所以,优美的节奏包含抑扬顿挫,不仅要有高低变化,还要有停连、转换的变化;包含轻重缓急,不仅要有声音的力度,还要有声音的速度;包含声音行进中,语言流动中的回环往复。

3. 节奏的基本类型

根据节奏的基本特点、基本表现形式,节奏通常可分为轻快型、凝重型、低沉型、高亢型、舒缓型、紧张型六种类型。

（1）轻快型。轻快型节奏语速较快,语调多扬少抑,力度多轻少重,语流中顿挫较少,语言流畅。基本语气、基本转换都偏重轻快。常用来表达欢快、诙谐、幽默、讽刺等思想感情。例如:

我爱看天上的一片云,那片白白的、会变的云。瞧它,一会儿变成只小黄狗,摇着尾巴,追着太阳跑;一会儿变成只小灰羊,在草原上撒欢儿跳高。(《如果我是那片云》)

（2）凝重型。凝重型节奏语速偏慢,语调多抑少扬,力度多重少轻,音强而有力,色彩多浓重,语势较平稳,顿挫较多。基本语气、基本转换都显得凝重。常用来表达庄重、肃穆的气氛和悲痛、抑郁的情感。例如:

灵车队,万众心相随。哭别总理心欲碎,八亿神州泪纷飞。红旗低垂,新华门前洒满泪。日理万机的总理啊,您今晚几时回?(《敬爱的周恩来总理永垂不朽》纪录片解说词)

（3）低沉型。低沉型节奏语速较缓,语调少扬多抑,语势多为落潮类,句尾落点多显沉重,声音偏暗偏沉。重点处的基本语气、基本转换多偏于沉缓。例如:

邻居们把她抬上车时,她还在大口大口地吐着鲜血。我没想到她已经病成那样。看着三轮车远去,也绝没有想到那竟是永远的诀别。(《秋天的怀念》)

（4）高亢型。高亢型节奏语速偏快,语调扬而更扬,语势多为起潮类,声音多明亮高昂。重点处的基本语气、基本转换都带有昂扬积极的特点。例如:

看! 一捶起来就发狠了,忘情了,没命了! 百十个斜背响鼓的后生,如百十块被强震不断击起的石头,狂舞在你的面前。骤雨一样,是急促的鼓点;旋风一样,是飞扬的流苏;乱蛙一样,是蹦跳的脚步;火花一样,是闪射的瞳仁;斗虎一样,是强健的风姿。黄土高原上,爆出一场多么壮阔、多么豪放、多么火烈的舞蹈哇——安塞腰鼓! (《安塞腰鼓》)

（5）舒缓型。舒缓型节奏语速徐缓,声音多轻柔,略高但不着力,语势有跌宕但多轻柔舒展,重点处的基本语气、基本转换都显得舒展徐缓。常常用来描绘幽静的场面和美丽的景色,也可以表现舒展的情怀。例如:

月光如流水一般,静静地泻在这一片叶子和花上。薄薄的青雾浮起在荷塘里。叶子和花仿佛在牛乳中洗过一样;又像笼着轻纱的梦。虽然是满月,天上却有一层淡淡的云,所以不能朗照;但我以为这恰是到了好处——酣眠固不可少,小睡也别有风味的。(《荷塘月色》)

（6）紧张型。紧张型语速较快,声音多扬少抑,多重少轻,顿挫短暂,语言密度大。重点处的基本语气、基本转换都较急促、紧张。常用来表现紧张急迫的氛围和抒发激越的情怀。例如:

我的狗慢慢向它靠近。忽然,从附近一棵树上飞下一只黑胸脯的老麻雀,像一颗石子似的落到狗的跟前。老麻雀全身倒竖着羽毛,惊恐万状,发出绝望、凄惨的叫声,接着向露出牙齿、大张着的狗嘴扑去。(《麻雀》)

其实,不管哪种类型的节奏,它的生成与体现都是在全篇作品的格局中呈现的,不像停连、重音、语气等在具体语句中就可以显现出来。因此要从作品的全局来把握,注重其整体性。在把握节奏整体性的同时,也要注意节奏在具体语句中的变化。依据作品内容,依据感情变化,善于转换,展现出声音形式的回环往复,从而使朗读更具艺术魅力。

✎ 学习任务单

根据已学知识完成下列学习任务单。

基础知识任务单 2-2-3　掌握朗读的基本技巧

姓名:＿＿＿＿＿＿　学号:＿＿＿＿＿＿　评分人:＿＿＿＿＿＿　评分:＿＿＿＿＿＿

一、填空题(14分)

1. 朗读技巧是提高朗读效果的关键,它涉及停连、重音、＿＿＿＿、语速、＿＿＿＿等多个方面。

2. 语速受作品的内在感情影响比较大,表达欢快、热烈、兴奋、紧张、慌乱的情绪,语速＿＿＿＿一些;表达平静、庄重、悲痛、沉重的情感,语速＿＿＿＿一些。

3. 根据表示的语气和感情态度的不同,语调可分为平直调、＿＿＿＿、＿＿＿＿和曲折调。

4. 表示夸张、讽刺、强调、反语、双关、惊疑、责备等较为特殊的语气,通常采用＿＿＿＿语调。

二、找出下面例句中的重音,并准确进行朗读。(16分)

1. 无论什么季节的雨,我都喜欢。

2. 而夏天,就更是别有一番风情了。

3. 小草似乎像复苏的蚯蚓一样翻动,发出一种春天才能听到的沙沙声。

4. 她俩在光明和快乐中飞走了,越飞越高,飞到那没有寒冷,没有饥饿,也没有痛苦的地方去了。

三、举例讨论"情感表达是停连的根本"。(10分)

技能演练任务单 2-2-3　掌握朗读的基本技巧

姓名:＿＿＿＿＿＿　学号:＿＿＿＿＿＿　评分人:＿＿＿＿＿＿　评分:＿＿＿＿＿＿

一、要求

① 个人根据题目要求进行作品朗读演练。

② 分小组演练展示,相互点评。

③ 录制音频或视频,提交至教学系统平台进行分享。

二、主题

运用恰当的停连、重音、语气、节奏等朗读技巧,朗读《再别康桥》。(60 分)

再别康桥

徐志摩

轻轻的我走了,
正如我轻轻的来;
我轻轻的招手,
作别西天的云彩。

那河畔的金柳,
是夕阳中的新娘;
波光里的艳影,
在我的心头荡漾。

软泥上的青荇,
油油的在水底招摇;
在康河的柔波里,
我甘心做一条水草!

那榆荫下的一潭,
不是清泉,是天上虹;
揉碎在浮藻间,
沉淀着彩虹似的梦。

寻梦? 撑一支长篙,
向青草更青处漫溯;
满载一船星辉,
在星辉斑斓里放歌。

但我不能放歌,
悄悄是别离的笙箫;
夏虫也为我沉默,
沉默是今晚的康桥!

悄悄的我走了,
正如我悄悄的来;
我挥一挥衣袖,
不带走一片云彩。

三、活动过程记录

反思评价

1. 反思

请结合本次学习要点及实训内容,谈谈朗读有哪些外部技巧。

2. 评价

请你对本次任务进行评价。

评价表 2-2-3　掌握朗读的基本技巧

内　容	评　分
1. 朗读技巧掌握和运用程度	☆☆☆☆☆
2. 示范朗读作品的能力	☆☆☆☆☆
3. 经过本次任务的学习,说一说对朗读的技巧运用还存在哪些方面困惑	

支持链接

请欣赏音频《祖国啊,我亲爱的祖国》,进一步加深对朗读技巧的理解和运用。

《祖国啊,我亲爱的祖国》朗读

任务四　学会朗读幼儿文学作品

任务描述

幼儿文学作品是深受幼儿喜爱的精神食粮,是幼儿学习语言、认知世界、接受间接知识的重要载体。对于尚未识字的幼儿来说,"听赏"是他们接受文学的主要方式,幼儿通过"听赏",不但能够了解幼儿文学作品内容,而且能够欣赏语言艺术。因此幼儿教师必须具备良好的幼儿文学素养,了解幼儿文学作品朗读的技巧,具有较高的朗读水平和情感体验,具备示范朗读各种文体并正确指导幼儿朗读诵读的能力。

要点学习

微课

儿歌的朗读训练

一、儿歌的朗读

儿歌是适合幼儿听赏念唱、篇幅短小的歌谣。它是幼儿最早接触、最易接受的一种文学样式。

1. 儿歌的特点

(1) 通俗易懂,篇幅短小。幼儿对周围事物的认识比较单纯,又限于"口耳相传",因此,儿歌的篇幅短小而精巧,结构单纯而不复杂。儿歌一般只有短短的四句、六句、八句,短小、单纯、自然,易学易唱。例如:

点点虫

点点虫,

虫会飞。

点点鸡,

鸡会啼。

点点鸟,

鸟会飞,嘟啦。

(2) 音韵和谐,节奏鲜明。儿歌语言简单、明快、活泼、合辙押韵,读起来朗朗上口,具有音韵美。音韵和谐,主要是儿歌多采用叠词、叠韵,相同语句多次反复以及模拟声响等。例如:

小螃蟹

小螃蟹,真骄傲,

横着身子到处跑,

吓跑鱼,撞到虾,

一点也不懂礼貌。

(3) 娱乐性强,充满童趣。儿歌充满了童真,注重具体、形象、艺术地表现幼儿的生活情趣。幼儿听读儿歌,能享受音韵节奏上的乐趣、满足听觉上的快感。有些儿歌还可与游戏互补互融,幼儿在诵读和游戏中寻找到乐趣。例如:

山上有个石头人

山、山、山,

山上有个石头人。

三、三、三,

三个好玩的石头人,

不许说话不许动。

2. 儿歌的朗读技巧

朗读是领略、欣赏儿歌之美最重要、最基本的途径和方法。如何通过朗读读出儿歌中的鲜明节奏、流畅韵律、盎然情趣,基本的方法和技巧主要有:

(1) 充分读出儿歌的音乐性。儿歌的音乐性表现在明快的节奏、流畅的韵律上,一般通过节拍和押韵来呈现。朗读儿歌时需根据儿歌的内容、表达的情趣和幼儿的理解能力灵活地划分语节,确定节拍。一般来说,三字句为两拍,五字句为三拍,七字句为四拍。例如:

小黄狗

小黄/狗,汪汪/叫,

吓了/妹妹/一大/跳,

妹妹/转身/回来/看,

原来/哥哥/学狗/叫。

另外,在儿歌中,押韵是极为重要的,没有韵脚难称儿歌。韵脚是表现儿歌节奏的重要因素。朗读时要以合适的方式,或用强音,或用延长音等把韵脚自然凸显出来,形成节奏感,显出音乐性。例如:

五指歌

一二三四五,上山打老虎。

老虎没打到,打到小松鼠。

松鼠有几只?让我数一数。

数来又数去,一二三四五。

五四三二一,一二三四五。

朗读这首儿歌时,注意每个字要吐音清晰,流淌出诗的节奏。每句都可处理为三处停顿。在念到"五、虎、鼠、数"时,字音要适当延长,略带吟诵的味道。

(2)塑造富有情趣的儿歌形象。儿歌活泼稚拙的情趣往往是通过富于动态的细节与情节描述来表现的。诵读儿歌时要积极融入儿歌情境,感受儿歌形象,产生真切的情趣体验,呈现出活跃在细节与情节中的儿歌形象。例如:

矮矮的鸭子

一排鸭子,个子矮矮。

走起路来,屁股歪歪。

翅膀拍拍,太阳晒晒,

伸长脖子,吃吃青菜。

一排鸭子,个子矮矮。

走起路来,屁股歪歪。

这首儿歌里"个子矮矮""屁股歪歪"是表现鸭子可爱形态的标志性细节,所以"矮矮""歪歪"这些细节在朗读时要用重音凸显出来,这样,鸭子矮矮的个子、笨拙的步态、可爱的神情就会应声而来。

(3)朗读可与游戏相结合。一是可以通过态势语来辅助儿歌朗读。以有声朗读为主,表情、手势、身姿等态势语作为增强儿歌表现力、游戏性的辅助语言。二是可以结合儿歌内容边朗读边进行游戏活动。传统儿歌中的问答歌、手指歌、拍手谣、跳绳歌都可以配合游戏进行,与游戏互补,可以同时获得吟诵的快乐和游戏的乐趣。例如:

拍手歌

你拍一,我拍一,一个小孩坐飞机。

你拍二,我拍二,两个小孩梳小辫。

你拍三,我拍三,三个小孩吃饼干。

你拍四,我拍四,四个小孩写大字。

你拍五,我拍五,五个小孩来跳舞。

你拍六,我拍六,六个小孩吃石榴。

你拍七,我拍七,七个小孩做游戏。

你拍八,我拍八,八个小孩吹喇叭。

你拍九,我拍九,九个小孩拍皮球。

你拍十,我拍十,十个小孩来剪纸。

两个或一群孩子成双对坐,边唱儿歌边拍手游戏,随着儿歌内容变换游戏动作,唱不够,玩不腻,乐此不疲,对孩子的身心健康发展大有益处。

二、幼儿诗的朗读

幼儿诗是指以幼儿为主要接受对象,适合幼儿听赏吟诵的自由体短诗。幼儿诗是诗歌百花园里的一个种属,它具有与其他诗歌共同的特征,但它还有自己独特的艺术个性。

欣赏幼儿诗《小蜗牛》,初步感受幼儿诗歌的艺术特征。

小蜗牛

林良

我走路,

微课

幼儿诗和散文
的朗读训练

不算慢，
请拿尺子量量看，
短短的一小时，
我已经走了，
五寸半！

1. 幼儿诗的特征

（1）语言浅近、形象、凝练。幼儿诗的语言在浅近易晓的同时形象凝练，这是由幼儿的接受条件决定的。例如，《阳光》这首小诗是语言浅近凝练的典范。作品由四句排比句构成，一气呵成。"爬、笑、流、亮"四个准确形象的词语，给全诗带来生命和灵气。

阳光

阳光，在窗上爬着，
阳光，在花上笑着，
阳光，在溪上流着，
阳光，在妈妈的眼里亮着。

（2）具有内在的节奏和韵律。在节奏韵律上，幼儿诗比儿歌自由宽松，考虑到幼儿的听觉敏感，创作幼儿诗要注重节奏的明朗、音韵的自然和谐，力求诗中内在的感情起伏和外在的音响节奏"声情相应"。例如，在《雨》这首幼儿诗里，雨在天井和前院有不同的表现，充满幼儿的想象，有内在的韵律和情感变化。

雨

林良

你在天井里赌气，
把盆盆桶桶
桶桶盆盆
敲得很响。
在前院，
你心情好，
静静把那片草地
洗得很绿。

（3）具有充满幼儿情趣的优美意境。通过新颖独特的想象，创造出饱含幼儿情趣的优美意境是幼儿诗突出的特点。例如，在《大海睡了》这首幼儿诗里，美丽的想象之花在绽放，大海、风儿、浪儿具有了丰富的情感，整首诗构成了童话般的世界。

大海睡了

风儿不闹了，
浪儿不笑了，
深夜里，大海睡觉了。
她抱着明月，
她背着星星，
那轻轻的潮声啊，
是她熟睡的鼾声。

2. 幼儿诗的朗读技巧

著名儿童诗人金波指出"当你为幼儿构思一首诗的时候，你要考虑到伴随着声音之流展现出一幅幅连贯的画面，组成声音的图画"，这是从创作角度说的，同样也适合朗读幼儿诗。朗读幼儿诗就是通过连

贯的声音,把幼儿带进美妙的音诗画中。因此在朗读幼儿诗时,要注意:

(1) 大声朗读,读出诗的节奏和韵律。

朱光潜曾说,情感最直接的表现是声音节奏。节奏是诗的生命。把握节奏就是要对诗行中的音节进行恰当的划分,用充满变化的语调表现丰富、具体的感情色彩。

蒲公英

白冰

你打着一把小伞,

要飞向哪座山冈?

要为娇嫩的小草,

遮住发烫的阳光?

还是要在雨天,

撑在小蚂蚁头上?

你悄悄告诉我吧,

我不会和别人去讲……

朗读这首诗,我们通过舒展的音节、恰当的停连、变化多样的语气,读出这首幼儿诗的节奏、韵律和感情色彩。

(2) 运用想象,展示诗的童趣和意境。

幼儿诗的意境美体现在诗歌表现的幼儿情趣上,而幼儿情趣常常表现为幼儿稚拙的行为举止。

妹妹的红雨鞋

林焕彰

妹妹的红雨鞋,

是新买的。

下雨天,

她最喜欢穿着,

到屋外去游戏。

我喜欢躲在屋子里,

隔着玻璃窗看它们,

游来游去。

像鱼缸里的一对

红金鱼。

诗中勾勒出一个在雨中嬉戏流连的快乐女孩。作者将着眼点放在"妹妹"的"红雨鞋"上,并由此生发联想,展开了一幅孩子们眼中有趣动人的生活场景。"红雨鞋""红金鱼",新巧的比喻准确地抓住了事物之间的相似点,为读者架起了丰富想象的桥梁。

(3) 反复吟诵,把握诗的情感和韵味。

艾青说过,"对生活所引起的丰富的、强烈的感情是写诗的第一条件,缺少了它,便不能开始写诗"。诗歌着重于抒情,幼儿诗也是一样。幼儿诗的情感是从幼儿心灵深处抒发出来的,传达出孩子们美好的感情、善良的愿望、有趣的情致,激发感情的共鸣。

蘑菇

林良

蘑菇是

寂寞的亭子

只有雨天

青蛙才来躲雨

晴天青蛙走了

亭子里冷冷清清

这首诗在描绘对象的同时,自然地传达出一种幼儿在日常生活中的情感体验——那就是对友情与关爱的渴求与呼唤。"寂寞"是全诗的诗眼,在极单纯的意象"蘑菇""青蛙""雨""亭子"的衬托下,表现出一种寂寥、悠远的神韵,全诗萦绕着一种特殊的孤独感。

三、幼儿散文的朗读

幼儿散文是指符合散文艺术特征,同时能够被幼儿理解、欣赏,符合幼儿审美经验和审美趣味的文学作品。或者说幼儿散文是指那些适于幼儿阅读的,用凝练、生动、优美的文字语言写成的叙事、记人、状物或写景的作品。

1. 幼儿散文的特点

（1）描写真切,贴近幼儿生活。幼儿散文题材广,但要求内容真实,描写真切,从幼儿的视角来叙事、写景、状物、抒情,反映的是幼儿的心理、兴趣、爱好和感情,表达的是幼儿对生活的认识和感受。贴近幼儿生活是幼儿散文的生命。

（2）意境优美,充满幼儿想象。幼儿散文的优美意境是作者根据幼儿心理特点和思想感情,通过细心观察和体验,在孩子熟悉的平凡生活中寻找蕴藏着的美的结果。表现幼儿散文优美意境的是具体可感的形象,这些形象活灵活现、具体可感、生动逼真,充满幼儿的想象。充满幼儿想象是幼儿散文的灵魂。

（3）明丽清纯,渗透幼儿情趣。幼儿散文最吸引幼儿的地方,在于它的语言明丽清纯,渗透着幼儿的情调和趣味。这个"趣"不仅体现在情节描写上,还表现在文字的真诚上。契合幼儿的身心特点,满足他们的好奇心,能激发他们想象和再创造的欲望和行动。渗透幼儿情趣是幼儿散文的魅力。例如:

小燕子
夏辇生

小燕子,飞在春天里。

飞暖了阳光,飞暖了春风,飞暖了小溪流淙淙的琴声。逗得柳条、鲜花、小草都张开翅膀,也想飞翔。

小燕子,飞在春天里。

像一把剪刀,咔嚓咔嚓,剪碎了彩霞,剪碎了波光,剪碎了小蜜蜂嗡嗡的吟唱。哎呀呀,剪断了娃娃的风筝线……看呆了,竹林里噼啪直蹿的笋芽芽。

文中,作者以孩子的"童心"和"童趣"描绘了小燕子在春天飞翔的美好姿态和带来的美妙变化,有声、有色、有形、有情、有意,小读者仿佛看到了小燕子飞翔的英姿,柳条舞蹈、鲜花盛开、小草发芽、笋芽破土……听到了溪流淙淙、蜜蜂嗡嗡……激发内心的想象翅膀,和小燕子一起飞翔。

2. 幼儿散文的朗读技巧

（1）从幼儿的角度去感受作品的魅力。朗读时,和幼儿"心理位置互换",尝试从幼儿的角度,用幼儿的心理来体会作品所表达的幼儿生活和大千世界。

（2）用幼儿的想象去体验优美的意境。朗读时,把自己当作幼儿,去获得更大的想象空间和联想空间,体会散文意境所提供的优美享受。

（3）透过明丽的语言去感受独特的情趣。朗读时,透过浅显易懂、明丽清纯的语言表层,去充分挖掘、体验幼儿的情调和趣味,达到情、理、趣的融合。

朗读示例:

春雨的色彩

春雨像春姑娘纺出的线,轻轻地落到地上,沙沙沙,沙沙沙……,一群小鸟在屋檐下躲雨,他们在争论一个有趣的问题:"春雨到底是什么颜色的?"

小白鸽说:"春雨是无色的,你们伸手接几滴瞧瞧吧!"

小燕子说:"不对,春雨是绿色的,你们瞧,春雨落到草地上,草地绿了,春雨落到柳树上,柳树绿了。"

麻雀说:"不对,春雨是红色的,你们瞧,春雨落在桃树上,桃花红了,春雨落在杏树上,杏花红了。"

小黄莺说:"不对,不对,春雨是黄色的,你们瞧春雨落在油菜地里,油菜花黄了,春雨落在蒲公英上,蒲公英花也黄了。"

春雨听了大家的争论,下得更欢了,沙沙沙,沙沙沙……。它好像在说:"亲爱的小鸟们,你们的话都对,但都没说全面,我本身是无色的,但能给春天的大地带来万紫千红。"

这篇散文具有奇妙别致的想象,通过小鸟们对"春雨色彩"争论的话语,惟妙惟肖地勾画出了一幅五彩缤纷的图画。朗读这篇散文,要区分叙述语言和人物语言,用声音描摹角色的特点,让幼儿听后仿佛目睹了春天的美丽多彩、争奇斗艳,感受到了春天的生机盎然、姹紫嫣红。

四、幼儿童话的朗读

微课

幼儿童话
的朗读训练

幼儿童话是按照幼儿的心理特点和需要,通过丰富的想象、幻想和夸张编写的适合幼儿欣赏的故事。徜徉在童话的海洋里,幼儿可以发现各式各样不同于自身的鲜活的生命体,美丽善良的小人鱼公主,聪明机智的农夫,勇敢的王子,和蔼的圣诞老人,可爱的大笨熊……会情不自禁地与自己喜爱的形象同呼吸、共命运,会被故事中弘扬的真、善、美所引导。

1. 幼儿童话的特点

(1) 融入幼儿心理特点的艺术幻想。幻想是幼儿童话的基本特征。幼儿童话的幻想特征是和现实生活中的孩子们的特殊的心理、情感内容和思维方式协调一致的。在孩子们的世界里,稻草人看到悲惨的事会晕过去、小凳子可以变成马、小朋友要给洋娃娃打针治病……正如鲁迅所说:"孩子是可以敬服的,他常常想到星月以上的境界,想到地面下的情形,想到昆虫的言语;他想飞上天空,他想潜入蚁穴……"这种物我不分、主客观同一的幻想逻辑在童话中无处不在。

(2) 以拟人为主题的童话形象。拟人形象是幼儿童话中最常见的艺术形象,万物在幼儿眼中总是涂上生命的色彩。幼儿童话中拟人的范围十分广泛,日月星辰、风霜雨雪、山谷河流,不论有形无形,都可以赋予它们人的思想情感、行为语言。孙幼军的《小狗的小房子》,借助拟人手法,展开奇妙的幻想,活画出一个善良憨厚的小狗形象。

(3) 从内容到形式的极度夸张。无论是人物的刻画,还是环境气氛的描绘,故事情节的发展等,无一不是极端的夸张。野军的《会滚的汽车》中一个大木桶既是汽车,又是乐于助人的人。更滑稽的是,大木桶压死了狐狸,被狐狸吞吃的小动物竟一个个活蹦乱跳地从狐狸嘴里钻出来。这种出奇、大胆的夸张融入幼儿的心理特征,增强了童话的幽默感和趣味性。

2. 幼儿童话的朗读技巧

(1) 焕发童心,激发童趣。

幼儿童话是用儿童的眼光来看待世界,用儿童的口吻来记录故事的,作品具有口语化、儿童化的特点。朗读时,要从儿童的接受能力和理解水平出发,语气要亲切温和,语调要跳跃、充满童趣,用饱满、形象、童真的有声语言将其传达出来,使幼儿相信童话中发生的一切都是真实可信的。

(2) 鲜明表达感情立场。

童话作品赞颂真、善、美,鞭挞假、恶、丑,它的感情倾向比较鲜明,而且表达也比较直露。朗读时,我们要对这种情感进行准确传神的表达。

(3) 运用声音造型表现形象。

朗读前要揣摩人物的情感和作品的思想,分清叙述语言和人物语言。叙述语言体现故事的脉络和情节的发展,朗读时使用中速平调。人物语言展示人物的心理、思想等个性特点,要充分体现人物的个性特征,分角色朗读是处理人物语言常用的一种方法。朗读时,通过不同的音色、语气、语调、语速进行声音造型,使孩子们通过声音直接而形象地感知和把握童话中的具体形象。

【朗读示例】

熊哥哥和熊弟弟在路上捡到了一块奶酪,高兴极了。可是,他们不知道怎么分这块奶酪,小哥儿俩开始拌起嘴来。

这时有只狐狸跑了过来。

"小家伙们,你们吵什么呀?"狐狸问道。

"我们有块奶酪,不知道该怎么分。"熊弟弟对狐狸说。

"这事好办,我来帮你们分吧!"狐狸笑了笑,把奶酪拿过来掰成了两半。

"你分得不匀!"小哥儿俩嚷着,"那半块大一点儿。"

狐狸仔细瞧了瞧掰开的奶酪,说:"真的,这半块是大一点儿。你们别急,看我的——"说着便在大的这半块上咬了一口。

"可是现在没咬过的那半块又大了一点儿!"两只小熊又嚷了起来。

于是,狐狸在那半块上咬了一口,结果第一个半块又大了点儿。狐狸就这样不停地咬着两块奶酪。咬着咬着,奶酪全被他吃光了,一点儿也没剩下。

"你可真会分!"两只小熊生气了,"整块奶酪都被你吃光了!"

"小熊,我分得可公平啦!"狐狸笑着说,"你们谁也没多吃一口,谁也没少吃一口。"

朗读这篇童话故事时,要注意区分狐狸、熊弟弟、熊哥哥不同角色以及旁白的声音,用不同的音腔、语气、语调把握人物的个性特点,揭示人物复杂细微的心理活动。

📝 学习任务单

根据已学知识完成下列学习任务单。

基础知识任务单 2-2-4 学会朗读幼儿文学作品

姓名:＿＿＿＿＿＿ 学号:＿＿＿＿＿＿ 评分人:＿＿＿＿＿＿ 评分:＿＿＿＿＿＿

填空题(40分)

1. 儿歌的音乐性表现在明快的节奏、流畅的韵律上,一般通过＿＿＿＿＿＿和押韵来呈现。

2. 韵脚是表现儿歌节奏的重要因素。朗读时要以各种合适的方式,或用强音,或用＿＿＿＿＿＿等方式把韵脚自然凸显出来,形成节奏感,显出音乐性。

3. 朗读幼儿散文时,要从＿＿＿＿＿＿角度去感受作品的魅力;用幼儿的＿＿＿＿＿＿去体验优美的意境;透过明丽的语言去感受独特的＿＿＿＿＿＿。

4. 朗读幼儿童话前要认真揣摩人物的情感和作品的思想,分清叙述语言和＿＿＿＿＿＿。叙述语言要处理好节奏,人物语言要运用音色、＿＿＿＿＿＿、＿＿＿＿＿＿和语速进行声音造型。

技能演练任务单 2-2-4 学会朗读幼儿文学作品

姓名:＿＿＿＿＿＿ 学号:＿＿＿＿＿＿ 评分人:＿＿＿＿＿＿ 评分:＿＿＿＿＿＿

一、要求

① 个人根据题目要求进行作品朗读演练;

② 分小组演练展示,相互点评;

③ 录制音频或视频,提交至教学系统平台进行分享。

二、主题

综合运用所学朗读技巧,朗读童话《没有牙齿的老虎》。(60 分)

没有牙齿的老虎

大森林里,谁都知道大老虎的牙齿非常厉害。小猴伸着舌头说:"啃,比柱子还粗的树,大老虎只要用尖牙一啃就断,真吓人呐!""大老虎嚼起铁杆来,跟吃面条一样……"小兔说着,也害怕得缩起了脑袋。然而,小狐狸却勇敢地说:"你们怕大老虎的牙齿,我就不怕,我还能把老虎的牙齿全部拔掉呢!"

哈哈哈,哈哈哈,谁相信小狐狸的话呢?

"吹牛!吹牛!""没羞!没羞!"小猴和小兔一个劲儿地笑小狐狸。

"不信,你们就等着瞧吧!"小狐狸拍着胸脯走了。

小狐狸真的去找大老虎了,他还带了一大包礼物,"啊,尊敬的大王,我给你带来了世界上最好吃的东西。"

"那是什么?

"糖"。

糖是什么?大老虎从来没尝过糖,它吃了一粒。

"啊哈,好吃极了!"

"对了,千万别刷牙,不然牙齿上的糖都刷掉了,多可惜呀!"小狐狸特意提醒大老虎。

从此以后,小狐狸就常常给老虎送糖来。老虎吃了一粒又一粒,连睡觉的时候嘴里都含着糖。

可是,没过多久,大老虎的牙齿就坏了,痛得它"哇哇"大叫。

他去找马大夫:"快!快把我的坏牙拔掉!"

马大夫吓得门也不敢开。

他又找到牛大夫:"快!快把我的坏牙拔掉!"

牛大夫吓得拔腿就跑。

很快,大老虎的脸肿起来了,牙齿更加疼了:"哎哟,哎哟,痛死我啦!谁把我的坏牙拔掉,我就让它做大王。"可是,还是没有人敢给大老虎拔牙。

"我来给你看看吧。"小狐狸笑眯眯地说,突然它大叫起来:"哎哟哟,你的牙都坏了,全得拔掉!"

"啊?!"大老虎歪着嘴,一边哼哼,一边说:"唉,只要不再痛,拔……就拔吧……"

"嘎嘣——"

小狐狸拔呀拔,拔光了大老虎的每一颗牙。

哈哈,哈哈……没有了牙齿的大老虎成了瘪嘴老虎啦!它还用漏风的声音,对小狐狸说:"还是你最好,又送我糖吃,又替我拔牙,谢谢,谢谢!"

就这样,小狐狸巧妙地帮助森林里的动物们摆脱了大老虎的威胁,让老虎没有了牙齿,成了一只瘪嘴的老虎。

三、活动过程记录

四、小组建议反馈

反思评价

1. 反思

请结合本次学习要点及实训内容,谈谈不同幼儿文学作品的朗读有哪些技巧。

2. 评价

请你对本次任务进行评价。

评价表 2-2-4 学会朗读幼儿文学经典作品

内　容	评　分
1. 对不同幼儿文学作品朗读技巧的掌握程度	☆☆☆☆☆
2. 示范朗读不同幼儿文学作品的能力	☆☆☆☆☆
3. 说一说通过本次任务的学习,对朗读幼儿文学作品还存在哪些方面困惑	

支持链接

1. 推荐阅读:方卫平主编《幼儿文学精品赏读》(复旦大学出版社)。
2. 幼儿文学作品朗读欣赏:《晚风藏在花丛里》《小壁虎借尾巴》。

《晚风藏在花丛里》　　《小壁虎借尾巴》

项目三　**幼儿教师朗诵技能训练**

学习目标

（一）素质目标

1. 在朗诵实践中感受这种历史悠久的综合性口语表达艺术的魅力。

2. 在朗诵经典诗文作品中感受汉语的音韵美、情感美,传承中华经典文化,厚植家国情怀,提升人文素养。

3. 在朗诵创造性表达中提升鉴赏力、思维力、审美力和创造力,发展核心素养。

（二）知识目标

1. 理解朗诵的内涵和朗诵的意义。

2. 掌握朗诵的主要特点。

3. 明确朗诵之前要做好声音、作品、心理和辅助艺术等准备。

4. 掌握朗诵情景再现、挖掘内在语、寻找对象感等内部技巧和重音、停顿、语调、语速等基本的外部技巧。

5. 记住诗歌的特点及朗诵要点。

6. 掌握不同类型散文的特点和朗诵方法。

（三）能力目标

1. 能够运用朗诵技巧朗诵好古典诗歌、现代诗歌。

2. 能够运用朗诵技巧进行不同类型散文的朗诵表达。

3. 具备自主选择优秀文学作品,通过朗诵传情达意的能力。

任务一　理解朗诵的内涵、意义和特点

任务描述

　　朗诵是用清晰、响亮的声音,运用多种语言手段,结合配乐等其他艺术手段来表达作品思想情感的一种口语艺术。朗诵是历史悠久的传情达意的艺术活动,是幼儿教师必备的口语表达技能。朗诵技能学习的重难点是对朗诵作品的理解,以及朗诵基本技巧的运用与感情的传达。要了解"什么是朗诵",认识到朗诵学习的意义,通过案例研讨、教师示范和尝试朗诵,把握朗诵的主要特点,特别是诗歌和散文作品的朗诵特点,能够自主选择适合的作品,流畅、有感情、有感染力地朗诵和表演,具备用朗诵来传情达意的能力。

要点学习

一、朗诵的内涵

1. 朗诵的含义

朗诵是历史悠久的有声语言表达艺术。"朗",即声音清晰、响亮;"诵",本意为背诵,是用优美的声

微课

朗诵的内涵和
意义

音、适当的节奏背文章。《现代汉语词典》中对"朗诵"的解释是:"大声诵读诗或散文,把作品的感情表达出来。"概括起来说,朗诵就是用清晰、响亮的声音,运用多种语言手段,结合其他艺术手段来表达作品思想情感的一种口语艺术。它是朗诵者把文字作品转化为有声语言的再创作、再表达的艺术活动。

语言学家徐世荣先生曾说:"朗诵是把写作语言还原,变为口语的有声语言,补上书面语表达不出来的语气、语调、语势、语感、抑扬顿挫、轻重缓急,使语言增加了活力,有了跳跃着的生命。"《念奴娇·赤壁怀古》的朗诵,用清晰、响亮的声音和重音、停顿、语调等技巧,结合态势语,很有感情地传达了苏轼咏赤壁、怀周瑜,进而感慨自己的人生,抒发壮志未酬的情怀。

《念奴娇·赤壁怀古》朗诵

2. 朗读与朗诵的异同

朗读是幼儿教师口语表达最为基础和重要的能力。"朗诵"与"朗读"比较如下。

相同点:二者都是口语表达方式,都是清晰、响亮地把书面语言转化成有声语言的活动;都以书面文本为依据、为表达内容;都要求语音规范,吐字清晰,语句流畅,表达方式多样。

不同点:主要体现在表达目的、表达内容、表达方式、应用范围等方面。

(1) 朗读。朗读是应用型朗声阅读,追求的是让受众全面、准确地理解朗读者所表达的意思,偏重信息传递;选材广泛,任何文体都可以,小到一个字、词,大到一篇文章。朗读强调忠实于原文,不仅再现文字,甚至标点符号,行文格式,表达的内容、感情都要再现出来。因此,朗读要语音标准,读准每个音节的声母、韵母和声调,做到不添字、不漏字、不回读、不颠倒语序,语调平稳,感情自然;朗读运用在课堂学习、教学或信息传播等多方面。

(2) 朗诵。朗诵属语言艺术表演范畴,在朗读基础上更注重对文本表达形式的加工处理,追求的是使听众听之入耳、入心、动情的艺术感染;朗诵是朗诵者依托文本,结合自己对作品的理解和审美体验进行二次创作,要求朗诵者依托原作的词句,用有声语言传达出原作的主要精神情感和艺术美感;朗诵要选择文辞优美、音韵上口,富有情感性、形象性、表演性的文学作品,以经典的诗歌、散文为主;容许朗诵者在忠实原文的基础上进行艺术加工;对声音再现要求个性化、风格化,能撼动心灵。

当朗读的对象为抒情浓郁的文学作品时,朗读和朗诵的区别基本也就不着痕迹。

当然,作为舞台表演的朗诵"还有音乐的陪衬、现代音响的润饰、舞台美术的装点……文字符号被注入了声势情态,真了、实了、活了、美了,成了有血有肉的艺术生命、有声有色的文学精灵",诉诸听觉,使听者获得"立体"的审美愉悦。

二、朗诵的意义

朗诵对幼儿教师有重要意义。主要表现在:

1. 锻炼口语表达,增强思维能力

朗诵练习是说话、演讲等口语表达的基础,是打开口语表达宝库的金钥匙。朗诵者通过对作品的深刻理解与再创作的过程,能准确理解作品的词句、生动的修辞、巧妙的构思、动人的情感、严谨的逻辑等,从而潜移默化增强想象力、思维力。朗诵欧震的《诗意中国》,能从自然景观、劳动成果、历史文化等方面感受中国的诗意无时不在、无处不在。

《诗意中国》朗诵

2. 提升人文素养,提高审美层次

朗诵者通过真诚深入地理解和感受作品,用心正音,用爱发声,能更深刻、清晰地感受到文学艺术作品所包含的创作者真挚的情怀与真诚的态度,感受到作品的审美价值和社会价值,在审美愉悦中完成对自我的一种精神超越。如朗诵张若虚《春江花月夜》,春江月夜美景与"人生代代无穷已,江月年年只相似"的哲理,以及面对明月的相思之情融为一体,传递中国人的审美和文化价值认同。

3. 引起心灵共鸣,提升艺术气质

朗诵者通过对作品的感知、解读、呈现的过程,使自己的内心与作者相契合,产生同呼吸、共命运的感觉。通过朗诵,再传递内心深处的共鸣,让听众体会作者的情怀和心境,获得身心的愉悦、性情的陶冶和艺术的熏陶。如:朗诵陶渊明作品,就能体会到他"采菊东篱下,悠然见南山"的超然生活态度;朗诵李白《将进酒》，会感受到他"千金散尽还复来"的豁达与豪迈。久而久之，艺术气质自然提升。

4. 传承经典文化，增强鉴赏能力

朗诵是人们喜闻乐见的、感受和弘扬民族文化、传承经典的一种重要方式。中国上下五千年积累的经典文学艺术作品是古圣先贤们思想智慧的结晶，是珍贵的精神财富。朗诵经典作品，能丰富我们的情感和内心世界，提升艺术修养与鉴赏能力。如朗诵屈原的《橘颂》，体会到这位爱国诗人是以"橘"的"受命不迁，生南国兮"和"深固难徙，更壹志兮"的特性，表达自己追求美好品质和矢志不渝的爱国情怀。

从幼儿发展角度看，无论是朗诵还是欣赏朗诵作品，对幼儿的语言发展、心灵成长和文化熏陶等层面都会产生积极的影响。学前教育专业学生和幼儿教师为幼儿朗诵文学作品，在以下四个方面对幼儿学习和身心发展能够起到重要作用。

（1）学习语言。许多儿歌能帮助幼儿正音、练习开口度，学习词汇，进行积累与表达。如儿歌《当妈妈》，"洋娃娃，别想家，我当你的小妈妈。喂吃饭，喂喝水，还会给你吹喇叭。"

（2）发挥想象。想象力是儿童的"翅膀"，是儿童思维诗意栖息的场所。好的朗诵者能用声音造型把幼儿文学惟妙惟肖地表达出来，使听众有对语言文字的内心想象空间。例如，朗诵《小猫胡子哪去了》。

（3）教育娱乐。朗诵作品具有艺术性、思想性、情感性，幼儿教师可寓教于乐，如《十二月花名歌》。

（4）净化心灵。例如，朗诵《猜猜我有多爱你》《摇篮曲》等充满爱意的作品，能给幼儿美的熏陶。

三、朗诵的特点

朗诵是具有音声性、创造性、艺术性、综合性、表演性、审美性等特点的传情艺术。

1. 朗诵具有音声性，以有声语言为载体

朗诵是音声的艺术，要精选文学性、形象性、艺术性较强的作品，再进行创造性的口语表达。文字作品中的内容、情感、语气语调、语势语感、抑扬顿挫、轻重缓急等都需要有声语言来呈现。动听的声音、高超的表达技巧都在一定程度上为作品增色。美好的声音能将文字语言立体化，使作品悦耳动听，沁人心脾。如朗诵毛泽东的《卜算子·咏梅》等。

2. 朗诵具有创造性，二度创作艺术表达

朗诵要依据文字作品，但不是见字出声，而是要对作品进行"再创作"。在精选朗诵作品后，不是简单机械的背诵作品，而是要在反复阅读与深入理解、准确细致感受的过程中，正确分析作家的创作背景，明了作品的结构、表达的主旨和情感，真正爱上作品，融入自己的理解和感受，再用有声语言的表达技巧，加上配乐、灯光、舞美的设计等，使朗诵成为创造性的艺术表达活动。朗诵开创了有声语言的审美空间，从音声化的角度给文学作品增添了活力。如朗诵苏轼《念奴娇·赤壁怀古》，对苏轼这首词的解读、对配乐的选取，语言技巧对词境的营造、情感的传达、词风的展现，都体现朗诵者的创造性。

3. 朗诵基于文学性，传递作品情感魅力

文学艺术是语言艺术，有声语言最能显示语言风采和魅力。朗诵者要选取文辞优美、语言流畅、音韵上口，具有情感性、形象性的文学作品，以经典的诗歌散文为主，兼有故事改编和话剧、影视剧的台词等。情感是语言的内蕴，朗诵以抑扬顿挫之声，表身临其境之意，抒发真挚之情，在听众与作品之间搭起一座桥梁，让听众动心容。如李清照《声声慢》朗诵、刘成章《安塞腰鼓》朗诵等。

4. 朗诵综合性突出，表演性与审美性兼具

朗诵是一项综合性艺术，朗诵者须具备以下能力：具备一定的文化底蕴，才能更好理解、感受、鉴赏文字作品；要有较好的语音条件和表述能力，发音准确、口齿清晰，有朗诵口语表达技巧；要感情充沛，有丰富的情感表达能力；要有一定的表现力，敢于在众人面前或舞台上表现自己，淋漓尽致地呈现出作品需要表达的内容和艺术特征；要不断提升思想觉悟和道德修养，提升综合素质。朗诵具有表演性，强调声音的造型美和情感的吸引力。朗诵者要在诠释作品内容、抒发内心情感的同时，将表演自然地融入朗诵中，眼神、表情、姿态、动作等都会给观众情景再现的感受，增强表现力，提高审美效果。

在朗诵幼儿文学作品时，更要注意朗诵的音声性、协同性和综合性特点。

（1）音声性。要求幼儿文学作品朗诵要有精妙的语言。清亮动听的音色、准确恰当的语气、富有变化的节奏，是幼儿文学作品朗诵的魅力所在，也是吸引幼儿的先决条件。朗诵者要用声音塑造多种角色形象。

（2）协同性。强调在幼儿文学作品朗诵中，运用态势语等辅助表达。态势语是幼儿作品内容情感的形象表达，是儿童文学童真、童趣风格的自然流露。如朗诵鲁兵的《下巴上的洞洞》，加上恰当的态势语，增添童趣。

（3）综合性。在舞台上朗诵幼儿文学作品，不仅要求朗诵者深入理解作品，运用有声语言和态势语准确表达，还离不开配乐、服饰、道具等因素的完美配合，以营造氛围，拓展欣赏空间。如朗诵《字典公公家里的争吵》，通过朗诵，让孩子们明白：每个标点符号都很重要，少了哪一个，文章的意思都不能清楚明了，希望孩子们明白不要只强调个人的作用，团结合作才能把事办好的道理。

📝 学习任务单

根据已学知识完成下列学习任务单。

基础知识任务单 2-3-1　理解朗诵的内涵、意义和特点

姓名：＿＿＿＿＿＿　　学号：＿＿＿＿＿＿　　评分人：＿＿＿＿＿＿　　评分：＿＿＿＿＿＿

一、填空题（20 分）

1. 朗诵是朗诵者把文字作品转化为有声语言的＿＿＿＿＿＿、再表达的艺术活动。

2. 朗诵具有＿＿＿＿＿＿，强调声音的造型美和情感的吸引力。

3. 朗诵是具有音声性、＿＿＿＿＿＿、艺术性、综合性、表演性、审美性等特点的传情艺术。

4. 在朗诵幼儿文学作品时，更要注意＿＿＿＿＿＿、协同性和综合性特点。

二、判断题（20 分）

1. 朗读偏重信息传递，选材广泛；朗诵属语言艺术表演范畴，更注重对文本表达形式的加工处理，追求的是使听众听之入耳、入心、动情的艺术感染，朗诵作品以经典的诗歌、散文为主。（　　）

2. 朗诵具有创造性。朗诵要依据文字作品，但不是见字出声，而是要对作品进行"再创作"。（　　）

3. 朗诵是音声的艺术，要精选文学性、形象性、艺术性较强的作品，再进行创造性的口语表达。（　　）

4. 情感是语言的内蕴。朗诵以抑扬顿挫之声，表身临其境之意，抒发真挚之情，在听众与作品之间搭起一座桥梁，让听众动心动容。（　　）

技能演练任务单 2-3-1　理解朗诵的内涵、意义和特点

姓名：＿＿＿＿＿＿　　学号：＿＿＿＿＿＿　　评分人：＿＿＿＿＿＿　　评分：＿＿＿＿＿＿

一、要求

① 个人根据题目要求进行作品朗诵演练。

② 分小组演练展示，相互点评。

③ 录制音频或视频，提交至教学系统平台进行分享。

二、主题

1. 先朗读毛泽东的词《卜算子·咏梅》，再欣赏方明老师的朗诵视频，结合自己的体会与同学交流，理

解什么是朗诵。（10分）

2. 练习朗诵舒婷的《祖国啊，我亲爱的祖国》，请同学或老师听后点评，把握朗诵的特点。（30分）

祖国啊，我亲爱的祖国

舒婷

我是你河边上破旧的老水车，

数百年来纺着疲惫的歌；

我是你额上熏黑的矿灯，

照你在历史的隧洞里蜗行摸索

我是干瘪的稻穗，是失修的路基；

是淤滩上的驳船

把纤绳深深

勒进你的肩膊；

——祖国啊！

我是贫困，

我是悲哀。

我是你祖祖辈辈

痛苦的希望啊，

是"飞天"袖间

千百年来未落到地面的花朵

——祖国啊！

我是你簇新的理想，

刚从神话的蛛网里挣脱；

我是你雪被下古莲的胚芽；

我是你挂着眼泪的笑涡；

我是新刷出的雪白的起跑线；

是绯红的黎明

正在喷薄；

——祖国啊！

我是你的十亿分之一，

是你九百六十万平方的总和；

你以伤痕累累的乳房

喂养了

迷惘的我、深思的我、沸腾的我；

那就从我的血肉之躯上

去取得

你的富饶、你的荣光、你的自由；

——祖国啊，

我亲爱的祖国！

3. 练习朗诵幼儿文学作品《字典公公家里的争吵》（节选），能体现音声性、协同性和综合性特点。（20分）

字典公公家里的争吵（节选）

金逸铭

字典公公家里吵吵闹闹，

吵个不停的原来是标点符号。

看,它们的眼睛瞪得多大,
听,它们的嗓门提得多高。
感叹号拄着拐杖,小问号竖起耳朵,
调皮的小逗号急得蹦蹦跳。

首先发言的是感叹号,
它的嗓门就像铜鼓敲:
"伙伴们,我的感情最强烈,
文章里谁也没有我重要!"

感叹号的话招来一阵嘲笑,
顶不服气的是小问号:
"哼,要是没有我来发问,
怎么能引起读者的思考?"

小逗号说话头头是道,
它和顿号一起反驳小问号:
"要是我们不把句子点开,
文章就会像一根长长的面条。"

学问深的要算省略号,
它的话总是那么深奥:
"要讲我的作用么……
哦,不说大家也知道。"

水平高的要数句号,
它总爱留在后面作总结报告:
"只有我才是文章的主角,
没有我,话就说得没完没了。"

大家争得不可开交,
字典公公把意见发表:
"孩子们,你们都很重要,
少一个,我们的文章就没这样美妙。"
……
小朋友,你听了字典公公家里的争吵,
心里想的啥,能不能让我知道?

三、活动过程记录

四、小组建议反馈

反思评价

1. 反思

请结合本次学习要点及技能演练内容,思考学好朗诵对自己和幼儿发展的意义有哪些。

2. 评价

请你对本次任务进行评价。

评价表2-3-1 理解朗诵的内涵、意义和特点

内　　容	评　　分
1. 对朗诵含义的认知和理解程度	☆☆☆☆☆
2. 对朗诵特点的体会和掌握程度	☆☆☆☆☆
3. 经过本次任务的学习,说一说自己对哪一部分的内容还存在困惑	

支持链接

朗诵增强了经典诗文的表现力,传唱使经典诗文更具有生命力。"经典咏流传"的舞台上一首首经典作品熠熠生辉。请同学们上网搜索,观看"经典咏流传"《凌宵万里》和《木兰诗》视频,体悟经典诗文的创新表达魅力。

任务二　明确朗诵需做的准备

任务描述

朗诵是一种艺术性、技巧性很高的有声语言创作活动。朗诵者在朗诵前要做好声音准备、作品准备、心理准备和辅助艺术元素准备等,只有准备充分,才能准确地把握作品的内容情感,使情气声和谐融合,才能使朗诵这一口语表达艺术既传情达意又具有美感,引起听众共鸣。要学会从气息控制、用声技巧和吐字归音方面做好朗诵的声音准备;通过选择、理解和感受及必要的艺术加工,做好朗诵作品准备;结合朗诵具体情境,做好朗诵的心理和配乐等辅助艺术准备。

要点学习

一、朗诵的声音准备

朗诵最重要的特点之一就是音声性。朗诵是把文学作品转化为有声语言的综合性强的艺术创作。在这过程中,不论朗诵者对文字作品理解如何深刻,对朗诵的整体设计如何精妙,最终都体现在有声语言的表达上。因为听众是通过有声语言表达来接受文字作品的思想内涵,体悟情感,了解朗诵者艺术修养,欣赏文字作品的艺术魅力。因此,良好的语音是朗诵的基础,声音是增强朗诵艺术魅力的重要因素。在学习和准备朗诵的过程中,要做声音和表达技巧的准备。练声是必要条件,也是贯穿始终的工作。

微课

朗诵的声音准备

朗诵对声音的要求,主要包括:准确规范,清晰流畅;圆润集中,朴实明朗;刚柔相济,虚实结合;色彩丰富,变化自如。要达到这些要求,就必须遵循一定的用气发声规律和技巧,从气息的控制、共鸣的运用、吐字归音方法和情气声和谐等方面苦练语言表达基本功,形成朗诵的语言技巧。

1. 气息控制技巧

呼吸和发声关系密切,气动则声发。声音轻重缓急、抑扬顿挫的变化都与呼吸有关。

如前所述,最常见的呼吸方式有三种:胸式呼吸、腹式呼吸、胸腹联合式呼吸。胸式呼吸较浅,呼出的气量少、气息弱,发出的声音尖细、轻飘,持久性不够。腹式呼吸是一种深呼吸,吸入的气量多,呼出气流强度及流量有一定幅度变化,位置较低,缺少弹性变化。胸腹联合式呼吸使呼吸更稳健,吸入气量更多,有助于音色的美化,声音富于弹性变化,保证公众场所朗诵的声音效果。

朗诵需要充沛的气息保证良好的发声品质。所以,朗诵者大多采用胸腹联合式呼吸。情感的起伏制约着气息的变化。气随情动,气息控制要做到:吸气一大片,呼气一条线;气断声不断,声断意不断。把呼吸技巧的运用作为情感表达的手段。气息控制需要训练,可用胸腹联合式呼吸法练习绕口令《数枣》、朗诵古诗等方法。

2. 用声技巧

声音的变化与声带振动的状态有密切关系,在音高、音强、音长和音色四个方面体现出来。共鸣在用声中起重要作用。共鸣主要有口腔、胸腔、鼻腔三腔共鸣。口腔共鸣是最重要的共鸣。产生"广场效果"的朗诵,如专业考试、话剧台词朗诵、大型活动朗诵、大合唱领诵等较多用口腔共鸣。如朗诵光未然的《黄河颂》(节选):

啊,朋友!

黄河以它英雄的气魄,

出现在亚洲的原野;

它表现出我们民族的精神:

伟大而又坚强!

这里,

我们向着黄河,

唱出我们的赞歌。

朗诵总体要求达到"以口腔为主,三腔同时共鸣"的效果。根据内容和情感表达需要,灵活调整共鸣方式。

3. 吐字归音技巧

字词是意义与情感的载体,朗诵者必须通过适当的吐字归音才能传情达意。吐字归音要清晰、集中、自如。一个音节的发音过程分为"出字、立字、归音"三个阶段,基本要领是:出字要清晰,声母和韵头要准确有力,有叼住弹出之感;立字要响亮,韵腹要拉开立起,明亮充实,圆润饱满;归音要到位,韵尾趋向要鲜明,迅速到位,干净利落。

二、朗诵的作品准备

1. 综合考虑,选定作品

朗诵是一门传情的艺术。朗诵从文学作品审美意蕴的内化到声音表象的外化唤起了视听美感,使人心情愉快,内心有所触动。朗诵者要想很好地传情,就要考虑针对什么样的听者、在什么情境下朗诵、传递什么样的情感等因素,专门创作或在现有的诗歌、散文、小说等文学性强的作品中,选择适合具体对象,适合语境,也适合自己朗诵的作品。

选择作品遵循的基本原则是上口、入耳、合情、生趣,有美感,即朗诵传播的内容应该使朗诵者易上口,聆听者易入耳,与听众有情感共鸣,传递出真善美和情趣。

需要把握以下四点标准:

一是格调高雅,内容健康。朗诵作品只有在情感真挚、文采华茂方面有生命力,才能吸引、打动听众。如表现爱国题材的,可以选择舒婷《祖国啊,我亲爱的祖国》、艾青《我爱这土地》等文质兼美的诗歌。

二是语言通俗易懂,朗朗上口。语言艰涩难懂,形象性不强的作品不适合朗诵。

三是主题鲜明,符合朗诵要求。如参加"中华诵"主题朗诵比赛,就不宜选外国作品,参加"中秋诗会"不宜选体现追思、悼念等主题的作品。

四是贴近听众,量身打造。要选择适合听众的作品,同时考虑选择适合自身朗诵特点的作品,便于发挥优势。如:男性音域宽、声音条件好,宜选语势变化大、情感激越、豪放的作品;女性宜选抒情、轻快的或婉约风格的作品。

2. 理解作品,把握主旨

朗诵必须对作品进行深入细致的分析和研究:

一要了解创作背景,理解作者意图。

二要分析具体语境,掌握作品内容。

三是理解作品主题,把握情感基调。

主题是文章的灵魂,要提炼主题思想。基调,指作品基本情调,即作品总的态度感情、总的色彩和分量。基调定得准确与否,直接影响作品朗诵艺术水准。如朗诵席慕蓉的《一棵开花的树》,要知道它是在作者偶然看见一棵开满花的油桐树后,有感于自然界的生命力后创作的,是在生命场中写给大自然的情歌,不能朗诵成伤感的爱情表达。

3. 内化作品,领会感受

朗诵者要调动生活积累,充分地内化朗诵材料,准确把握作品内涵,进入角色,进入情境。要体会文字,重视文字刺激带来的形象感受和逻辑感受,形成内心视像和对语言内蕴情感的体悟。如朗诵朱自清的《春》,一要调动有关春天的积累,内化作品,二要体会作品文字传达的意象,重视感受,三要揣摩作品流露的喜悦态度,体悟作品中充满的活力和希望,用轻快的节奏来表达情感。

4. 锤炼作品,艺术加工

在理解、感受作品的同时,朗诵者往往伴随丰富的想象,使作品内容在心中、眼前活动起来,使自己动情,再对作品加以内容和形式的设计处理,用语音技巧,通过声音引发听众动情。以朗诵辛弃疾的《水龙吟·登建康赏心亭》上阕为例:

楚天千里清秋,水随天去秋无际。遥岑远目,献愁供恨,玉簪螺髻。落日楼头,断鸿声里,江南游子。把吴钩看了,栏杆拍遍,无人会,登临意。

要查阅相关资料,深入理解全词,展开丰富想象,自我代入,如同看到诗人笔下的情景。再通过声音的艺术处理,创作加工传达出情意。

三、朗诵的心理准备

朗诵者在朗诵过程中保持正确的状态是朗诵成功的关键。而朗诵的状态是以心理状态为主导。朗诵的心理准备主要包含以下五个方面:

一是信心百倍,积极主动。熟悉作品,感受到作品的深刻丰富,有强烈的朗诵愿望,尽力展现作品风貌魅力,声声入耳,字字含情,以事省人,以理服人,以情感人。

二是全神贯注,进入作品。

三是动脑动心,有感而发。

四是用声自如,由己达人。听者是从声音上感受作品的,所以朗诵者对作品的看和想要非常迅速,而诵就要从容,这就是"快看慢诵"。"看"是为"想","想"中去"诵",当中有对作品的体味过程。当然,诵也不能太慢,使听者着急生厌。朗诵时全身保持一种弹性状态,以自身最大优势表情达意,言志传神。要克服固定腔调,如念书腔、唱书调、念经式。要加强思想感情的运动,切实把握作品思想情感,把握语气的色彩和分量,注意气息、声音的变化,使有声语言充满活力。

音频

《水龙吟·登建康赏心亭》朗诵

微课

朗诵的心理准备和辅助艺术准备

　　五是朗诵者的文学和艺术素养等准备。朗诵是一种比较精细、高级的有声语言艺术。因此,朗诵者应该具备一定的文学修养,一定的语言修养,一定的舞台表演艺术的修养,一定的政治思想修养、社会知识修养,这样才能分析欣赏各种体裁的文学作品,熟练掌握标准发音和发声技巧,正确运用语调语气,敢于在大庭广众之中自然地表情达意。朗诵者还应具备一定的表演才能。要以优美的语言、端庄的仪态、丰富的表情吸引听众、感染听众。

四、朗诵的辅助艺术准备

　　朗诵艺术是朗诵者和欣赏者一起参与的真实可信的一种表演艺术,要具备可听性和可视性。所以,朗诵者要做些表演所需的造型和作品配乐等辅助艺术准备。

　　1. 朗诵者的造型准备

　　朗诵者的造型要根据不同情境设计,大致是要坚持美学原则和国际上公认的"TOP"三原则。TOP,T(time)指时间、日期、季节、时代等,O(object)代表目的、目标、对象,P(place)指地方、场所、职位等。

　　服饰整洁、得体、文雅、大方。服饰的款式和色彩要适合朗诵作品,起到营造氛围、烘托诗意的作用,还要与舞台背景相协调,注重整体的视觉效果。集体朗诵的服饰更要精心选择,符合舞美要求,忌穿休闲装。

　　小型朗诵会以淡妆为主,剧场式大型朗诵会应根据舞台灯光效果化妆,妆容不宜过浓。

　　2. 朗诵作品的配乐

　　音乐通过旋律、节奏、和声等塑造音乐形象,表达思想感情。配乐朗诵,能调动朗诵者的情感,使有声语言表达更显生动、立体、活跃,也可以渲染情境,增强美感,引发联想,使听众进入特定意境,更好地体会作品情感。

　　选曲编配很重要。常见的配乐形式有铺垫式配乐、编辑式配乐和创作式配乐三种,都要求朗诵者充分地占有音乐素材,准确地理解朗诵内容,让音乐与作品的主题、感情基调和节奏相吻合。朗诵配乐的最高境界是借助音乐的魅力,扩展朗诵语言的表现力,产生感人肺腑的艺术效果。如:朗诵张若虚的《春江花月夜》,可以配同名曲《春江花月夜》;朗诵《我骄傲,我是中国人》,可配《大梦敦煌》或《红旗颂》;朗诵《乡愁》,可选《思乡曲》等。

　　朗诵具有综合性特点,不仅要求所依据的文字作品有较高的艺术水准,要求朗诵者对作品的理解力、感受力,以及有声语言的表现力和感染力,还要求朗诵者有适当的表情和手势动作,以及良好的身心状态,有时还要求音乐、灯光、舞美等多种因素的完美配合,互相促进。

📝 学习任务单

根据已学知识完成下列学习任务单。

基础知识任务单 2-3-2　明确朗诵需做的准备

姓名:_____　　学号:_____　　评分人:_____　　评分:_____

一、填空题(20 分)

　　1. 朗诵对声音的要求,主要包括:准确规范,清晰流畅;圆润集中,朴实明朗;刚柔相济,虚实结合;_____。

　　2. 最常见的呼吸方式有三种:胸式呼吸、腹式呼吸、_____。

　　3. 吐字归音的基本要领是:出字要清晰,_____,归音要到位。

　　4. 配乐朗诵,能调动朗诵者的情感,使有声语言表达更显_____、立体、活跃,也可以渲染情境,增强美感。

二、判断题(20分)

1. 朗诵作品选择遵循的基本原则是上口、入耳、合情、生趣,有美感。( )

2. 朗诵必须对作品进行深入细致的分析和研究:一要了解创作背景,理解作者意图;二要分析具体语境,掌握作品内容;三是理解作品主题,把握情感基调。( )

3. 朗诵要具备可听性和可视性。( )

4. 朗诵配乐的最高境界是借助音乐的魅力,扩展朗诵语言的表现力,产生感人肺腑的艺术效果。( )

技能演练任务单2-3-2 明确朗诵需做的准备

姓名:_____ 学号:_____ 评分人:_____ 评分:_____

一、要求

① 个人根据题目要求进行作品朗诵演练。

② 分小组演练展示,相互点评。

③ 录制音频或视频,提交至教学系统平台进行分享。

二、主题

1. 用胸腹联合式呼吸法朗诵古诗,注意情感变化,力求声情并茂。(10分)

望庐山瀑布

〔唐〕李白

日照香炉生紫烟,遥看瀑布挂前川。

飞流直下三千尺,疑是银河落九天。

登鹳雀楼

〔唐〕王之涣

白日依山尽,黄河入海流。

欲穷千里目,更上一层楼。

虞美人

〔南唐〕李煜

春花秋月何时了?往事知多少。小楼昨夜又东风,故国不堪回首月明中。

雕栏玉砌应犹在,只是朱颜改。问君能有几多愁?恰似一江春水向东流。

2. 朗诵郭沫若《雷电颂》片段,体会气息的强弱控制,感受屈原在呼喊中流露的对风——改变黑暗的变革力量的急切渴盼。(20分)

风!你咆哮吧!咆哮吧!尽力地咆哮吧!在这暗无天日的时候,一切都睡着了,都沉在梦里,都死了的时候,正是应该你咆哮的时候了,应该你尽力咆哮的时候!

渐强控制:"风!你咆哮吧!咆哮吧!尽力地咆哮吧!"

朗诵时注意把握急切、渴盼之情,但不能奔突而上,要低声缓起,慢慢提高音量,加快速度,朗诵三个"咆哮"时逐渐提升语调,到"尽力地咆哮"时达到最高点。

弱控制:"在这暗无天日的时候,一切都睡着了,都沉在梦里,都死了的时候"。

要将音量逐步降低,语速减慢,表现"睡""梦""死"的沉闷状态。

渐强控制:"正是应该你咆哮的时候了,应该你尽力咆哮的时候!"突然提高音量,重点强调"尽力"一词。

3. 通过练习朗诵诗歌、绕口令和歌词体会吐字归音技巧。(10分)

送元二使安西

〔唐〕王维

渭城朝雨浥轻尘,客舍青青柳色新。

劝君更尽一杯酒,西出阳关无故人。

绕口令

八百标兵奔北坡,炮兵并排北边跑。炮兵怕把标兵碰,标兵怕碰炮兵炮。

长江之歌(节选)

你从雪山走来,春潮是你的风采;你向东海奔去,惊涛是你的气概。

你用甘甜的乳汁,哺育各族儿女;你用健美的臂膀,挽起高山大海。

4. 在深入理解和感受的基础上,确定好情感基调,朗诵诗歌《一棵开花的树》。(10分)

一棵开花的树

席慕蓉

如何让你遇见我

在我最美丽的时刻

为这

我已在佛前求了五百年

求佛让我们结一段尘缘

佛于是把我化作一棵树

长在你必经的路旁

阳光下

慎重地开满了花

朵朵都是我前世的盼望

当你走近

请你细听

那颤抖的叶

是我等待的热情

而当你终于无视地走过

在你身后落了一地的

朋友啊

那不是花瓣

那是我凋零的心

《一棵开花的树》朗诵

5. 练习朗诵余光中的《今生今世》,体会诗人表达的对母亲强烈的怀念和浓浓的亲情。(10分)

今生今世

余光中

我最忘情的哭声有两次

一次,在我生命的开始

一次,在你生命的告终

第一次,我不会记得,是听你说的

第二次,你不会晓得,我说也没用

但两次哭声的中间啊

有无穷无尽的笑声

一遍一遍又一遍

回荡了整整三十年

你都晓得,我都记得

《今生今世》朗诵

三、活动过程记录

四、小组建议反馈

反思评价

1. 反思

请结合本次学习要点及技能演练内容,思考学好朗诵需做哪些方面准备。

2. 评价

请你对本次任务进行评价。

评价表 2-3-2　明确朗诵需做的准备

内　　容	评　　分
1. 对朗诵准备的认知、理解程度	☆☆☆☆☆
2. 对朗诵准备的体会和掌握程度	☆☆☆☆☆
3. 经过本次任务的学习,说一说自己对哪一部分的内容还存在困惑	

支持链接

练习朗诵食指的《热爱生命》,并将其与汪国真的《热爱生命》作比较,进一步理解如何做好朗诵作品准备和其他艺术元素准备。

食指《热爱生命》　　　《热爱生命》朗诵

任务三　掌握朗诵的内部和外部技巧

任务描述

朗诵是一种再创作活动。这种再创作要求朗诵者通过有声语言传达出原作品的主要精神和艺术美感,不仅要让听众领会朗诵的内容,而且要使其在精神上受到熏陶感染。朗诵时要深入透彻地把握作品的内容,合理地运用各种艺术手段,恰当地传情达意,要具备朗诵表达的技巧。朗诵技巧主要是指内部技巧、外部技巧和态势语的运用。本次的任务包括:通过案例研讨和训练,掌握朗诵中运用的情景再现、挖掘内在语和寻找对象感等内部技巧;能够运用重音、停顿、语气、语调、节奏等常用外部技巧表达朗诵作品;知道运用特殊声腔技巧和态势语增强朗诵表达效果。

要点学习

一、朗诵的内部技巧

朗诵主要涉及作品、朗诵者和接受者三个对象。作品主要关涉作者、创作背景、内容、情感、特色等。朗诵者需要理解作品、喜欢作品、把握作品的情感基调,通过想象和感受进行再创造,从而传情达意。

对作品的理解与感受可以通过以下四个步骤:

(1) 深入分析作品,全面理解朗诵内容。清除文字障碍,联系作品创作背景和意图,理解作品内容主旨,对作品结构进行分析,理清脉络,感受全文的语言风格。

(2) 激发内心反应,形成具体感受。要抓住作品表达事物形象的"实词",进行形象思维与形象感受,用视觉、听觉、嗅觉、味觉、触觉等感受,透过文字,好像真的"看到、听到、闻到、尝到、伸手就可得到"一样,使作品中的景、物、人、事、情、理在内心"活"起来。

(3) 明确朗诵目的,产生强烈的表达欲望。朗诵者要考虑"为什么"朗诵这样内容和主题的作品。"鲜明的态度,真实的感情,是朗诵中的灵魂"。

(4) 从作品思想感情出发,确定朗诵基调。基调是作品总的感情色彩与分量,是朗诵时总的态度倾向,是朗诵者对作品认识、感受的整体结果。

例如,朗诵唐代大诗人杜甫的《登高》,就可按上面几个步骤去理解与感受。

登高

〔唐〕杜甫

风急天高猿啸哀,渚清沙白鸟飞回。

无边落木萧萧下,不尽长江滚滚来。

万里悲秋常作客,百年多病独登台。

艰难苦恨繁霜鬓,潦倒新停浊酒杯。

《登高》朗诵

《登高》是大历二年秋杜甫在夔州时所写。当时诗人病卧夔州,通过描述登高所见秋江景色,倾诉了诗人长年漂泊、老病孤愁的复杂感情,慷慨激越,动人心弦。诗前半段写景,后半段抒情,在写法上各有错综之妙。全诗的情感基调是悲凉、慷慨的,充满忧国伤时的情怀,体现诗圣的人格和忧国忧民的精神。

对作品的全面深入分析、理解与感受,产生强烈的表达欲望,是朗诵成功的前提。这也是讲求技巧的,属于朗诵的内部技巧。主要包括三个方面:

1. 情景再现

朗诵者在符合朗诵作品需要的前提下，以语言内容为依据，展开再造想象，使作品中的人物、事件、情节、场面、景物、情绪等在脑海里不断浮现，像"过电影"一样，形成连续的活动画面，并不断引发相应的态度、情感，这个过程就是情景再现。

情景再现有三个关键点：感受、想象、表达。朗诵者需要积极丰富的感受，理清作品脉络，"感知于外，受之于心"；需要精确、具体的想象，结合生活经验、知识积累等，联想、想象，形成"内心视像"，感觉"我就在其中"，触景生情，以情为主，情景交融；最后是表达，"现身说法"，通过消化、吸收、加工，在朗诵基调的引导和制约下，使文字外化为声音，使听者内心再现某种情景，从中受到强烈感染。

2. 挖掘内在语

内在语指作品的语言所不能表露、不便表露，或者没有完全显露出来的、语句的深层的内在含义、感情态度和语句关系，即通常说的"弦外之音""言外之意""潜台词"。在朗诵创作中，理解作品的深层内在含义是非常重要的。因为大多数情况下，这种隐藏在文字中的深层含义才是作者真正想要表达的意思。把握了内在语，才可能真正把握作品的灵魂，把作品朗诵好。

内在语是对作品理解和感受的集中概括。朗诵者挖掘内在语的方法是仔细通读作品，在语句衔接处发现起承转合的特点和作者的写作意图，找到作者在文字后面藏着的意思。要抓住作品的要点、重点，抓住语句间的联系，探查作者的态度和情感，目的是使自己思想感情运动起来，使语言鲜明简洁，有说服力，赋予语言一定的思想、态度和感情色彩，赋予有声语言以根据和生命。

内在语有以下四种常见类型：

（1）寓意型。这一类型是指文字的"弦外之音"，它们的内在含义往往和文字的表层含义截然相反或者是对立的，需要借助语言环境和上下文来对其进行分析才能得出来。寓言故事很多属于这类作品，属于冷幽默，多用讽刺的基调朗诵。例如，《猪们的评议》：

猪们的评议

一年有春夏秋冬之分，四季有阴晴雨雪之别，但是，猪们打发日子的方法永恒不变：吃了睡，睡了吃，吃饱喝足，便在院子里溜达溜达。一日如此，天天如此。

这样的生活太没意思了。一头不愿这样混过一生的白猪独自跑到田里，用嘴帮助水牛耕地。它辛辛苦苦地拱啊，拱啊，直累得大汗淋漓。

傍晚，猪们倾巢出动，开始对白猪的劳动进行评议：

"嘿！这里还有一根草没拱掉呢！"

"看啊，田里的水都叫它搞浑了。浑水里怎么能长庄稼呢！"

"你们闻闻，它把汗水都流到田里了。那汗水里是有盐的，田里掺进盐肯定会变成盐碱地！"

……

猪们七嘴八舌地议论白猪，意思只有一个：白猪帮助水牛耕地，没有一点功劳，纯粹是帮倒忙。根本不如睡觉，睡觉有益无害。

白猪被说得灰心丧气，从此随大流，吃了睡，睡了吃，猪们也就再没有对它说"不"字的了。

水牛叹息道："干事的，总可以被挑出毛病；不干事的，则保留充分的批评权。一个集体若形成这样的风气，这个集体也就完了。"

白猪不愿意混日子，辛苦做事反而被猪们的冷嘲热讽浇灭了热情。故事讽刺不干事光评论别人的闲人。

（2）回味型。一些作品，在上下文结束时，往往给人一种言已尽，意犹存的感觉，让人忍不住去反复回味。朗诵创作中，就需要找出这种回味型语句的含义。如《丑小鸭》的末尾段："这时，鸭子、猫、公鸡仰望着天空，发出一声声赞叹：'啊，多美的天鹅！''瞧，他们飞得多高！'大家不知道，在这群天鹅中，有一只就是那曾被大家百般嘲笑过的丑小鸭。"

丑小鸭的痛苦不仅来自暴力和饥寒,还来自精神上的歧视和隔膜,后者的伤害远远超过前者而成为永恒的痛。但是,"一切都是瞬息,一切都将过去",有努力就有回报,故事的美好结尾让人看到希望,憧憬光明的未来。

(3) 反语型。反语型语句的内在含义,往往体现出与文字表层含义对立的倾向,因此比较容易被误解。如《卖火柴的小女孩》中写道:"奶奶把小女孩抱起来,搂在怀里。他们两人在光明和快乐中飞起来了。他们越飞越高,飞到没有寒冷,没有饥饿的天堂里去……"文中表面用欢快的文字,其实背后滚动着极其痛苦与无奈的内在语,小女孩在寒冷中死去,痛斥了社会的冷酷,若用憧憬赞美的语调来朗诵,显然是不恰当的。

(4) 提示型。这种类型语句的含义,往往是用来表现上下文间语气情感或者内容转换的关系。尤其是在一些文章中,有的地方语气情感的转换差距不是很大。高洪波的儿童诗歌《我想》写了一个孩子一连串美妙的幻想——想把小手安在桃树枝上,想把脚丫接在柳树根上,想把眼睛装在风筝上,想把自己种在土地上,表达了儿童丰富的想象力以及对美的追求和向往。

3. 寻找对象感

朗诵者与听者在朗诵中是相互对应的。所谓对象感,就是指朗诵者在朗诵中必须设想和感觉到听者的存在,并与之进行交流、呼应的一种感受。有对象感可以体现朗诵者的人文关怀,表达亲切自然,实现听诵双方感情的交融。

寻找对象感,就是朗诵者要"心中有人",应意识到听众的心理、要求、愿望、情绪等,并由此调动自己的思想情感,使之处于运动状态,从而更好传情达意,传达作品的精神实质。朗诵者要尽可能多地了解、熟悉各种人和事,了解对象,区别对待,注视听者,进行交流。

二、朗诵的外部技巧

朗诵的内部技巧,强调朗诵过程中如何理解和感受作品,实现情景再现,挖掘作品内在语,并寻找对象感,使自己的思想情感处于运动状态,有表达的欲望。想要用有声语言把自己对作品的理解、感受和情感传递给听众,激起心灵共鸣,还要学会朗诵的外部技巧,提升朗诵效果。

朗诵的外部技巧主要包括重音、停连、语速、语气、语调、节奏等,由于在朗读部分有所学习,这里结合案例作简要分析,重点在于朗诵过程中有意识的恰当运用。

1. 重音

朗诵时,为了实现朗诵目的,需要通过一些方式,特别强调或突出一些词或短语,即为重音技巧。一般的突出语句目的的中心词、体现逻辑关系的对应词和突出感情色彩的关键词都可作为重音。

(1) 突出语句目的的中心词。如"我不能去",语句目的不同,重音位置也会随之改变。

(2) 体现逻辑关系的对应词。如《狼和小羊》中小羊辩解的句子:"你在上游,我在下游,水是从您那儿流到我这儿的,我怎么会把您喝的水弄脏?"句中有两组对应关系的词,如果用重音加以强调,就把狼的无赖和小羊的无辜读出来了。

(3) 突出感情色彩的关键词。如《桂林山水》中,"漓江的水真静啊,静得让你感觉不到它在流动;漓江的水真清啊,清得可以看见江底的沙石;漓江的水真绿啊,绿得仿佛那是一块无瑕的翡翠",用"静、清、绿"三个形容词描写漓江水的特点,作为重音处理,显示与其他山水的不同。

要准确而清楚地表达语句深刻含义和丰富情感,找准重音极为重要。"重音"不是"加重声音"的简称,而是作品中特别需要强调、突出,短时间让听众记住的内容。重音并非指声音在语流中的轻和重的关系这种语音层面的概念,而是指在作品中的重要和次要的关系,是语义层面的概念。重音可以重读,也可用轻读、延长、慢读,还可用高低相间、虚实互转、前后顿歇等方式处理。

需要注意的是,在儿童文学作品的语句中,有些需要读得重的音不是由于逻辑或情感的需要,也不属于语法重音的音节,而是由于节奏和韵律的需要而形成的。另外,朗诵时重音不可过多,过多会显得杂乱。

2. 停连

停连指的是朗诵语流中声音的停顿和连接。作品的有声表达，气息再长，也难用"一气"来"呵成"全篇；听者的听觉接受能力再强，也难理解"连刀成块"的内容传达。停顿是有声语言的"标点符号"。停与连相生相应，是任何声音艺术的构成要素和重要表现技巧，可以达到"此时无声胜有声"的效果。停连是朗诵者思想感情的继续和延伸，绝不是思想感情的中断和空白。要以作品思想内容和情感变化为前提，做到"停到好处，连到妙处"。生理的停连要服从心理状态的需要，不能破坏语意的完整。语法停连和强调停连要综合考虑。书面标点符号是朗诵停连的依据，但绝不是依赖。

停顿的形式，一类是基础性的，达到的是言语表达准确规范的要求。一类是修辞性的，为了语意的雕琢、韵味的烘托，情感的升华、节奏的完善、意境的美化，具有言语创造的美学附加色彩，是锦上添花的技巧。停顿包括强调性停顿、体味性停顿、转换性停顿、调节性停顿。

（1）强调性停顿。通过停顿，使这些语言单位所表达的意思得到凸显。例如：

卑鄙是∨卑鄙者的‖通行证，高尚是∨高尚者的‖墓志铭。

（2）体味性停顿。在朗诵过程中，在有关的词、句、语段和需要给听者留下体会、联想、回味的内容后面，给予足够的停顿。例如：

待到山花烂漫时，她在‖丛∨中笑。

（3）转换性停顿。在朗诵表达中，语意忽然有变，由是而非，由动而静、由悲而喜等，需要用停顿来显示，这种显示往往带有一定的夸张成分。例如：

惜秦皇汉武／略输文采／唐宗宋祖／稍逊风骚／一代天骄／成吉思汗／只识弯弓射大雕‖∨

（4）调节性停顿。排比句式等同型结构的诗句叠用，停顿容易出现惯性，需要通过停顿的灵活安排，打破诗句同型的僵局，调节好句群的整体节奏。例如，艾青的《大堰河，我的保姆》中，排比的运用占很大篇幅，需要调节性停顿：

大堰河，今天我看到雪使我想起了你。

你用你厚大的手掌把我抱在怀里，抚摸我；

在∨你搭好了灶火之后，

在你∨拍去了围裙上的炭灰之后，

在你尝到∨饭已煮熟了之后，

在你把∨乌黑的酱碗放到乌黑的桌子上之后，

在你补好了儿子们的∨为山腰的荆棘扯破的衣服之后，

在你把小儿∨被柴刀砍伤了的手包好之后，

在你把夫儿们的衬衣上的虱子∨一颗颗地掐死之后，

在你拿起了∨今天的第一颗鸡蛋之后，

你用你厚大的手掌把我抱在怀里，抚摸我。

3. 语气

语气是说话的口气，通过一定的语法形式表示说话人对行为动作的态度。运用于朗诵，语气既有内在的思想感情的色彩和分量（也称"神"），又有外在的快慢、高低、强弱、虚实的声音形式（也称"形"）。语气是朗诵中"神"与"形"的结合。

声音受气息支配，气息则由感情决定，而感情的引发又受朗诵内容、目的和语境的制约。朗诵者要学会情、气、声三者融为一体，以增强有声语言的表现力。

4. 语调

语调是语气外在的高低、快慢、长短、虚实等各种声音形式的总和。只有语气千变万化，语调才会丰富多彩。语调不是字调。常用的语调有平调、升调、降调和曲折调。

"语无定势"，语流的变化是丰富的，语调的根本特征是"曲折性"，可通过语句的行进趋向和态势，也就是"语势"来把握。

5. 节奏

节奏是指朗诵中,由全篇作品生发出来的声音的抑扬顿挫、轻重缓急,是朗诵者思想感情波澜起伏所形成的、在声音表达上所显示的快与慢、抑与扬、轻与重、虚与实等的回环往复。

常见的节奏类型有:

(1) 轻快型。语调多扬少抑,力度多轻少重,语速较快,语言流畅,轻巧明丽,有欢快跳跃感。适用于朱自清的《春》、林徽因的《你是人间的四月天》等。

(2) 紧张型。语调多扬少抑,力度多重少轻,语速较快,急促、紧张,重点句、段更突出。如高尔基的《海燕》,可采用紧张、激越的节奏。

(3) 低沉型。语势多为落潮类,句尾落点多显沉重,语速较缓,音节多长,声音偏暗偏沉。重点处的基本语气、基本转换多偏于沉缓。适用于李瑛的《一月的哀思》、史铁生的《秋天的怀念》等。

(4) 凝重型。语调多抑少扬,力度多重少轻,音强而有力,色彩多浓重,语势较平稳,顿挫较多,且时间较长,语速偏慢。适用于艾青的《我爱这土地》等。

(5) 高亢型。语势多为起潮类,峰峰紧连,扬而更扬,势不可遏,语速偏快,声多明亮高昂。朗诵光未然的《黄河颂》、刘成章的《安塞腰鼓》等可使用这样的节奏。

(6) 舒缓型。声多轻松明朗,略高但不着力,语势有跌宕但多轻柔舒展,语速徐缓。适用于朱自清的《荷塘月色》、老舍的《济南的冬天》、戴望舒的《雨巷》等。

三、朗诵的特殊表达技巧

在朗诵中,还有一些特殊的表达技巧,是通过音色和语调的变化充分表达作品的思想感情,使有声语言更富有色彩的表现手法,从而增强朗诵艺术效果,这也叫声腔技巧。在儿童文学作品朗诵中,用一定的声腔技巧可以增加语言的艺术感。特殊表达技巧主要有:

(1) 模拟(拟声,模仿各种音响和腔调)。例如,张家声朗诵《人民万岁》中,五次出现"人民万岁",前两次用普通话,后三次模仿毛主席在天安门城楼上高呼的、有湖南方言特色的声音,引人入境,震撼人心。

(2) 空白。朗诵时为了表达特殊情绪,在连续的朗诵过程中,突然出现大段的间歇与停顿,这就是空白。

(3) 气音。气音是用气技巧,常用的有抽气、托气、喷口。

(4) 笑语。这是指带有弹动的一种特殊用气方法。气息直接击打软腭,随之发出"哈""哼""嘿"等笑语,以示快乐或讥讽、嘲笑、鄙视、蔑视等。

四、朗诵的态势语运用

朗诵还有言不尽意或意在言外的情况,朗诵者会很自然地借助眼神、表情和身体姿势、手势等态势语来补充有声语言不能表达的信息。

态势语是口语的必要深化和补充,使口语更有力、更明确、更准确,它能展现口头语言难以表达的感情或态度。儿童思维形象具体、生活经验和词汇量有限,因此,更需要教师的态势语的辅助。使用态势语要注意适度、自然、优美。

学习任务单

根据已学知识完成下列学习任务单。

基础知识任务单 2-3-3 掌握朗诵的内部和外部技巧

姓名：_____ 学号：_____ 评分人：_____ 评分：_____

一、填空题(20分)

1. 朗诵技巧主要是指内部技巧、_____和态势语的运用。

2. 对作品的全面深入分析、_____与感受，产生强烈的表达欲望，是朗诵成功的前提。

3. 情景再现有三个关键点：_____、想象、表达。

4. 朗诵作品中最能体现语句目的、表达思想感情的词或短语就要_____。

二、选择题(10分)

1. 朗诵主要涉及哪几个对象？(　　)

A. 作品　　　　　　B. 朗诵者　　　　　　C. 接受者　　　　　　D. 作者

2. 什么是有声语言的"标点符号"？(　　)

A. 停顿　　　　　　B. 语调　　　　　　C. 节奏　　　　　　D. 基调

三、判断题(10分)

1. 表达的愿望和激情是积极感受的源泉。朗诵感受的直接目的是把感受应用于表达。朗诵者要学会情、气、声三者融为一体，以增强有声语言的表现力。(　　)

2. 内在语即通常说的"弦外之音""言外之意""潜台词"，有揭示语句本质和语言链条的作用。(　　)

技能演练任务单 2-3-3 掌握朗诵的内部和外部技巧

姓名：_____ 学号：_____ 评分人：_____ 评分：_____

一、要求

① 个人根据题目要求进行作品朗诵技巧运用演练。

② 先自主练习，再选择同伴演练展示，相互点评。

③ 录制音频或视频，提交至教学系统平台进行分享。

二、主题

1. 把握情景再现的三个关键点，朗诵下面两段文字。(20分)

(1) 大雪整整下了一夜。早晨，天放晴了，太阳出来了。推开门一看，嗬！好大的雪啊！山川、树木、房屋，全部罩上了一层厚厚的雪，万里江山变成了粉妆玉砌的世界。落光叶子的柳树上，挂满了毛茸茸、亮晶晶的银条儿；冬夏常青的松树和柏树，堆满了蓬松松、沉甸甸的雪球。——峻青《第一场雪》

要点提示：这部分内容写雪后的景象。作者由面到点，注意静态描写和动态描写的变化，细腻地描述了大雪之后，阳光出来所见的美丽景色。表达了作者无比喜悦的心情。朗诵时要展开"活动的画面"，用视觉、听觉体会雪景，联系自己的生活经验，想象画面，体会不同场景中蕴含的情感，实现情景再现，然后用语言技巧进行朗诵表达。

(2) 桃树、杏树、梨树，你不让我，我不让你，都开满了花赶趟儿。红的像火，粉的像霞，白的像雪。

要点提示：要根据文字内容，运用自己的生活积累来充实和丰富对词语的感受，在头脑中形成百花争相开放的内心视像，并迅速调动起符合文字内容的饱满情感，并用不同的重音、停顿、连接、语速等来增加作品的变化。

2. 练习朗诵寓言《掩饰过失的猫》。(10分)

掩饰过失的猫

有那么一只猫，总是把自己吹嘘得很了不起，对于自己的过失，却百般掩饰。

有一次,一只老鼠从它眼前走过,它飞快地跑过去,却抓不到。

它说:"我看它太瘦,只好放走它,等以后养肥了再说。"

它到河边捉鱼,被鲤鱼劈脸打了一下,它装出笑容:"我不是想捉它,捉它还不容易? 我就是要利用它的尾巴来洗洗脸,刚才到阁楼上去玩,我的脸多脏啊!"

一次,它掉进泥坑,浑身沾满污泥。

看到伙伴们惊异的目光,它解释道:"身上虫子多,用这个办法治它们,最灵验不过!"

后来,它掉进河里。伙伴们打算救它,它却说:"你们以为我遇到危险了吧? 呵呵! 我在游泳呢!"话音刚落,它就沉没了。

"走吧!"一个伙伴说,"它大概又表演潜水了!"

要点提示:朗诵时要体会猫每次回答时的不同心理状态,准确表达其内在语的含义。表达过程中要注意体会猫说话的神情与动作,以及寓言本身要阐述的哲理。

3. 请上网搜索,观看董浩朗诵史铁生《秋天的怀念》视频,学习他对朗诵技巧的运用,选取其中 2—3 段内容自己朗诵,并录制成视频,提交作业。(30 分)

三、活动过程记录

四、小组建议反馈

反思评价

1. 反思

请结合本次学习要点及技能演练内容,思考如何运用朗诵的内部和外部技巧提升表达效果。与名家朗诵及自己同学比较,你觉得自己掌握了朗诵的技巧了吗?

2. 评价

请你对本次任务进行评价。

评价表 2-3-3 掌握朗诵的内部和外部技巧

内　　容	评　分
1. 对朗诵内部技巧的认知、理解程度	☆☆☆☆☆
2. 对朗诵外部技巧的体会和掌握程度	☆☆☆☆☆
3. 经过本次任务的学习,说一说自己在哪些技巧掌握方面还存在困难	

支持链接

深入细致地感受作品是朗诵好作品的关键。请上网搜索田华老师朗诵的《回延安》视频,学习体会朗诵过程中对作品的感受。

任务四　掌握诗歌的特点和朗诵技巧

任务描述

形象性、艺术性强的诗歌是常见的朗诵内容。朗诵时要结合具体作品,深入理解,体会朗诵技巧的运用,感受朗诵传情达意的艺术特点和审美效果,提升思维能力和表达能力,提高人文素养,传承中华优秀传统文化。朗诵者需认识诗歌的特点,掌握古典诗歌和现代诗歌的朗诵要点,能够根据现代诗歌的特点和作品内容的不同表达方式,运用恰当的技巧表情达意,朗诵好诗歌。

要点学习

一、诗歌及其朗诵要点

诗歌是文学中的瑰宝,也是最适合朗诵的作品。我国经典诗歌灿若繁星。诗歌朗诵就是朗诵者用准确清晰的语言、响亮的声音、优美的仪态、得体的动作等把诗歌作品有感情地向听者表达出来,以传达原作的思想内容和情感,引起听者的共鸣。

1. 诗歌的特点

诗歌是一种具有韵律、句子分行排列、语言高度凝练,能创造主观和客观和谐统一意境的独特的文学体裁。诗歌不像小说和戏剧,运用精细的环境描写、情节描写、人物描写等来反映现实生活和情感,而是通过特定意象、特殊意义的生活片段或情感体验来传情达意。诗歌中韵脚、节奏、双声、叠韵等应用,具有和谐的韵律美。诗歌充满感情,富于想象,有鲜明的形象性。诗歌篇幅较小,结构上有跳跃性,有高度概括性。

充满感情是诗歌最基本的特征。唐代诗人白居易说,"诗者,根情,苗言",情是根本。俄国文学评论家别林斯基也说:"没有感情,就没有诗人,也就没有诗歌。"

总之,诗歌的形式和内容是合为一体的。学习朗诵诗歌,要综合考虑,通过对诗歌的感知、理解和想象,用贴近诗歌内容和风格的音声艺术,抒发诗歌情感,在朗诵二度创作和给听者的体味鉴赏中产生审美愉悦。

2. 诗歌朗诵要点

英国美学家贝尔说,艺术是有意味的形式。朗诵正是这样一种艺术:真诚地感受,准确地表达,用心正音,用爱发声。在每次朗诵前不妨先问自己三个问题:

（1）"我"是谁? ——朗诵心理的准确定位。如朗诵李清照的《声声慢》,可以把"我"看作作者;如朗诵李之仪的《卜算子(我住长江头)》,"我"可以是一个想象中的人;如女生朗诵岳飞的《满江红》,"我"可以是一个岳飞的欣赏者。

（2）"我"的目的是什么? ——朗诵目的要明确且具体。如朗诵食指的《热爱生命》,希望传达"相信未来,热爱生命"的坚韧;朗诵李煜《虞美人(春花秋月何时了)》,表达的是对现实的无奈和对往昔的怀念。

（3）"我"要如何去做? ——运用朗诵技巧表达。内部技巧为本,外部技巧为末,不能本末倒置。

微课

认识诗歌及其
朗诵要点

明确了这三个问题,朗诵时只要结合具体诗词作品去理解、表达就可以了。

二、古典诗歌的朗诵要点

古典诗歌从语言上看,内容凝练,语义丰富;从形式看,分行排列、富有韵律;从写作手法上看,思维跳跃,意境深远。朗诵时要根据古典诗歌特点,把握诗词意象,重点强调韵味、节奏和意境。朗诵者要对作品特定的创作背景、独特的声律音韵、丰富的意象呈现、优美的情境描绘、复杂的情感变幻等进行深入理解和感受,通过想象,形成"内心视像",把握好作品的情感基调,再用声音和技巧来塑造、传达。朗诵古典诗歌特别要注意以下三点:

一是想象。诗是沿着想象之路高歌而来的。在朗诵时,需要深入地想象作品、想象作者。

二是把握情感基调。朗诵本是声情物。"感人心者莫先乎情",尤其是诗歌,以抒情见长,声随情出,情以声遣。基调是作品的总的态度感情,基调的把握和运用直接影响表达效果。如毛泽东《沁园春·雪》,基调是热情洋溢、豪迈奔放、大气磅礴。

三是有技巧表达。平仄和押韵是古典诗歌朗诵产生艺术感染力的两个要素。古典诗歌的格律体现了汉语言鲜明的音乐性,客观上为有声语言表达提供了得天独厚的条件。

朗诵古典诗歌的技巧如下:

(1) 按诗词格律要求,读准字音,诵出节奏。

普通话的四声是阴阳上去,古音的四声是平上去入。朗诵以普通话语音为标准,在特殊语境中个别字音可酌情变用古音(如落在韵脚上的字),以求和谐悦耳,如"远上寒山石径斜"中"斜"读 xiá。

朗诵古典诗歌基本规则是语速稳缓、音步分明、强调字意、韵律合辙。根据诗歌内容划分节拍。五言诗一般每句两顿,三个节拍,两长一短;七言诗有两顿,也有三顿,比较灵活。歌行体或排律篇幅较长,大多具有叙事性,容易产生吸引力,适合现场朗诵表演,如《春江花月夜》《琵琶行》《长恨歌》等。通过朗诵以下四首古典诗歌来体会这一要点。

绝句

〔唐〕杜甫

两个/黄鹂/鸣/翠柳,一行/白鹭/上/青天。

窗含/西岭/千秋/雪,门泊/东吴/万里/船。

送杜少府之任蜀州

〔唐〕王勃

城阙/辅/三秦,风烟/望/五津。

与君/离别/意,同是/宦游/人。

海内/存/知己,天涯/若/比邻。

无为/在/歧路,儿女/共/沾巾。

登金陵凤凰台

〔唐〕李白

凤凰/台上/凤凰/游,凤去/台空/江/自流。

吴宫/花草/埋/幽径,晋代/衣冠/成/古丘。

三山/半落/青天/外,一水/中分/白鹭/洲。

总为/浮云/能/蔽日,长安/不见/使人/愁。

卜算子

〔宋〕李之仪

我住/长江头,君住/长江尾。日日/思君/不见君,共饮/长江水。

此水/几时休,此恨/何时已。只愿/君心/似我心,定不负/相思意。

（2）运用吐字归音方法，诵出韵味，诵出意境。

古典诗歌，特别是唐代及以后的诗词讲究韵律和音乐感，尤其是韵脚，以及平仄、词性，体现出古诗的对仗和工整。在朗诵中必须将吐字归音方法运用到每个字词中，才能将诗词中的深意与韵味表达出来。

意境是作者真实的主观情意与客观物境相互交融形成的能感发心灵的艺术境界。朗诵者通过确立身份感和对象感，体味文字作品的价值，同作品意相连、气相通，赋予文字语言丰富的色彩、灵动的活力，达到情、气、声、意融为一体。

例如，朗诵张若虚"孤篇压倒全唐"的《春江花月夜》：

春江花月夜

〔唐〕张若虚

春江潮水连海平，海上明月共潮生。

滟滟随波千万里，何处春江无月明。

江流宛转绕芳甸，月照花林皆似霰。

空里流霜不觉飞，汀上白沙看不见。

江天一色无纤尘，皎皎空中孤月轮。

江畔何人初见月，江月何年初照人。

人生代代无穷已，江月年年只相似。

不知江月待何人，但见长江送流水。

白云一片去悠悠，青枫浦上不胜愁。

谁家今夜扁舟子？何处相思明月楼？

可怜楼上月徘徊，应照离人妆镜台。

玉户帘中卷不去，捣衣砧上拂还来。

此时相望不相闻，愿逐月华流照君。

鸿雁长飞光不度，鱼龙潜跃水成文。

昨夜闲潭梦落花，可怜春半不还家。

江水流春去欲尽，江潭落月复西斜。

斜月沉沉藏海雾，碣石潇湘无限路。

不知乘月几人归？落月摇情满江树。

诗人以月为主体，以江为场景，凭借对春江花月夜的描绘，尽情赞美大自然的绮丽景色，讴歌人间纯洁的爱情，抒发富有哲理意味的人生感慨，融诗情、画意、哲理为一体。全诗的基调"哀而不伤"。朗诵时要创造性感受和传达诗情随"月"这一情景交融之物的起伏曲折，产生丰富的内心视像，并随视像变换产生丰富的时空变换感。在描述场景时加入虚声成分，以表现月夜的空幻、迷离；在朗诵哲理部分采用实声，表现出深沉、凝重的沉思意味。用声音技巧变化将深远、恢宏的意境美与哲理美表现出来，使语音与韵味的变化切合诗情的起伏，使声情与诗情丝丝入扣，婉转谐美。

（3）根据诗词结构模式，运用技巧，体现内涵。

朗诵时要了解诗词结构模式，运用合适的语气，把整首诗词内涵表现出来。如朗诵苏轼的《念奴娇·赤壁怀古》。上阕要表现大江的雄奇险峻以及古战场的气氛和声势。朗诵首句"大江东去，浪淘尽，千古风流人物"，要形成视像，仿佛见到长江的喷薄浪涛，以声音渐强的方式推进到"千古风流"为高点，逐步降下进入描述，到末句"江山如画，一时多少豪杰"再上扬。下阕要特别注意对周瑜的赞叹和怀念。"遥想公瑾当年，小乔初嫁了，雄姿英发"，凸显周瑜年轻英俊与春风得意，语言应豪放而不失风情，刚中有柔。"羽扇纶巾""樯橹灰飞烟灭"等回忆战争场面的几句语速稍快，一气呵成。"多情应笑我"及结尾句，不要显得太伤感，苏轼把周瑜和自己放在整个江山历史中观照，当年潇洒从容又声名盖世的周瑜同样被大浪淘尽，朗诵时要兼有感奋和感伤两重色彩，切勿让词末的感伤掩盖全词的豪放气派。

三、掌握不同类型现代诗歌的朗诵技巧

中国现代诗歌是一种用丰富新奇的想象和富有节奏、韵律的语言,高度概括地歌唱生活、抒发感情的文学体裁。

现代诗歌的特点是形式自由、分行排列;高度概括、形象鲜明;抒情浓烈、音韵和谐。相对于古诗,在字数、平仄、押韵、对仗等方面的要求不太严,比较自由。

现代诗歌和时代脉搏息息相通,一批脍炙人口的精品力作,以优美的意境、深切的情感或高昂的声势被广为传诵。诵读这些作品,诗人的热切情怀、文学的丰富意蕴和汉语语音的强大魅力就融为一体,彰显着强烈的精神震撼力和文化穿透力。

朗诵现代诗歌时需掌握三个要点:

一是把握思想内容,确定情感基调。

二是根据情感需要,确定朗诵节奏。

三是根据诗歌特点,确定表达技巧。

现代诗歌朗诵要打破诗行与标点符号的限制,正确处理好停顿、重音、语速等技巧,节奏自然、鲜明,把诗歌的韵律美、意境美传达出来。

朗诵现代诗歌的主要步骤如下:

第一,选择诗歌。

选择语言有形象性、主题积极,适合朗诵情境、适合朗诵者自身特点的诗歌。

第二,理解诗歌。

理解内容——读准字音、解词析句、掌握意思。

了解创作——作者简况、创作背景、表达主旨。

体味角色——找出意象、进入诗境、把握基调。

第三,表达诗歌。

感受形象——诗词场景、生活经验、展开想象(形成内心视像)。

以声传情——朗诵技巧、态势语、真挚情感。

融情入诗——以声传情、以情激情。

现代诗歌按照内容的表达方式,可以分为抒情诗、叙事诗和哲理诗。在朗诵时要根据不同诗歌特点,按照上面几个步骤,运用好朗诵的技巧来表达。

(1)抒情诗。抒情诗以表现主观情感、抒怀咏志为主,它通过抒发诗人的思想感情来反映社会生活,对客观事物的再现要服从于主观内心世界的表现,不要求描述完整的故事情节和人物形象。如林徽因的《你是人间的四月天》、舒婷的《祖国啊,我亲爱的祖国》、海子的《面朝大海,春暖花开》等。

以《你是人间的四月天》朗诵为例,这首诗用四月天来抒发人世间的爱,真挚、感人、温暖。诗歌讲求格律的和谐,语言的雕塑美和音律的乐感。朗诵时要通过想象,多感官合作,把诗人笔下四月天的美景呈现在脑海中,体味众多意象带来的这份美好和情感,细心体会诗人心中的喜悦之情;把握好诗歌语言的特点,以轻快的节奏和甜美的语音传递爱意,用虚实、轻重结合等方法表达好平行句子中的差别来。

你是人间的四月天

林徽因

我说你是人间的四月天;

笑响点亮了四面风;轻灵

在春的光艳中交舞着变。

你是四月早天里的云烟,

黄昏吹着风的软,星子在

微课

现代诗歌的朗诵

音频

《你是人间的四月天》朗诵

无意中闪,细雨点洒在花前。

那轻,那娉婷,你是,鲜妍
百花的冠冕你戴着,你是
天真,庄严,你是夜夜的月圆。

雪化后那片鹅黄,你像;新鲜
初放芽的绿,你是;柔嫩喜悦
水光浮动着你梦期待中白莲。

你是一树一树的花开,是燕
在梁间呢喃,——你是爱,是暖,
是希望,你是人间的四月天!

（2）叙事诗。叙事诗中有比较完整的故事情节和人物形象,但不强调细致的描写,通常以诗人满怀激情的歌唱方式来表现人物的感受及情感,一般兼有叙事和抒情双重手法。如艾青的《大堰河,我的保姆》、李季的《王贵与李香香》、刘家魁的《因为我是母亲》等。

朗诵叙事诗,要显示"诗"的风貌,处理好节奏韵律;把握"事"的脉络;调控"叙"的状态,突出语气的交流感和叙说的写意性。

以刘家魁《因为我是母亲》节选部分内容朗诵为例,在朗诵时,要抓住诗歌中表达母亲内心感受和情景的关键性词语"枯坐""凝望""暗淡""最后的目光",形成内心视像,再通过与母亲倾听儿子脚步声"独特的声响"、踩在"心尖上",形成对比,感受母亲对儿子的期盼、无奈,感受叙事诗朗诵特点。彰显声音和诗歌的魅力!

因为我是母亲（节选）

刘家魁

我枯坐窗前,枯坐在生命的尽头
向西凝望,那渐渐暗淡的晚霞
如我望向这个世界最后的目光
······
我在倾听我儿子的脚步声
那是我曾听了整整五十年的独特的声响
我听得出来! 我能从十二亿人
哦不! 我能从六十亿人的脚步声中
一下子就听出我儿子的足音
五十年了,他所走的每一步
都踩在我的心尖上

这是最后的倾听了,但我听见的
是窗外带雪的北风的怒吼
——你这个老太婆怎么还活着?
你还在这里痴心妄想着什么
你的儿子早已将你遗忘······

（3）哲理诗。哲理诗以阐发事理为宗旨,大多将哲学的抽象哲理含蕴于鲜明的艺术形象中,内容凝练隽永、情感深沉持重、意象鲜明生动、语言朴实无华。如顾城的《一代人》、戴望舒的《寻梦者》、卞之琳的《断章》等。

断章

卞之琳

你站在桥上看风景，

看风景的人在楼上看你。

明月装饰了你的窗子，

你装饰了别人的梦。

《断章》是意蕴丰富而又朦胧的一首现代诗歌。诗人通过对"风景"的刹那间感悟,涉及了"相对性"的哲理命题。

朗诵哲理诗的要点是高屋建瓴,沉稳从容,语言具有思辨状态、理性色彩和阐述基调;情潜意显,声平语重。

📝 学习任务单

根据已学知识完成下列学习任务单。

基础知识任务单 2-3-4　掌握诗歌的特点和朗诵技巧

姓名:＿＿＿＿＿＿　学号:＿＿＿＿＿＿　评分人:＿＿＿＿＿＿　评分:＿＿＿＿＿＿

一、判断题(20 分)

1. 充满感情是诗歌最基本的特征。(　　)

2. 现代诗歌的特点是形式自由、分行排列;高度概括、形象鲜明;抒情浓烈、音韵和谐。(　　)

3. 现代诗歌朗诵要打破诗行与标点符号的限制,正确处理好停顿、重音、语速等技巧,节奏自然、鲜明,把诗歌的韵律美、意境美传达出来。(　　)

4. 朗诵哲理诗的要点是高屋建瓴,沉稳从容,语言具有思辨状态、理性色彩和阐述基调;情潜意显,声平语重。(　　)

二、填空题(20 分)

1. 诗歌根据表达方式不同,可以分为＿＿＿＿、叙事诗和哲理诗等。

2. 中国现代诗歌是一种用丰富新奇的想象和富有节奏、＿＿＿＿的语言,高度概括地歌唱生活、抒发感情的文学体裁。

3. 现代诗歌按照内容的表达方式,可以分为抒情诗、＿＿＿＿和哲理诗。

4. 抒情诗最大的特点就是＿＿＿＿,或借人、借事,或借情、借景来表达诗人的内心世界,抒怀咏志。

技能演练任务单 2-3-4　掌握诗歌的特点和朗诵技巧

姓名:＿＿＿＿＿＿　学号:＿＿＿＿＿＿　评分人:＿＿＿＿＿＿　评分:＿＿＿＿＿＿

一、要求

① 个人根据题目要求进行作品朗诵演练。

② 分小组练习展示,相互点评。

③ 录制诗歌朗诵视频,提交至学习通平台分享。

二、主题

1. 以毛泽东的《沁园春·雪》为例,在朗诵前思考下"我是谁""我的目的是什么"和"我如何做"三个问

题,尝试朗诵,并与组内同学交流。(20分)

沁园春·雪

毛泽东

北国风光,千里冰封,万里雪飘。

望长城内外,惟余莽莽;大河上下,顿失滔滔。

山舞银蛇,原驰蜡象,欲与天公试比高。

须晴日,看红装素裹,分外妖娆。

江山如此多娇,引无数英雄竞折腰。

惜秦皇汉武,略输文采;唐宗宋祖,稍逊风骚。

一代天骄,成吉思汗,只识弯弓射大雕。

俱往矣,数风流人物,还看今朝。

2. 请同学们根据古典诗歌朗诵的要点,练习朗诵《诗经·周南·桃夭》和柳永《雨霖铃》等,感受诗词之美,传达美好情意。(20分)

诗经·周南(1)·桃夭

桃之夭夭(2),灼灼其华(3)。之子于归(4),宜其室家(5)。

桃之夭夭,有蕡其实(6)。之子于归,宜其家室。

桃之夭夭,其叶蓁蓁(7)。之子于归,宜其家人(8)。

词句注释:

(1) 周南:《诗经》"十五国风"之一,今存十一篇。

(2) 夭夭:花朵怒放,茂盛美丽,生机勃勃的样子。

(3) 灼灼:花朵色彩鲜艳如火,明亮鲜艳,闪耀的样子。华:同"花",指盛开的花。

(4) 之子:这位姑娘。指出嫁的女子。之,此,这。于归:姑娘出嫁。于,虚词,用在动词前;一说往。归,古代把丈夫家看作女子的归宿,故称"归"。

(5) 宜:和顺、亲善。室家:家庭,家族。此指夫家,下文的"家室""家人"均指夫家。

(6) 有蕡(fén):即蕡蕡,草木结实很多的样子。此处指桃实肥厚肥大的样子。蕡,果实硕大的样子。

(7) 蓁(zhēn)蓁:树叶繁密的样子。这里形容桃叶茂盛。

(8) 家人:与"家室"义同。变换字以协韵。

雨霖铃

〔宋〕柳永

寒蝉凄切,对长亭晚,骤雨初歇。都门帐饮无绪,留恋处,兰舟催发。执手相看泪眼,竟无语凝噎。念去去,千里烟波,暮霭沉沉楚天阔。

多情自古伤离别,更那堪,冷落清秋节!今宵酒醒何处?杨柳岸,晓风残月。此去经年,应是良辰好景虚设。便纵有千种风情,更与何人说?

《雨霖铃》是柳永著名的代表作。这首词是词人在仕途失意,不得不离京都(汴京,今河南开封)时写的,是表现江湖流落感受中很有代表性的一篇。词以冷落凄凉的秋景作为衬托来表达和情人难以割舍的离情,写离情别绪,达到了情景交融的艺术境界。宦途的失意和与恋人的离别,两种痛苦交织在一起,使词人更加感到前途的暗淡和渺茫。

3. 选择练习朗诵当代诗人食指的《相信未来》或欧震的《青春中国》,以声传情,从朗诵中感受作品抒写的真挚情怀,体悟诗歌语言的魅力、思想的力量和审美的价值,实现对真、善、美的追求。(20分)

相信未来

食指

当蜘蛛网无情地查封了我的炉台,

当灰烬的余烟叹息着贫困的悲哀,

我依然固执地铺平失望的灰烬,

用美丽的雪花写下：相信未来。

当我的紫葡萄化为深秋的露水，
当我的鲜花依偎在别人的情怀，
我依然固执地用凝霜的枯藤
在凄凉的大地上写下：相信未来。

我要用手指那涌向天边的排浪，
我要用手掌那托住太阳的大海，
摇曳着曙光那枝温暖漂亮的笔杆，
用孩子的笔体写下：相信未来。

我之所以坚定地相信未来，
是我相信未来人们的眼睛——
她有拨开历史风尘的睫毛，
她有看透岁月篇章的瞳孔。

不管人们对于我们腐烂的皮肉，
那些迷途的惆怅，失败的苦痛，
是寄予感动的热泪、深切的同情，
还是给以轻蔑的微笑、辛辣的嘲讽。

我坚信人们对于我们的脊骨，
那无数次的探索、迷途、失败和成功，
一定会给予热情、客观、公正的评定，
是的，我焦急地等待着他们的评定。

朋友，坚定地相信未来吧，
相信不屈不挠的努力，
相信战胜死亡的年轻，
相信未来、热爱生命。

三、活动过程记录

四、小组建议反馈

《青春中国》
朗诵

音频

反思评价

1. 反思

请结合本次学习要点及技能演练内容,思考不同类型诗歌朗诵的主要技巧有哪些。

2. 评价

请你对本次任务进行评价。

评价表 2-3-4 掌握诗歌的特点和朗诵技巧

内 容	评 分
1. 对诗歌特点的认知、理解程度	☆☆☆☆☆
2. 对不同类型诗歌朗诵技巧的把握和实际表现效果	☆☆☆☆☆
3. 经过本次任务的学习,说一说自己在诗歌朗诵方面还存在哪些难点	

支持链接

1. 欣赏张家声的诗歌朗诵视频《人民万岁》,学习借鉴朗诵技巧,品味诗歌之美,厚植家国情怀。
2. 扫描二维码了解幼儿诗歌的朗诵技巧,指导幼儿朗诵好幼儿诗歌。

幼儿诗歌的朗诵技巧

任务五 掌握散文的特点和朗诵技巧

任务描述

散文是文学作品体裁之一,一般是篇幅短小、题材多样、形式自由、情文并茂且富有意境的文章。散文通常是通过叙述、描写、抒情、议论等表达方式,创造出一种自由灵活、形散神凝、生动感人的艺术境界。朗诵散文,要了解散文的特点,掌握散文朗诵的要点,通过对不同类型散文作品的理解、感受,用声音技巧表达出作品的思想情感和艺术之美,要突出作品的真实美、神韵美、意境美和语言美。

要点学习

散文的特点及朗诵方法

一、散文的特点及朗诵方法

1. 散文的特点

散文是通过记人或记事、写景或状物来抒发作者思想感情、揭示社会意义的一种文学作品,一般篇幅短小、题材多样、形式自由、情文并茂且富有意境。

（1）题材广泛，细微见长。散文取材自由，尤其以写细小、片段、零散的事物见长。如贾平凹《丑石》、峻青《第一场雪》等。

（2）强调写真，忌讳虚假。散文崇尚真实，所写内容基本是真人、真事、真情、真景、真物，它能提供其他文学所不可取代的真实生活层面，给人以启迪与滋养。如莫怀戚《散步》、张抗抗《牡丹的拒绝》等。

（3）形散神聚，立意精巧。散文"形散"，不仅是题材广泛，取材自由，更强调表现手法上的不拘一格，记叙、抒情、议论常融为一体，表达作者对人生或自然的特殊感悟。"神聚"主要从散文立意方面说的，表达主题必须集中，在结构上借助一定的线索把素材贯穿成一个整体。散文中常见线索有感情、事物、任务、思绪、景物、行动线索等。如叶圣陶《苏州园林》、林清玄《和时间赛跑》等。

（4）优美凝练，富于文采。"优美"是指散文语言清新明丽，生动活泼，富有音乐感；"凝练"是说散文语言简洁质朴，自然流畅，寥寥数语就能描绘生动形象、动人场景、深远意境。如茨威格的《世间最美的坟墓》、朱自清的《绿》等。

2. 散文朗诵的特点

散文分类方法不止一种。散文从创作时间上分，可分为古代散文和现代散文。散文具有记叙、抒情、议论功能，与此相应，散文又可分为抒情性散文、记叙性散文和议论性散文。散文的特点和类别，客观上决定了散文朗诵的特点和方法。

散文是"集诸美于一身"的文学体裁。总体来说，散文朗诵要用朴实、真切的声音表达真情实感。要突出"四美"：

（1）突出真实美。散文以"感悟"为灵魂。朗诵者必须进入"我"的角色，让自己感觉就是作者在与听众交流。

（2）突出神韵美。形散是散文的表象，神聚才是实质。朗诵者要理清散文线索，把握神韵，将其融入自己的表达中，启发感染听者，使其产生情感共鸣。

（3）突出意境美。朗诵者既要注意意境的渲染，又要注意感情的抒发，将情、景、意有机结合，更好展现散文的"诗情画意"的意境之美。

（4）突出语言美。散文的文字负载作者所要传达的内容、负载作者的精神与人格。朗诵者要突出其语言的婉转、清新以及如沐春风的娓娓叙谈的风格。如朗诵朱自清先生的散文《绿》：

《绿》是朱自清创作的一篇写景散文。全文以热情的笔调，对梅雨潭的景物进行了细致的描写，颂扬了祖国大自然的绚丽风光，写得清新细腻、漂亮缜密、精致玲珑、诗意盎然，表达了作者对美好境界的赞美和追求。

绿（节选）

朱自清

我第二次到仙岩的时候，我惊诧于梅雨潭的绿了。

梅雨潭是一个瀑布潭。仙岩有三个瀑布，梅雨瀑最低。走到山边，便听见哗哗哗哗的声音；抬起头，镶在两条湿湿的黑边儿里的，一带白而发亮的水便呈现于眼前了。

……

那瀑布从上面冲下，仿佛已被扯成大小的几绺；不复是一幅整齐而平滑的布。岩上有许多棱角；瀑流经过时，作急剧的撞击，便飞花碎玉般乱溅着了。那溅着的水花，晶莹而多芒；远望去，像一朵朵小小的白梅，微雨似的纷纷落着。据说，这就是梅雨潭之所以得名了。

梅雨潭闪闪的绿色招引着我们；我们开始追捉她那离合的神光了。揪着草，攀着乱石，小心探身下去，又鞠躬过了一个石穹门，便到了汪汪一碧的潭边了。

……

站在水边,望到那面,居然觉着有些远呢!这平铺着,厚积着的绿,着实可爱。她松松的皱缬着,像少妇拖着的裙幅;她轻轻的摆弄着,像跳动的初恋的处女的心;她滑滑的明亮着,像涂了"明油"一般,有鸡蛋清那样软,那样嫩,令人想着所曾触过的最嫩的皮肤;她又不杂些儿尘滓,宛然一块温润的碧玉,只清清的一色——但你却看不透她!

……

3. 散文的朗诵方法

在具体朗诵每篇散文作品时,一般考虑以下方法:

(1) 根据散文特点,确定总体风格。作者观察世界万物,从中有所感悟,借助散文抒发自己感想。朗诵过程是看、想、感悟、表达的过程。散文朗诵总体基调是平缓的,多用中等语速、柔和的音色,一般用拉长而不用加重的方法来强调重音。如朗诵朱自清的《春》、茅盾的《白杨礼赞》等。

(2) 根据散文类型,确定朗诵基调。如古代散文,有特殊的文体、句式和音韵要求,朗诵时要了解其语言结构特点,以免读破辞章,切断文意。如朗诵苏轼的《前赤壁赋》和范仲淹的《岳阳楼记》,就要了解赋的特点和记的特点。

(3) 根据作品特点,诵出内涵韵味。要根据散文作品的结构,形成统一感受;根据作品情感脉络,确定表现手法,诵出节奏和韵律美。如朱自清的《春》《绿》和《荷塘月色》等,虽然都是写景,但因景不同,情感有别,内涵韵味都不一样,在朗诵时要分别呈现。

散文朗诵的方法要综合考虑、灵活运用,需结合具体作品朗诵来学习体会。

二、不同类型散文的朗诵技巧

1. 抒情性散文的朗诵

抒情性散文是抒发作者主观情感的散文。富有情感是所有散文的特征,但抒情性散文情感更强,想象更丰富,语言更具有诗意。托物言志和借景抒情是最常用手法。抒情性散文语言优美,比较口语化,虽不讲究韵律和音律,却常给人以诗的意境和感觉。

抒情性散文的朗诵重在情感表达充分,朴实自然,给人以贴近感,应做到真情、朴实、细腻、舒缓,语言舒展、亲切,声音轻柔,气息绵长,展现散文优美的情致和意境,情感表达如涓涓细流浸润听众心田。朗诵时既要通过轻重、快慢、高低等来展现散文的美,又要区别于诗歌,尽量做到口语化、生活化。

例如,张秋生的散文《妈妈睡了》,以孩童的眼睛和心灵,细致地观察着妈妈睡着了的眼睛、嘴巴、笑容、呼吸、头发,细腻地体会着妈妈的"美丽""温柔""好累"。孩子爱妈妈,是通过孩子对妈妈的直接观察来表现的;妈妈爱孩子,是通过孩子观察时的想象来反映的。

妈妈睡了

张秋生

妈妈睡了。妈妈哄我午睡的时候,自己先睡着了,睡得好熟,好香。

睡梦中的妈妈真美丽。明亮的眼睛闭上了,紧紧地闭着;弯弯的眉毛,也在睡觉,睡在妈妈红润的脸上。

睡梦中的妈妈好温柔。妈妈微微地笑着。是的,她在微微地笑着,嘴巴、眼角都笑弯了,好像在睡梦中,妈妈又想好了一个故事,等会儿讲给我听……

睡梦中的妈妈好累。妈妈的呼吸那么沉。她乌黑的头发粘在微微渗出汗珠的额头上。窗外,小鸟在唱着歌,风儿在树叶间散步,发出沙沙的响声,可是妈妈全听不到。她干了好多活,累了,乏了,她真该好好睡一觉。

朗诵时就要以亲切、自然、轻柔、舒缓、实虚相间,充满真情和爱意的声音,表达出孩子看着妈妈熟睡时的所思所想,对妈妈的纯洁无瑕的爱意。如"睡得好熟,好香"等要用轻读的方式表达重音,传达孩子对妈妈的爱,激起听众的情感共鸣,使听众被文中的孩子感动,为文中的妈妈而欣慰、自豪。

朱自清先生的《荷塘月色》(节选):

微课

不同类型散文
的朗诵训练

音频

《妈妈睡了》朗诵

沿着荷塘，是一条曲折的小煤屑路。↘这是一条幽僻的路；↘白天也少人走，夜晚更加寂寞。↘荷塘四面，长着许多树，蓊蓊郁郁的。↘路的一旁，是些杨柳，和一些不知道名字的树。↘没有月光的晚上，这路上阴森森的，有些怕人。↗今晚却很好，虽然|月光也还是淡淡的……→

曲曲折折的荷塘上面，弥望的是田田的叶子。↘叶子出水很高，像亭亭的舞女的裙。↗层层的叶子中间，零星地点缀着些白花，有袅娜地开着的，有羞涩地打着朵儿的；↘↗正如一粒粒的明珠，又如碧天里的星星，又如刚出浴的美人。↗微风过处，送来缕缕清香，仿佛远处高楼上渺茫的歌声似的。↘这时候叶子与花也有一丝的颤动，像闪电般，霎时传过荷塘的那边去了。↘叶子本是肩并肩密密地挨着，这便宛然有了一道凝碧的波痕。↗叶子底下是脉脉的流水，遮住了|不能见一些颜色，↘而叶子却更见|风致了。↘

节选的内容集中在对荷塘月色和月下荷塘景致的描摹上。作者从平视到俯视，由远及近，从上到下地描绘了荷塘月色的风光，层次里又有层次，整个画面有立体渗透感；同时又把动静、虚实、浓淡、疏密巧妙地结合在一起，使整个画面色彩均匀悦目，氤氲了浓郁的诗意。朗诵时，要仔细体味，敏锐感受，发挥联想，出现内心视像，用浓情的语感，用声音的轻重、舒缓、虚实、远近、高低的变化，抒情地读出那一幅幅幽远宁静、声色俱全、可感可触的艺术画面。

2. 记叙性散文的朗诵

记叙性散文以记叙人物、事件、景物为主，叙事性较强，人物形象鲜明，描写景物倾注作者的情感。记叙性散文可分为记事散文、记人散文和写景散文，如许地山《落花生》、鲁迅《藤野先生》、俞平伯《桨声灯影里的秦淮河》等。记叙性散文虽写人物和事件、景物，但遵从写意风格，对人、事和景，点到为止，真实而不夸饰。朗诵记叙性散文，要抓住作品的发展线索，注意具体立意，注意朗诵技巧的细腻表达、情态理义的点染得体，要处理好叙述、描写、抒情、议论的不同语调，求"神似"而不是"声似"。以萧红的写景散文《火烧云》为例：

火烧云
萧红

晚饭过后，火烧云上来了。霞光照得小孩子的脸红红的，大白狗变成红的了，红公鸡变成金的了，黑母鸡变成紫檀色的了。喂猪的老头儿在墙根站着，笑盈盈地看着他的两头小白猪变成小金猪了。他刚想说："你们也变了……"旁边走来个乘凉的人，对他说："您老人家必要高寿，您老是金胡子了。"

天上的云从西边一直烧到东边，红彤彤的，好像是天空着了火。

这地方的火烧云变化极多，一会儿红彤彤的，一会儿金灿灿的，一会儿半紫半黄，一会儿半灰半百合色。葡萄灰，梨黄，茄子紫，这些颜色天空都有，还有些说也说不出来、见也没见过的颜色。

一会儿，天空出现一匹马，马头向南，马尾向西。马是跪着的，像是在等人骑到它的背上来似的。过了两三秒钟，那匹马大起来了。马腿伸开了，马脖子也长了，一条马尾巴可不见了。看的人正在寻找马尾巴，那匹马就变模糊了。

忽然又来了一条大狗。那条狗十分凶猛，它在前面跑着，后边似乎还跟着好几条小狗。跑着跑着，小狗不知跑哪里去了，大狗也不见了。

接着又来了一头大狮子，跟庙门前的大石头狮子一模一样，也是那么大，也是那么蹲着，很威武很镇静地蹲着。可是一转眼就变了，想要再看到那头大狮子，怎么也看不到了。

一时恍恍惚惚的，天空里又像这个，又像那个，其实什么也不像，什么也看不清了。必须低下头，揉一揉眼睛，沉静一会儿再看。可是天空偏偏不等待那些爱好它的孩子。一会儿工夫，火烧云下去了。

在《火烧云》中，著名女作家萧红以其热情酣畅的笔墨勾画了一幅绚丽多姿的火烧云图景，让我们感受到大自然的美妙与神奇。

文章写了火烧云上来和下去的全过程，重点写"上来"部分，先写火烧云上来时，大地笼罩在柔和明亮的霞光中，万物都改变了自己原有的颜色，第一自然段中，作者连用七个"……了"的句子，不仅展示了

音频
《荷塘月色》
（节选）朗诵

音频
《火烧云》朗诵

栩栩如生的美景,同时渲染了人们欢乐的心境。朗诵时,"大白狗""红公鸡""黑母鸡"一句一气呵成,描绘天空中一大片以红色为基调的云霞变化多端,读出壮美的气势;其余几句以不疾不徐的语速呈现这一幅幅的美景图:"红红的""红的""金的""紫檀色的""小金猪""金胡子"这几个表示颜色的词读重音,突出颜色的瑰丽。

在第四至第六自然段,在渲染了色彩之后,又描写了火烧云各种奇妙的形态,向我们勾勒出三幅动态的画面:跪着的马、凶猛的狗、威武的狮子,而且十分传神地写出火烧云瞬息之间由小到大,由清楚到模糊、最后不见的变幻过程。朗诵时,以描述的语气表达,先是比较平缓的语调,朗读到"马大起来了"后,语调相应地往上走,"马就变模糊了"语调回落。其中"出现""跪着""站起来""大起来""伸开""也长了""不见了""变模糊"这几个词要重读,强调出马的动态变化。"忽然/又来了/一条大狗。那条狗/十分凶猛,它在前面/跑着,后边/似乎还跟着/好几条小狗。跑着跑着,小狗/不知跑/哪里去了,大狗/也不见了。""忽然"语速转快,表明"大狗"出现得毫无征兆,紧接着以昂扬、冲撞的气息读出"大狗"的凶猛气势,"跑着跑着"放慢语速,语调也渐趋平稳,"不知""也不见了"轻声慢读,读出"神秘消失"的感觉。

作者采用动静结合的方式,描写了火烧云色彩瑰丽、奇幻无比。通过理解和感受它的无穷变化,把握全文朗诵基调是热烈的、奔放的,语势忽而平缓,忽而欢快,忽而沉静,忽而高亢,形成"嘈嘈如急雨,切切如私语"的朗诵美感。

3. 议论性散文的朗诵

议论性散文以发表议论为主,是议论说理散文,也叫哲理散文。议论性散文重理智,但不是用事实和逻辑来说理,而主要用文学形象来说话,是一种文艺性的议论文,融形、情、理于一体。朗诵时要用亲切的语气和平缓的语调,让听者细心品味、深刻反思而受到教益。如陶铸《松树的风格》、谢冕《读书人是幸福人》等。以台湾作家张晓风的散文《敬畏生命》为例:

敬畏生命
张晓风

那是一个夏天的长得不能再长的下午,在印第安纳州的一个湖边。我起先是不经意地坐着看书,忽然发现湖边有几棵树正在飘散一些白色的纤维。大团大团的,像棉花似的,有些飘在草地上,有些飘入湖水里。我当时没有十分注意,只当是偶然风起所带来的。可是,渐渐地,我发现情况简直令人吃惊。好几个小时过去了,那些树仍旧浑然不觉地在飘送那些小型的云朵,倒好像是一座无限的云库似的。整个下午,整个晚上,漫天都是那种东西。第二天的情形完全一样,我感到诧异和震撼。

其实小学的时候就知道有一类种子是靠风力吹动纤维播送的。但也只是知道一道测验题的答案而已。那几天真的看到了,满心所感到的是一种折服,一种无以名之的敬畏。我几乎是第一次遇见生命——虽然是植物的。

我感到那云状的种子在我心底强烈地碰撞上什么东西。我不能不被生命豪华的、奢侈的、不计成本的投资所感动。也许,在不分昼夜的飘散之余,只有一颗种子足以成荫,但造物主乐于做这样惊心动魄的壮举。

我至今仍然在沉思之际想起那一片柔媚的湖水,不知湖畔那群种子中有哪一颗成了小树。至少,我知道,有一颗已经成长。那颗种子曾遇见了一片土地,在一个过客的心之峡谷里蔚然成荫,教会她怎样敬畏生命。

植物凭借风传递种子而得以延续生命、繁殖生命本是一件再自然、普通不过的事了,作者却从那接连不断飘送的"白色的纤维"中深深洞觉出这些小生命的百折不挠、顽强不屈的韧性和旺盛的活力:它们不遗余力地寻求生存的机会和空间,它们对生命的珍视、热爱,震撼着作者当时闲适宁静的心绪,它们的生命形式和生命内涵令作者敬佩不已,也使她感悟到生命的可敬。作家仅仅捕捉住人生一瞬间看到的景致,寥寥数笔就将生命最为动人的魅力展露无遗。

朗诵这篇散文时,对于那一个夏天的下午的所见叙述,整体要用平缓的语调表达,但其中"长得不能再长""忽然"等要重音强调。对所见的"大团大团的""像棉花似的"等内容,要形成内心视像,用有现场描述感的语气,加上重音、停顿、节奏和由近及远的变化,表达出那种生命的力量和壮美。朗诵"满心所感到的是一种折服,一种无以名之的敬畏。我几乎是第一次遇见生命——虽然是植物的。""至少,我知道,有一颗已经成长。""教会她怎样敬畏生命。"等内容,要用表示肯定、感叹的降调,表达出对那些看似弱小的自然界的生命的敬畏。由此,感受到作者巧妙地借自然界的生物婉转地表达了她的思绪,其心灵的波动所产生的强大的感染力引领着我们一同进入她的情感和思维空间,共同品味、思悟生命的伟大和内涵。

作家因为对自然界和人生的细致观察和体悟,写出了精美的散文。朗诵时要进入作品,理解和感受作品,再运用声音技巧,自然动情地传达出作品和作家的思想情感。练习朗诵散文,要根据所选作品的类型特点,结合作品的创作背景、思想内容和情、景、理的呈现方式,运用不同的朗诵技巧来表达。

📝 学习任务单

根据已学知识完成下列学习任务单。

基础知识任务单 2-3-5　掌握散文的特点和朗诵技巧

姓名:_____　学号:_____　评分人:_____　评分:_____

一、判断题(10 分)

1. 散文通常是通过叙述、描写、_____、议论等各种表现手法,创造出一种自由灵活、形散神凝、生动感人的艺术境界。

2. 朗诵散文,要突出真实美、_____、意境美和语言美。

二、判断题(20 分)

1. 散文形散神聚,立意精巧。形散是散文的表象,神聚才是实质。(　　)

2. 散文朗诵要用朴实、真切的声音表达真情实感。(　　)

3. 朗诵散文,要根据作品特点,诵出内涵韵味。(　　)

4. 朗诵哲理诗的要点是:高屋建瓴,沉稳从容,语言具有思辨状态、理性色彩和阐述基调;情潜意显,声平语重。(　　)

技能演练任务单 2-3-5　掌握散文的特点和朗诵技巧

姓名:_____　学号:_____　评分人:_____　评分:_____

一、要求

① 个人根据题目要求进行作品朗诵演练。

② 分小组演练展示,相互点评。

③ 录制散文朗诵视频,提交至学习通平台进行分享。

二、主题

1 练习朗诵范仲淹的《岳阳楼记》,体会记的特点,掌握古代散文朗诵技巧。(30 分)

岳阳楼记

〔宋〕范仲淹

庆历四年春,滕子京谪守巴陵郡。越明年,政通人和,百废具兴,乃重修岳阳楼,增其旧制,刻唐贤今人诗赋于其上,属予作文以记之。

🔊音频

《岳阳楼记》
朗诵

予观夫巴陵胜状,在洞庭一湖。<u>衔远山,吞长江,浩浩汤汤,横无际涯;朝晖夕阴,气象万千,此则岳阳楼之大观也。前人之述备矣</u>。然则北通巫峡,南极潇湘,迁客骚人,多会于此,<u>览物之情,得无异乎</u>!

若夫淫雨霏霏,连月不开,阴风怒号,浊浪排空,日星隐耀,山岳潜形,商旅不行,樯倾楫摧,薄暮冥冥,虎啸猿啼。<u>登斯楼也,则有去国怀乡,忧谗畏讥,满目萧然,感极而悲者矣</u>。

至若春和景明,波澜不惊,上下天光,一碧万顷,沙鸥翔集,锦鳞游泳,岸芷汀兰,郁郁青青。而或长烟一空,皓月千里,浮光跃金,静影沉璧,渔歌互答,此乐何极?登斯楼也,则有心旷神怡,宠辱偕忘,把酒临风,其喜洋洋者矣。

嗟夫!<u>予尝求古仁人之心</u>,或异二者之为,何哉?<u>不以物喜,不以己悲</u>。居庙堂之高,则忧其民,处江湖之远,则忧其君。是进亦忧,退亦忧。然则何时而乐耶?其必曰:<u>先天下之忧而忧,后天下之乐而乐耶</u>?噫,微斯人,吾谁与归!时六年九月十五日。

朗诵训练提示:古代散文有说、表、赠序、铭、杂记、游记、奏疏等多种体裁,在朗诵时需要根据总体要求,因文而变、恰当表达。

记是古代文学中一种文体,以记叙、描写为主要表达方式,通过叙述事件、描绘景物、抒情议论来传达作者的思想和感情。记在内容上可以涉及历史、地理、人物、事件等多个方面,形式上则注重语言的精炼和表达的生动。

本文是作者应好友巴陵郡太守滕子京之请为重修岳阳楼而创作的一篇散文。文章通过写岳阳楼的景色,以及阴雨和晴朗时带给人的不同感受,揭示了"不以物喜,不以己悲"的古仁人之心,也表达了自己"先天下之忧而忧,后天下之乐而乐"的爱国爱民情怀。全文记叙、写景、抒情、议论融为一体,动静相生,明暗相衬,文词简约,音节和谐,用排偶章法作景物对比,成为杂记中的创新。

朗诵的基调是悲慨、激扬的。朗诵时要根据不同段落的风格和内容,用好声音技巧:叙述时语速适中,语调平缓;状景时语速稍快、语势推进,突出景物特点;议论处含蓄深沉、力透纸背,肯定有力。

2. 朗诵张爱玲的《花落的声音》,体悟散文之美和形散神聚的特点。(20分)

花落的声音

张爱玲

家中养了玫瑰,没过多少天,就在夜深人静的时候,听到了花落的声音。起先是试探性的一声"啪",像一滴雨打在桌面。紧接着纷至沓来的"啪啪"声中,无数中弹的蝴蝶纷纷从高空跌落下来。

那一刻的夜真静啊,静得听自己的呼吸犹如倾听涨落的潮汐,整个人都被花落的声音吊在半空,竖着耳朵,听得心里一惊一惊的。

早起,满桌的落花静卧在那里,安然而恬静。让人怎么也无法相信,它曾经历了那样一个惊心动魄的夜晚。

玫瑰花瓣即使落了,仍是活鲜鲜的,依然有一种脂的质感,缎的光泽和温暖。我根本不相信,这是花的尸体。总是不让母亲收拾干净,看着它们脱离枝头的拥挤,自由舒展地躺在那儿,似乎比簇拥在枝头,更有一种遗世独立的美丽。

这个世界,每天似乎都能听到花落的声音。

像樱、梨、桃这样轻柔飘逸的花,我从不将它们的谢落看作一种死亡。它们只是在风的轻唤声中,觉悟到自己曾经是有翅膀的天使,它们便试着挣脱枝头,试着飞,轻轻地就飞了出去……

有一种花是令我害怕的。她不问青红皂白,没有任何预兆,在猝不及防间,整朵整朵任性地、鲁莽地、不负责任地、骨碌碌地就滚了下来,真让人心惊肉跳。曾经养过一瓶茶花,就是这样触目惊心的死法。我大骇,从此怕了茶花,怕它的极端和刚烈了。

只有乡野那种小雏菊,开得不事张扬,谢得含蓄无声。它的凋零不是风暴,说来就来,它只是依然安静温暖地依偎在花托上,一点点地消瘦,一点点地憔悴,然后不露痕迹地在冬的萧瑟里,和整个季节一起老去。

朗诵训练提示:张爱玲擅长以细腻敏感的心思来感受生活,用冷静清醒的眼光来审视世俗人情。《花落的声音》这篇散文,以花喻人,主要描写了玫瑰、茶花、小雏菊等几种花不同的凋零方式,这其实隐含了作者对于不同人生状态的思考与感悟。

朗诵时,要感受到精美的文字背后,融合了张爱玲对自己沧桑身世的别样体味,孤独而不失美感——每一种花落都仿佛是一场独有的生命谢幕。另外,文章的对比运用得恰到好处,突出了乡间小雏菊的独有的、可贵的品质:开也无声,谢也无息,要通过朗诵技巧来凸显。

3. 练习朗诵梁启超的散文《最苦与最乐》(节选),理解失责的痛苦和尽责的快乐,掌握议论性散文朗诵方法。(20分)

最苦与最乐(节选)

梁启超

人生甚么事最苦呢? 贫吗? 不是。病么? 不是。失意吗? 不是。老吗? 死吗? 都不是。我说人生最苦的事,莫苦于身上背着一种未来的责任。

人若能知足,虽贫不苦;若能安分,虽失意不苦;老、病、死,乃人生难免的事,达观的人看得很平常,也不算甚么苦。独是凡人生在世间一天,便有一天应该做的事;该做的事没有做完,便像是有几千斤重担子压在肩头,再苦是没有的了。为甚么呢? 因为受那良心责备不过,要逃躲也没处逃躲呀!

答应人办一件事没有办,欠了人的钱没有还,受了人的恩惠没有报答,得罪了人没有赔礼,这就连这个人的面也几乎不敢见他;纵然不见他的面,睡里梦里,都像有他的影子来缠着我。为甚么呢? 因为觉得对不住他呀,因为自己对他的责任,还没有解除呀! 不独是对于一个人如此,就是对于家庭,对于社会,对于国家,乃至对于自己,都是如此。凡属我受过他好处的人,我对于他便有了责任。凡属我应该做的事,而且力量能够做得到的,我对于这件事便有了责任。凡属我自己打主意要做一件事,便是现在的自己和将来的自己立了一种契约,便是自己对于自己加一层责任。有了这责任,那良心便时时刻刻监督在后头。一日应尽的责任没有尽,到夜里头便是过的苦痛日子;一生应尽的责任没有尽,便死也是带着苦痛往坟墓里去。这种苦痛却比不得普通的贫、困、老,可以达观排解得来。所以我说人生没有苦痛便罢,若有苦痛,当然没有比这个加重的了。

翻过来看,什么事最快乐呢? 自然责任完了,算是人生第一件乐事。古语说得好:“如释重负”;俗语亦说是:“心上一块石头落了地”。人到这个时候,那种轻松愉快,真不可以言语形容。责任越重大,负责的日子越久长,到责任完了时,海阔天空,心安理得,那快乐还要加几倍哩! 大抵天下事,从苦中得来的乐才算是真乐。人生须知道有负责任的苦处,才能知道有尽责任的乐处。这种苦乐循环,便是这有活力的人间一种趣味。却是不尽责任,受良心责备,这些苦都是自己找来的。一翻过去,处处尽责任,便处处快乐;时时尽责任,便时时快乐。快乐之权,操之在己。孔子所以说:“无人而不自得”,正是这种作用哩!

朗诵训练提示:本文从最苦和最乐两方面来论述人生的责任,即要担负责任,该做的事没有做完是人生最大的苦,尽责任则是人生最大的乐,提出人生在世,必须要对家庭、社会、国家以及自身尽到应尽的责任,这样才能得到真正的快乐。文章立意高远,思想深刻,语言典雅。

开篇用了一连串的排比设问,提出了“贫”“病”“失意”“老”“死”这些关于人生最大痛苦的许多答案并一一加以否定,然后提出了自己的观点“人生最苦的事,莫苦于身上背着一种未来的责任”。朗诵设问时用上升的语调,朗诵否定的回答和肯定的观点用下降的语调和重音技巧来表达,凸显论证的重点。

三、活动过程记录

四、小组建议反馈

反思评价

1. 反思

请结合本次学习要点及技能演练内容,思考不同类型散文朗诵的主要技巧有哪些。

2. 评价

请你对本次任务进行评价。

评价表 2-3-5　掌握散文的特点和朗诵技巧

内　　　容	评　分
1. 对散文特点的认知、理解程度	☆☆☆☆☆
2. 对不同类型散文朗诵技巧的把握和实际表达效果	☆☆☆☆☆
3. 经过本次任务的学习,说一说自己在散文朗诵方面还存在哪些难点	

支持链接

1. 上网搜索,欣赏散文朗诵视频《海燕》《散步》,学习借鉴朗诵技巧。
2. 了解幼儿散文的朗诵技巧。

幼儿散文的朗诵

项目四　幼儿故事讲述与表演训练

学习目标

（一）素质目标

1. 在幼儿故事讲述和表演实践中,理解、感悟优秀的幼儿文学作品的思想性、艺术性、教育性和审美性,增强主动学习意识,为幼儿精神成长服务。

2. 练就幼儿故事讲述和表演技能,润物无声地引领幼儿成长。

（二）知识目标

1. 掌握故事和讲故事的概念,了解幼儿故事的概念、类型,懂得故事在幼儿教育中的作用。

2. 明确幼儿故事讲述前要做的准备。

3. 理解故事材料选择的标准。

4. 掌握幼儿故事讲述的基本要求和技巧。

5. 记住文字故事、绘本故事等不同类型故事的讲述特点和步骤。

（三）能力目标

1. 能根据幼儿身心发展特点和知识水平精心选择故事、理解故事、修改加工故事。

2. 能够根据故事内容和角色特点,恰当运用拟声等声音技巧和态势语讲好幼儿故事。

3. 能够进行幼儿故事的创编和表演,体现亲和力及童真童趣。

任务一　明确幼儿故事讲述的总体要求

任务描述

要讲好幼儿故事,就要了解幼儿故事的特点,梳理故事情节,分析故事的语言和角色,确定故事的情感基调等。本次的学习任务就是根据幼儿的年龄特征、思维特点、语言发展水平,选择适合他们的故事,并对故事进行分析,准确把握故事的主题,确定一个整体的讲述时的情感基调,对不符合幼儿认知习惯的语言进行修改,给故事设计开头和结尾,做好讲述前的准备工作。

要点学习

一、幼儿故事及其特点、类型

1. 幼儿故事

故事是有情节的、适合口头讲述的一种叙事作品。它是孩子接触最早、最多的文学样式之一。幼儿故事特指那些适合 3—6 岁幼儿欣赏的故事。

2. 幼儿故事的特点

（1）篇幅短小,结构单纯。

幼儿故事篇幅短小,通常是按时间顺序展开,首尾贯通,有时还常用三段式不断重复的结构。经典

微课

幼儿故事讲述
概述

童话故事《三只小猪》，主线是三只小猪智斗大灰狼，按时间顺序展开情节，采用了三段式重复的结构，猪大哥盖了草房子，猪二哥盖了木房子，猪小弟盖了砖房子。熟悉的情节和人物，能让幼儿很快获取故事里的信息，在情感上得到认同。

（2）情节新奇、有趣、完整。

幼儿的注意力容易分散，平铺直叙的故事很难引起他们的兴趣。幼儿故事的情节往往新奇曲折，首尾贯通，充满趣味性。故事《六个娃娃七个坑》篇幅短小，但结构完整，悬念迭出，妙趣横生。

（3）语言浅近、质朴、口语化。

幼儿故事是供成人讲给幼儿听的口头文学，具有可讲述性。故事中议论、描写、抒情很少。语言浅近、质朴；短句多，长句少；口语多，书面语少；注重语言的形象性、趣味性和音乐性。

故事《金色的房子》的语言是这样的："小姑娘，你早！你那金色的房子真好，红的墙，绿的窗，金色的屋顶亮堂堂！"句式整齐，押韵，具有音乐性。故事中还运用了形象的动词和拟声词，语言浅近、口语化，但又不失整齐、对称的艺术美。"不行，你扑棱扑棱地乱飞，会把我的房子弄脏的。""不行，你汪汪地乱叫，会闹得我睡不着觉的。""那更不行，你们啪嗒啪嗒地乱跑，会把我家的地板踩坏的。"

（4）主题具体、明朗、有针对性。

幼儿故事主要是供年龄较小的孩子阅读、欣赏，这个阶段的孩子的人生观、价值观以及一些基础的道德观尚未形成，通过读故事、听故事，把一定的教育主题融入故事中，能寓教于乐，对孩子形成潜移默化的教育作用。具体、明朗、有针对性的主题更容易被幼儿接受。故事《瓜瓜吃瓜》教育幼儿养成爱护环境，不乱扔垃圾的良好习惯，主题具体、鲜明有针对性。

3. 幼儿故事的类型

幼儿故事按内容来分，有生活故事、童话故事、历史故事，还有知识故事等，另外一些传统的神话故事、民间故事，因为情节曲折离奇，主题爱憎分明，也很受幼儿的喜爱。故事《大脚丫跳芭蕾》《瓜瓜吃瓜》都是发生在幼儿身边的、有浓郁的生活情趣的生活故事；《小红帽》《老虎拔牙》是深受幼儿喜欢的童话故事；故事《曹冲称象》《草船借箭》是以历史上真实的人物和事件为主体的历史故事；《蓝猫淘气三千问》是以简单的科学知识为内容，以故事为载体向幼儿讲述科学知识的科学故事，而深受孩子们喜欢的《阿凡提传奇》则是新疆的民间故事。

按表现形式划分，幼儿故事还能分为文字故事、绘本故事、动画故事等。在幼儿园日常的教学中，有时为了更有针对性地实施教学，教师还可以根据幼儿的年龄将这些故事细分出小班幼儿故事、中班幼儿故事和大班幼儿故事。

二、故事在幼儿教育中的作用

1. 故事能引领幼儿成长，达到润物细无声的教育作用

幼儿的生理和心理特点决定了他们喜欢率真自然、简单易懂的文学作品，故事就是这样的文学作品。内容丰富的故事能开启幼儿心智，开阔幼儿视野，丰富知识储备。故事还能有效地帮助幼儿发展语言技能。当幼儿在听老师讲述一个趣味盎然的故事时，他们能积累大量新鲜的词汇并把它们运用到日常生活中，有助于幼儿连贯性语言的发展。有时幼儿听完故事后，还会向别人复述故事，他们会学习故事中优美的词句，模仿老师讲述时的语气语调，这样不知不觉就提升了他们的语言表达能力。

2. 故事还能拉近师生距离，建立亲密的师生关系

3—6岁的幼儿都喜欢听故事，孩子和老师一起听故事、表演故事，孩子和老师都可以是故事中的任意角色，孩子可以在故事表演时将自己的情绪向老师尽情地宣泄，从而拉近了师生的距离，有助于建立亲密的师生关系。

3. 故事还能陶冶幼儿的性情，培养他们高尚的情感

幼儿通过听故事能感受到爱心、善良、互助、友谊、宽容等各种人类的美好品质。幼儿能从《卖火柴的小女孩》中学会同情，从《小熊让路》中学会谦让，从《三只小猪》中学会团结友爱。故事还能改变幼儿的行为习惯，使他们形成良好的性格，培养他们初步的辨别是非的能力和美好的情感。

学习任务单

根据已学知识完成下列学习任务单。

基础知识任务单 2-4-1　明确幼儿故事讲述的总体要求

姓名：_____　学号：_____　评分人：_____　评分：_____

阅读故事《城里的猫和乡下的猫》，完成练习(40 分)

城里的猫和乡下的猫

有只猫生活在城里，他熟悉城里的一切。

一天，一只乡下的猫来城里做客，城里的猫陪他到外面闲逛。

"那是什么呀？"乡下的猫指着一座高耸入云的铁架子问。

"那是电视发射塔。"城里的猫不以为然地说，"电视节目就是从它那里发射出去的。"

他们又来到十字路口，乡下的猫指着一排会变颜色的灯问："这是什么呀？"

"这叫红绿灯。是用来指挥交通的。"城里的猫说。

在儿童公园里，乡下的猫一下子惊叫起来："哎呀，不好！那两辆车撞在一起了！"

"你喊什么呀！"城里的猫说，"这叫碰碰车，底座是橡胶做的，是孩子们用来玩耍的。碰不坏的。"

每到一处，乡下的猫总是问这问那，有时还大惊小怪。城里的猫感到乡下的猫见识浅陋，简直像个傻瓜。

几个月后，城里的猫接受乡下的猫的邀请，去乡下做客。

乡下的猫陪城里的猫到野外去玩。

"这不是动物园里的河马吗？怎么逃到这儿来啦？"城里猫指着河里的一个大动物说。

"这不是河马。"乡下的猫说，"这是水牛，它耕完地后，浸在水里休息。"

在田边，城里的猫指着田里的庄稼说："种这些草干什么？"

"这不是草，是麦子。麦子熟了，可以磨粉做馒头。"乡下的猫纠正说。

"昨晚刚下过雨，怎么还要给花草洒水？"城里的猫问。

"那不是洒水是喷农药。"乡下的猫解释说，"蔬菜上有了虫子，得用农药杀死。"

城里的猫脸红了，他觉得自己到了乡下，也像个傻瓜。

1. 结合幼儿故事的语言特点，分析故事中的语言有哪几处不符合幼儿故事的语言特征，并把它修改过来。

（1）_____应改为_____。

（2）_____应改为_____。

（3）_____应改为_____。

......

2.《城里的猫和乡下的猫》故事主题是_____，具有_____、_____、_____的特点。

音频

《城里的猫和乡下的猫》故事讲述

技能演练任务单 2-4-1 明确幼儿故事讲述的总体要求

姓名:_____ 学号:_____ 评分人:_____ 评分:_____

一、要求

① 每组推选 3 名同学进行故事讲述。

② 脱稿,讲述时确保故事的完整性。

③ 分清叙述语言和人物语言,语气亲切,语调自然。

二、主题

讲述故事:《半小时爸爸》。(60 分)

三、活动过程记录

四、小组建议反馈

🔊 音频

《半小时爸爸》
故事讲述

反思评价

1. 反思

请结合本次学习要点,思考故事教学在幼儿园教学中的意义。

2. 评价

请你对本次任务进行评价。

评价表 2-4-1 明确幼儿故事讲述的总体要求

内　　容	评　分
1. 了解幼儿故事的特点	☆☆☆☆☆
2. 知道故事在幼儿成长和教育中的重要性	☆☆☆☆☆
3. 经过本次任务的学习,说一说自己对哪一部分的内容还存在困惑	

支持链接

观看幼儿故事讲述视频,了解幼儿故事的特点。

视频

幼儿故事讲述

任务二 明确幼儿故事讲述前的准备

任务描述

要讲好幼儿故事就要了解幼儿故事的特点,梳理故事情节,分析故事的语言和角色,确定故事的情感基调等。本次的学习任务就是根据幼儿的年龄特征、思维特点、语言发展水平,选择适合他们的故事,并对故事进行分析,准确把握故事的主题,确定一个整体的讲述时的情感基调,对不符合幼儿认知习惯的语言进行修改,给故事设计开头和结尾,做好讲述前的准备工作。

要点学习

一、幼儿故事的选择和分析

微课

精心选择故事、理解分析故事

1. 精心选择故事

故事是讲给谁听的?什么时候讲?为什么要讲这个故事?在讲述前一定要先思考这几个问题。然后有针对性地去选择故事。

选择故事要考虑幼儿的年龄特征、思维特点、语言发展特点、接受能力和喜好。还要考虑在什么样的时间、场合讲,是晨间活动时间,还是教育、教学活动时间,或者是餐后的自由活动时间,场合不同,故事的长短、内容、讲述形式都不一样。

选择故事要遵循一定的原则。

(1)根据幼儿的年龄特征、接受能力来选择适合他们的故事。

针对3—4岁的小班幼儿,这个年龄段的幼儿虽然已经有了初步的语言交际能力,但能力尚低,可以选择内容单纯、情节简单的故事。例如,故事《小猪变干净了》讲述的是小猪不爱干净,到处找不到朋友,最后在天鹅的帮助下把自己洗干净了,重新找到朋友的故事。故事内容贴近生活,情节简单,适合讲给小班幼儿听。

针对4—5岁的中班幼儿,这个阶段的幼儿已经能清楚理解语言的含义,知道故事的结构,有能力重组故事,讲述时可以选择一些篇幅稍长的童话故事、幼儿生活故事或者善恶分明的民间故事、情节离奇曲折的神话故事,故事中的词汇量要逐步增加。这些故事能满足幼儿丰富的想象力,帮助他们建立基础的是非对错的观念。例如,《三只小猪》的故事篇幅略长,采用了幼儿故事常用的三段式重复的结构,情节生动有趣,环环相扣,主题善恶分明,符合中班幼儿的接受能力。

针对5—6岁的大班幼儿,故事的选择就可以丰富得多,可以给他们讲述一些情节复杂的故事,并可以适当增加一些知识故事,讲述时可以适当使用一些抽象的词语和复合句。例如,绘本故事《你不知道的三个朋友》用童话的形式讲述了人的身体中三个重要的组成部分,脑、心、肚子的职能,这样的知识故事能在孩子幼小的心灵里播下了生命教育的种子,启发幼儿去认知自己,探索自己,符合大班幼儿的思维和接受能力。

(2)选择故事要符合幼儿思维和语言发展的特点。

3—6岁的幼儿刚刚掌握语言交际的能力,词汇还不够丰富,形象思维能力较强,概括、分析的能力刚刚发展起来,他们喜欢情节生动有趣,形象鲜明突出,线索单一,语言浅显生动的故事。童话故事《老虎拔牙》矛盾突出,角色个性鲜明,情节生动有趣,就深受幼儿的喜爱。

(3) 故事要有一定的教育意义,要选择一些思想积极健康,有益于幼儿成长的故事。

为幼儿选择的故事思想上要积极健康,让幼儿能得到美的熏陶和爱的感化。故事《老爷爷的帽子》,传递了"爷爷爱小鸟,小鸟关心爷爷"的主题,将幼儿带入一个温馨、和谐、充满爱的世界,让幼儿在故事里学会考虑别人的情绪和感受,懂得关心别人、帮助别人,从小学会生活,学会关爱。故事《花婆婆》是关于一个人一生的经历和梦想的故事,也是关于如何使世界更美丽的故事。这些故事都非常适合讲给幼儿听。对于低年龄段的幼儿,要通过故事帮助他们建立一些基础的价值观,如友爱、分享、公平、诚信等。

2. 分析故事

第一步:把握故事的主题。

任何幼儿故事都有主题,讲述者一定要从故事的主要人物、主要事件中准确把握故事的立意,讲述时将真、善、美的教育渗透其中,让幼儿听完后能明白其中的道理,受到教育。

故事《勇敢的小刺猬》《金色的房子》,引导幼儿明辨是非,领悟正确的思想和行为;绘本故事《花婆婆》《猜猜我有多爱你》,引导幼儿积极向上,追求美好事物和情感;故事《瓜瓜吃瓜》《小熊不刷牙》针对幼儿身上的不良习惯,启发他们改正等。

第二步:分析故事的语言特点。

分析故事中是否使用了幼儿难以理解的长句、复合句,有没有幼儿听不懂的抽象的词汇,动词、修饰词的运用是不是很恰当,语序是不是符合幼儿的认知习惯等。讲述前对故事的语言特点进行分析,可以为进一步将故事进行趣味改编做好准备。

第三步:熟悉故事情节、角色,分析故事中的细节,明确故事的情感基调。

通过分析故事情节,理出情节结构的框架,在脑海中绘制情节发展的思维导图,从而能很快熟悉故事内容,确定故事讲述的情感基调。

基调轻松活泼的故事,节奏轻快,讲述时语速要稍快,语音轻多重少;庄重严肃的故事节奏沉稳,讲述时语速要慢,语音重多轻少;甜美温馨的故事节奏舒缓,讲述时语气柔和,音节拉长等。基调定错了,故事讲述就跑偏了。

除此之外,讲述前还要分析故事中各个角色,区别角色之间的细微差别,仔细揣摩各个角色不同的性格特征,方便讲述时用不同的动作、表情、语气、语调来表现。

二、幼儿故事讲述前的修改与加工

对故事的加工有几个原则:首先,要根据幼儿的语言和思维特点,以及讲述的需要进行适度的修改、加工。其次,在进行语言的加工时,不能一味为了追求口语化,破坏原来故事语言的艺术性。最后,对一些角色较多、情节较长的故事,在保证主要情节和主要人物的基础上,可以适度地删减掉一些不太重要的人物和一些主线之外的枝蔓的情节。

具体的可以从这几个方面进行修改:

1. 增加细节的描写,让故事情节更生动

《伊索寓言》中的故事《狮子和老鼠》原文如下:

狮子睡着了,有只老鼠跳到了他身上。狮子猛然站起来,把他抓住,准备吃掉。老鼠请求饶命,并说如果保住性命,必将报恩,狮子轻蔑地笑了笑,便把他放走了。不久,狮子真的被老鼠救了性命。原来狮子被一个猎人抓获,并用绳索把他捆在一棵树上。老鼠听到了他的哀嚎,走过去咬断绳索,放走了狮子,并说:"你当时嘲笑我,不相信能得到我的报答,现在可清楚了,老鼠也能报恩。"

这样的叙述适合阅读,但语言过于简练,情节不够生动、有趣,不太适合讲述,可以增加一些细节的描写,改成:

一个炎热的下午,狮子正在树荫下呼呼大睡。一只小老鼠急急忙忙地从它的鼻子上跑过去,把大狮子惊醒了。狮子大吼一声,伸开它蒲扇一样的大爪子把老鼠死死压住。小老鼠可怜巴巴地求饶道:"大王,您行行好,饶了我吧,我一点儿也没有冒犯您的意思,我这么小实在不值得被您杀死。如果您现在饶了我,也许有朝一日我能为您做点儿什么事。"狮子一听哈哈大笑:"这个小不点还不够我塞牙缝呢。"于是它把爪子抬了起来,小老鼠"咪溜"一下跑开了。

有一天,狮子在树林中找吃的,一不小心掉进了猎人的陷阱里。猎人把大狮子绑在一棵大树上,回去找人准备把大狮子抬回去美餐一顿。狮子又撕又咬,拼命挣扎可是一点儿用也没有。狮子悲哀地怒吼起来,巨大的吼声传遍了森林的每一个角落。

小老鼠听出了这是狮子的声音,就飞快地跑到了大狮子跟前,对大狮子说:"狮子大王,别着急,我能帮助您,请您稍等一下。"说着,小老鼠用它锋利的牙齿"咔嚓咔嚓"几下就把绑在大狮子身上的绳子咬断了。

大狮子得救了。它很不好意思地对小老鼠说:"小老鼠,多亏你了,要不然我就没命了。"

小老鼠抬起头,很认真地看着大狮子说:"狮子大王,您当时嘲笑我,不相信能得到我的报答,现在您清楚了吧,老鼠也能报恩。"

增加了语言、神态、动作的细节之后,小老鼠和大狮子的形象就生动地呈现出来了。

2. 对故事中的角色形象进行再创作

幼儿好动,喜欢灵活生动的故事角色,讲述时对于原故事中一些呆板、不生动的角色形象可以适当地增加一些语言、动作、神态的描写,让它们灵动起来。另外,幼儿的形象思维比较发达,他们记故事中的人物往往通过记角色的外部特征。讲述时可以增加角色的外部特征的描述。比如,大灰狼馋得直流口水,狐狸眨巴眨巴眼睛说,小兔子一蹦一跳地走过来。

3. 对语言进行再创作

(1) 将叙述性语言转换为对话性语言。

很多幼儿故事中可能会出现大段的叙述性的语言。从幼儿的听讲习惯来看,大段的叙述显得枯燥乏味,不像对话语言那么生动、有趣。所以为了把故事讲生动,在不改变故事原意的前提下需要将一些叙述性语言转换为对话性语言。如《龟兔赛跑》中"兔子想,它一定能赢",改为"小兔子骄傲地说:'乌龟跑得那么慢,今天我赢定了!'"语言就生动多了。

(2) 把故事中单音节的词语转化成双音节的词语。

单音节词语声音短促,幼儿不容易听清楚、听明白,也不好理解,而双音节词语音节比较长,说起来响亮上口,留给幼儿的印象更深,因此讲述前要尽可能地将原故事中单音节词语转换为双音节词语。如"虽"改成"虽然","可"改成"可是","但"改成"但是","忙"改成"连忙"等。

(3) 将故事中的长句改为短句。

长句成分复杂,不够口语化,幼儿理解起来比较费力,为了方便幼儿理解,需要把故事里复杂的长句改成短句。短句讲起来清楚,听起来也不费力。如故事《躲雨的青蛙》里有这样一句,"它看到池塘里有几片又大又圆像一把大大的雨伞的荷叶",这句话修饰语太长,幼儿听起来费力,在讲述前要改成这样,"它看到池塘里有几片荷叶,荷叶又大又圆,像一把大大的雨伞"。

(4) 根据幼儿的听说习惯适当调整语序。

幼儿故事,条理要清楚,避免出现插叙、倒叙、补叙。故事中有些不符合日常交际的语序,会让幼儿觉得难以理解,讲述前要对这些不符合幼儿语言习惯的地方进行调整。比如,故事《勇敢的小刺猬》中有一句,"'哼,让他来,他能干什么? 呆头笨脑的。'小猴叽咕道",就要改为:小猴叽咕道,"哼,让他来,他能干什么? 呆头笨脑的",提示语放到前面,幼儿就容易理解了。

当然也不是所有的幼儿故事都是需要修改的,修改是为了让故事更符合幼儿的听读习惯,让讲述更生动更有吸引力,不能为修改而修改,更不能违背适度的原则,把故事改得面目全非。

微课

记忆故事、设计
故事开头和结尾

三、记忆故事、设计故事的开头和结尾

要讲好故事，首先要熟悉故事、记忆故事，如果不熟悉故事内容，那么即便掌握了再好的讲述技巧也只是没有用的。尤其是参加一些技能大赛或者基本功大赛时，往往会要求参赛选手在短短十几分钟的时间内快速记住故事内容，并把它绘声绘色地讲出来。这样，就要掌握一些快速记忆故事的方法。

1. 记忆故事

（1）列情节提纲。

以故事《瓜瓜吃瓜》为例，《瓜瓜吃瓜》这个故事没有像《三只小猪》那样"三段式"重复的故事情节，但故事人物关系简单，线索明朗，各情节单元环环相扣，讲述前可以快速地列出故事的情节提纲帮助记忆：吃西瓜—扔瓜皮—盼西瓜—摔西瓜，列出了情节提纲，讲述时就能形成清晰的讲述思路，快速地记住故事，不会遗漏了。

（2）找情绪轨迹。

比如：故事《小熊不刷牙》就可以通过寻找角色的情绪变化轨迹来帮助记忆。小熊哈利觉得天天要刷牙很烦—发现牙没了很高兴—被朋友笑话，不能吃东西很害怕—最后发现只是一场梦，牙又回来了，很开心。烦—喜—怕—喜，就是小熊的情绪轨迹，记住了小熊情绪变化的轨迹就能很快地记住故事了。

（3）画思维导图。

比如，故事《爱打呼噜的河马先生》讲述的是一位热心肠的河马先生的故事，河马先生因为爱打呼噜，给小区居民造成了困扰，最后在邻居们的热心帮助下，河马先生不仅解决了打呼噜的问题，还找到了工作。故事人物关系比较复杂，有河马先生，还有兔小姐、山羊公公、小狐狸、鸭妈妈，人物较多，情节也没有什么重复，不太好记忆，这样的故事就可以通过画思维导图来帮助记忆。

可以画一个这样的思维导图：

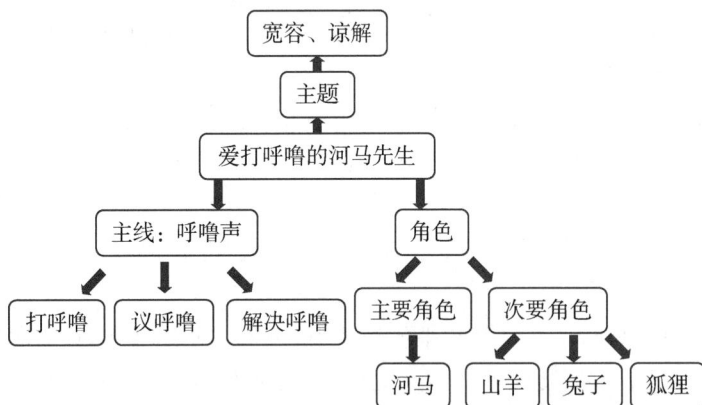

图 2-4-1 《爱打呼噜的河马先生》思维导图

除了上面几种方法，画情节草图、找故事的踏脚石等也是非常好的记忆故事的方法。比如：《鸭妈妈找蛋》的故事，就可以画一张情节草图帮助记忆。同学们可以根据不同的故事内容来选择最适合的记忆故事的方法，帮助自己快速熟悉故事，让讲述能够思路清晰，自然流畅。

2. 设计开头和结尾

凡是有过讲故事经验的人，都会有这样一个感受：一上来便开始讲，总有点不太自然。事实上，如果为故事设计一个好的开头，便能一下子吸引住幼儿，引起他们听讲的兴趣。相反，如果开头平淡，就会使幼儿感到索然无味。所以，给要讲的故事设计一个好的开头，是讲好故事的重要一环。

（1）设计开头的四种方法。

第一种：提问式。先提一个能让幼儿感兴趣的问题，引起幼儿的思考。提问时，语调要上扬，停顿时间稍长一点。如故事《猴吃西瓜》，就可以设计一个问题来开头：我们都知道西瓜是要吃瓤的，可是那些猴子是不是也知道吃西瓜是吃瓤呢？下面，老师就给你们讲一个《猴吃西瓜》的故事，你们听一听他们是怎么吃西瓜的。这样可以让幼儿带着问题与思考进入故事情境中，从而引起听故事的兴趣。

第二种：悬念式。开头设置一个大大的悬念，让幼儿带着谜团走进故事，从而获得一种类似破案的乐趣。如故事《小熊不刷牙》，就可以给它设计一个悬念式的开头：有一只小熊，有一天他想吃东西的时候，突然发现嘴里的牙齿都不见了，这是怎么回事呢？快跟老师一起来听故事《小熊不刷牙》吧。

第三种：议论式。开头针对故事的教育目的，简单地阐明道理。这样既引起幼儿兴趣，又便于更好地发挥讲故事的教育作用。如故事《瓜瓜吃瓜》，就可以设计这样一个开头：小朋友们，你们说吃过的西瓜皮应该丢在哪里呀？如果把它随便乱扔会发生什么事呢？跟老师一起来听听故事《瓜瓜吃瓜》吧。

第四种：谜语式。用猜谜语的方法引入故事。如故事《狼大叔的红焖鸡》，讲述时就可以用一个谜语开头，"坏心眼，尖嘴巴，贪吃、好杀、野心大，说他像狗不是狗，人人见了都恨他"，幼儿很快就能猜出是大灰狼，"可是我们今天故事里的大灰狼可不是这样，你们想不想知道怎么回事呢？"这样，幼儿听故事的兴趣就被激发出来了。

除了设计开头，有时为了取得更好的讲述效果，还可以根据故事的内容和听众的情况对原故事的结尾进行加工。

（2）设计结尾的方法。

故事结尾的方法，可以根据故事长短而定，长故事一次讲不完，可以在关键的地方停下来，给听众留下悬念，常用的结尾是"要知后事如何，且听下回分解"。

幼儿故事一般都是短故事，短故事可以用以下四种方式收尾。

第一种：高潮处收尾。

讲到高潮处突然结束，让人回味无穷。比如，《猴吃西瓜》以一只猴子的人云亦云且不懂装懂的一句话收尾："西瓜嘛，就这味儿！"这样的结尾让人感到这群猴子愚蠢到了极点，既好笑又耐人寻味。

第二种：问题式收尾。故事讲完了，可以问一个问题，让幼儿在听完故事后去思考、去拓展。比如，故事《小土坑》原来的结尾是，小鸭子又站出来了："我敢打赌，一定是他们自己爬出来的，该死的小土坑。"那么小土坑里的动物到底去哪儿了？幼儿肯定很想知道，就可以给它增加一个问题式结尾："小朋友们，你们说，这是怎么回事呢？土坑里的动物都去哪儿了呢？"让幼儿听完故事以后，带着问题去思考、去探索。

第三种：总结性收尾。在故事的最后直接把故事的教育目的告诉幼儿。如故事《老虎拔牙》，就可以给它加一个总结性结尾：小朋友们，听完了这个故事，回去以后，我们可不能学大老虎，天天吃糖，又不刷牙，会把牙给蛀掉的。

第四种：续编式、创编式结尾。有的故事讲完后，可以结合幼儿的能力水平，鼓励幼儿续编。如讲完故事《龟兔赛跑》后，让幼儿带着问题续编："小兔子不服气，会怎么样呢？"鼓励幼儿大胆续编，为故事设计出不同的结尾，发展幼儿的想象力和语言表达能力。

学习任务单

根据已学知识完成下列学习任务单。

基础知识任务单 2-4-2 幼儿故事讲述前的准备

姓名:＿＿＿＿＿＿ 学号:＿＿＿＿＿＿ 评分人:＿＿＿＿＿＿ 评分:＿＿＿＿＿＿

四人一组完成故事《猜猜我有多爱你》讲述前的准备工作清单。(40 分)

猜猜我有多爱你

小兔子想要去睡觉了,它紧紧地抓住大兔子的长耳朵,它要大兔子好好地听。

它说:"猜猜我有多爱你?"

"噢,我大概猜不出来。"大兔子说。

"有这么多。"它伸开双臂,拼命往两边张。

大兔子的手臂更长,它说:"可是,我爱你有这么多。"

"嗯,是很多。"小兔子想。

"我爱你,有我够到的那么高。"小兔子举起胳膊说。

"我爱你,也有我够到的那么高。"大兔子也举起胳膊说。

"这太高了。"小兔子想,我真希望我也有那样的胳膊。

然后,小兔子又有了一个好主意,它朝下倒立,把脚往树干上伸。它说:"我爱你,一直到我的脚趾够到的地方。"

"我爱你,一直到你的脚趾够到的地方。"大兔子一边说一边把小兔子抱起来甩过头顶。

"我爱你,有我跳得那么高。"小兔子哈哈大笑,它跳上又跳下。

"可是我爱你,也有我跳得那么高。"大兔子微微地笑着,它跳得那么高,耳朵都碰到树枝上面了。

"跳得太高了。"小兔子想,我真希望我也能跳那样高。

小兔子大叫:"我爱你,从这条小路一直伸到河那边。"

"我爱你,过了那条河,再翻过那座山。"大兔子说。

这实在太远了,小兔子想。

它太困了,实在想不出什么来了。于是,它抬头朝高高的灌木丛上望去,一直望到一大片黑夜。它想:"没有什么东西能比天空更远了"。

"我爱你,一直到月亮那么高。"它说,然后闭上了眼睛。

"噢,这真远,"大兔子说,"这非常远,非常远。"大兔子把小兔子轻轻地放到了树叶铺成的床上,低下头来,亲亲它,祝它晚安。然后,它躺在小兔子的身边,小声地微笑着说:"我爱你,从这里到月亮那里,再从月亮那里绕回来。"

    1. 故事的主题:＿＿＿＿＿＿＿＿＿＿＿＿＿＿＿＿＿＿＿＿＿＿＿＿

    2. 列出故事的提纲:＿＿＿＿＿＿＿＿＿＿＿＿＿＿＿＿＿＿＿＿＿＿

    3. 故事的情感基调:＿＿＿＿＿＿＿＿＿＿＿＿＿＿＿＿＿＿＿＿＿

    4. 故事的语言需要修改的地方:＿＿＿＿＿＿＿＿＿＿＿＿＿＿＿＿

    5. 设计故事的开头:＿＿＿＿＿＿＿＿＿＿＿＿＿＿＿＿＿＿＿＿＿

    6. 设计一个续编式的结尾:＿＿＿＿＿＿＿＿＿＿＿＿＿＿＿＿＿

＿＿＿＿＿＿＿＿＿＿＿＿＿＿＿＿＿＿＿＿＿＿＿＿＿＿＿＿＿＿＿＿＿

＿＿＿＿＿＿＿＿＿＿＿＿＿＿＿＿＿＿＿＿＿＿＿＿＿＿＿＿＿＿＿＿＿

＿＿＿＿＿＿＿＿＿＿＿＿＿＿＿＿＿＿＿＿＿＿＿＿＿＿＿＿＿＿＿＿＿

技能演练任务单 2-4-2　幼儿故事讲述前的准备

姓名：_____　学号：_____　评分人：_____　评分：_____

一、要求

① 四人一组,每个小组推选一位同学进行讲述。

② 对故事情节做适当删减,讲述时间不超过 3 分钟。

③ 讲述的语言要适当修改,符合幼儿的认知习惯和语言发展水平,并能有角色的区分。

④ 设计开头。

二、主题

故事讲述表演《小老鼠吃大象》。(60 分)

小老鼠吃大象

有一只小老鼠,白天藏在鼠洞里睡觉,夜晚出来偷东西,瞧它那副模样,尖脑袋,一对灰溜溜的眼睛,难看极了。

有一天,小老鼠正趴在洞里睡觉,让外面一阵吵闹声惊醒了,它探出小脑袋一看,原来前面那棵大槐树下,有几个小朋友围坐在地上。他们在干什么呀? 小老鼠不知道,我可知道。几个小朋友在下动物棋。棋子上画着狮子、老虎、大象、猫、老鼠,还有别的许多动物。忽然,一个小朋友喊:"我的'猫'吃你的'老鼠'。"小老鼠听了,吓了一大跳,赶快把脑袋瓜缩到回去。过了一会儿,不知哪个小朋友又喊了起来:"我的'老鼠'吃你的'大象'。"

什么! 什么! 小老鼠支溜一下窜出洞来,它还当自己听错了,可是那个小朋友又说了一遍:"喂,喂! 我的'老鼠'吃了你的'大象'了。"小老鼠这下可来劲了,尾巴一翘,吱吱吱吱唱起歌来. 它说:"我还当我们老鼠生来就是喂猫的,原来我们还能吃大象呢! 可是大象在哪? 在树林里吧,让我到树林里去走一走。"

小老鼠走呀走,来到树林里,正好看见一头大象,伸着长鼻子在河里吸着水,往果树上一喷,就像洒水壶在洒水。小老鼠还是第一次看见大象呢,心想:这么个大家伙,踩我一脚,我不变成肉饼了吗? 可是它又一想:人说的老鼠能吃大象,准没错。就大着胆子往大象跟前走。大象也看见小老鼠了,问它:"小老鼠,你到这儿来干吗?""我来吃你呀!"小老鼠昂着头,起劲地喊。

可是它的声音太小了,大象听不见,还当小老鼠饿了,就用长鼻子摘了个果子给它。"我不吃果子,我要吃你大象!"大象还是听不清楚。它要给果树浇水,就自己忙去了。它一直忙到天黑,才忙完,就睡觉了。小老鼠等了大半天,好容易才等到大象睡熟了。心想,我怎么把这大家伙吃掉呢? 有了,有了,我从它的鼻孔钻进去,先吃掉它的心,再吃它的肺。它这么一想,就往大象的鼻孔里钻,这大象的鼻孔,简直像条大胡同。大象睡得正香,忽然鼻孔里痒痒的,憋不住了,打了个大喷嚏,"阿嚏——"小老鼠在大象鼻孔里钻得正起劲,只听得"轰"的一声,觉得身子飞上了天。它给大象从鼻孔里喷出来了。过了不知多久,小老鼠才醒了过来,头破了,脚也伤了,一身黏糊糊的,你说,那是什么呀? 原来是大象的鼻涕。

三、活动过程记录

四、小组建议反馈

反思评价

1. 反思

请结合本次学习要点及实训内容,谈谈在故事讲述前对故事文本进行分析、修改的意义。

2. 评价

请你对本次任务进行评价。

评价表 2-4-2 幼儿故事讲述前的准备

内　　　容	评　　分
1. 对知识点的掌握程度	☆☆☆☆☆
2. 训练的参与程度	☆☆☆☆☆
3. 经过本次任务的学习,说一说自己还有哪些难点没有掌握	

支持链接

观看幼儿故事讲述视频,学习如何修改故事和设计故事的开头和结尾;学习了解 10 则幼儿故事中常见的动物谜语。

视频

幼儿故事讲述

任务三　掌握幼儿故事讲述的技巧

任务描述

要讲好幼儿故事,让幼儿如见其人,如入其境,就要使用准确、生动的语言,有高低、快慢、轻重的变化,要能区分叙述语言和角色语言,还要能根据故事中角色的年龄和性格特征来变换不同的声音。本次学习任务就是掌握幼儿故事讲述中重音、停顿的技巧,并能借助声音的高低、强弱、快慢以及不同语气、语调来表达故事中不同的情感,学会用不同的声音来模拟故事中不同的角色,进行故事讲述训练。

要点学习

微课

语言的运用技巧

一、语音的运用技巧

无论是朗读,还是讲故事,首先要用好语音的技巧,恰当的停连、重音,合理的语气语调,快慢适宜的语速都能让幼儿在听故事时有身临其境的感受。

1. 停连和重音的技巧

停连和重音对于朗读很重要,对幼儿故事讲述也同样重要。

(1) 故事案例——《猴吃西瓜》片段

片段一:猴王清了清嗓子:"今天,我找到了一个大西瓜。至于这西瓜的吃法嘛,我当然……当然是知道的。不过,我要考验一下大伙的智慧,看看谁能说出这西瓜的吃法。如果说对了,我可以多赏他一块。如果说错了,我可要惩罚他!"。

这一段在讲述时怎么才能把猴王故弄玄虚、故作威严的特点逼真地呈现给幼儿呢? 这就要运用到停连的技巧了。讲到"至于这西瓜的吃法嘛"这一句时,"至于"后面可以略作停顿来表现猴王的故弄玄虚,装腔作势;讲到"如果说错了,我可要惩罚他"这一句时,在"我可要"后面停顿一下,用眼睛扫一眼众猴,故意地卖个关子,就能逼真地表现出猴王的故作威严了。

片段二:大伙都欢呼起来:"对! 吃西瓜吃皮!""吃西瓜吃皮!"

这个片段要一口气讲完,中间不停顿,这样猴子们在一起闹哄哄的场面和急于吃到西瓜的迫切心情就生动地表现出来了。

(2) 故事案例——《聪明的小乌龟》。

这事让乌龟看见了,它急忙伸长脖子,一口咬住狐狸的尾巴,"哎哟,哎哟,谁咬我的尾巴?"狐狸叫了起来。乌龟回答了吗? 没有,它张嘴说话不是就放了狐狸吗? 乌龟不说话,一个劲地咬住狐狸的尾巴不放。

这里的"急忙""一口""谁""一个劲""咬"在讲述时要作重读处理,"回答""不放"这两个词则要作轻读处理,通过声音的轻重处理,气急败坏的狐狸和聪明的小乌龟就给幼儿留下了深刻的印象。

可见,停连和重音处理得当不仅能在讲述时取得曲折有致的效果,还能通过语言向幼儿展现故事中角色的情感态度,让幼儿能有直观、新鲜的感受。

2. 语气和语调的技巧

在幼儿故事讲述时要借助声音的高低、强弱、快慢以及不同的语调、气息来表达故事中不同的感情。

表现高兴的情感时气满声高,语调上扬,语速稍快。例如,故事《小壁虎找尾巴》中讲到小壁虎发现长出了新尾巴,"它转身一看,高兴地叫了起来:'噢,我又长出一条新尾巴啦!'"

表现悲伤的情感,气沉声缓,语调平直,语速稍慢。例如,讲述《卖火柴的小女孩》故事的开头:"天冷极了,下着雪,又快黑了。这是一年的最后一天——大年夜。在这又冷又黑的晚上,一个乖巧的小女孩儿,赤着脚在街上走着。"

表现着急的情感,气短声促,语速较快,语调上扬。例如,故事《两只笨狗熊》中,"哥儿俩一看面包不一样大了,连忙叫起来:'不行! 不行! 一块大,一块小。'"

表现谄媚的情感,气虚声假,语调上扬,语速略快。例如,故事《老虎拜师》中"老虎向小猫磕头央求道:'猫老师,求求你,教我爬树吧。我保证,只要你肯答应,我绝不会昧良心的。'"

表现讥讽、嘲笑的情感,气浮声跳,语调先降后升,或先升后降,语速略慢。有时为了表现狐狸等狡猾的角色说话时,也可以这样表现。如故事《两只笨狗熊》,讲到狡猾的狐狸:"狐狸大婶来了,她看见肉,眼珠骨碌碌一转,说:'噢,你们是怕分得不公平吧,让大婶来帮你们分!'"

表现慈爱的情感,气徐声柔,语调平直,语速稍缓。如《猜猜我有多爱你》这个故事中,"大兔子说:'哦,这我可猜不出来。'"

其他还有表现愤怒的情感,气粗声重,语调降抑,语速较快。表现疑惑的情感,气细声黏,语调上扬,语速略快。表现害怕的情感,气提声凝,语调或扬或抑,语速忽快忽慢。表现难为情的情感,气虚声低,语调稍降,语速缓慢,断断续续。

3. 语速技巧

欢快、热烈、紧张、焦急、慌乱的情绪适宜快讲;悲痛、沉重、镇定、失重的情绪适宜慢讲;争吵、急呼、辩论适宜快讲;闲谈、耳语、絮语适宜慢讲;抨击、控诉、指责、争辩适宜快讲;叙述、说明、追思、回忆适宜慢讲。讲到重要的地方时、老人讲话时、承认错误时、从远处喊人时、慢性子人说话时、弱者在强者面前说话时,语速应稍慢;讲到高潮时、情态紧迫时,语速应稍快。

4. 气息技巧

讲故事有时还可以用夸张的吸气和喘气的技巧,表现疑惑就可以夸张地吸气。例如,《狮子照哈哈镜》里,"狮子想了一想说:'对呀! 我看不见自己的身子,怎么知道自己有多大呢?'"讲到大狮子说话时可以先吸口气,并发出"咦"的声音;再如故事《两只笨狗熊》里这样一句:"两只小狗熊捡起来闻闻,嗯,喷喷香!"讲述时也可以用夸张地吸气的技巧。表现意外、震惊、害怕等情绪时还可以用到倒吸气。

还有大口的喘气,如故事《爱打喷嚏的帽子》中:"阿嚏——"老爷爷觉得鼻孔痒痒的,打了个大大的喷嚏,吓得大耗子连滚带爬,一口气跑到门口,对它的伙伴说:"快跑,快跑!"讲到大耗子说话时就可以一边大口喘气一边说话。

二、态势语运用技巧

讲故事常用的态势语有身姿语、手势语、表情语和目光语。

1. 身姿语

幼儿故事讲述大多具有表演性,讲述者通过身体姿势来表现故事内容,可以再现故事情节,增强故事的感染力。

以《小熊不刷牙》为例,哈利"从床上爬起来,走到镜子跟前,使劲儿张大嘴巴,这一看,让哈利高兴得差点晕倒了:哇! 嘴巴里真的是一颗牙齿都没有了哎!"讲述这一段时,踮起脚尖,头向后略仰,使劲儿地张开嘴巴,睁大眼睛,对着镜子上下张望,运用这些身姿语,就能把小熊哈利发现牙齿没了的时候,激动无比的心情活灵活现地表现出来了。

后面哈利想把没有牙齿的事情分享给他的好朋友,它先后遇到了兔子和狼以及啄木鸟,讲述时可以将他们设计成左侧45度和右侧45度的不同站位和哈利对话,这样就能更为生动地、逼真地再现当时的对话场景。

在故事讲述时运用身姿语,要结合幼儿的年龄特征,揣摩幼儿的感受、兴趣,适时作出调整,身姿语的运用宜少不宜多,宜简不宜繁,动作要大方优美。

2. 手势语

故事讲述时,还可以辅助手势语来增强故事的表现力。手势语动作范围小,易于操作,在故事讲述中使用得比较多。手势语有象形手势语、指示手势语、情绪手势语等。幼儿故事讲述时使用的手势语,比较多的是象形手势语。

当故事中出现不同的动物形象时,就可以用象形的手势来模拟表现。比如:模仿小花猫,可以将双手置于嘴边,做猫胡子来表现;模仿小熊,可以两手握成球状放到头两旁;模仿小牛,可以采取拇指、小指伸直,其余手指卷起来,放在头顶的两侧;模仿公鸡,可以五指分开,手竖起,拇指放在头顶上等。

除此之外,故事讲述时还可以用指示手势语和情绪手势语,比如,故事《狼大叔的红焖鸡》中,鸡太太看到狼大叔激动地尖声叫起来:"啊呀,原来是你呀,狼大叔! 孩子们,孩子们,快来看哪,煎饼、甜甜圈和那个香甜的大蛋糕——不是圣诞老公公送来的! 那些都是狼大叔送给我们的礼物!"模拟鸡太太让孩子们过来,就可以用招手的手势。故事《黑熊换鸡蛋》中,讲到黑熊上了狐狸的当,哭笑不得地说,"狐狸呀,狐狸,真拿你没办法"时,可用双手摊开来表现黑熊的无奈。

常见手势语有:

(1) 翘拇指。主要表示称赞。

(2) 伸食指。食指竖起置于肩部前方,表示数字1;食指与嘴唇垂直,并靠拢嘴唇或与嘴唇接触,眼睛稍微睁大,表示"请安静";食指指向身体前方,上下点动,则表示强烈不满和批评等。

(3) 抬手。单手上抬有请或向上方看的意思;伸出一手,掌心向下,以自己身体作为参照物,可以比

画物体的高度;伸右手,掌心向上,从左向右划弧线,可表示平原、草地的辽阔;双手掌心向下做横向移动,可表示物体的平整;伸出右手手掌,掌心向下,从左至右横向移动并呈波浪起伏,可以表示河流;两手手掌相对,拉开适当距离可以模拟物体宽度;双手伸出,掌心向上、向前,有送东西的意思;两手掌心向上向两边摊开,有无奈的意思。

(4) 背手。将双手放于身后,一只手握住另一只手。这种手势可用来显示"权威"。

(5) 叉腰。双手叉在腰胯部位。这是一种富有进攻意味的体态,呈现出一种咄咄逼人的气势。

(6) 握拳。攥紧拳头,置于胸前,拳心向内,上下挥动数次,可以用来表示力量。

和身姿语的运用一样,手势语也要适宜适度,不要过多过复杂。

3. 表情语

幼儿故事中往往蕴含很多情感,高兴、厌恶、愤恨、悲伤等,这些内在的情感可以通过讲述者面部表情的变化传递给幼儿,让幼儿跟随故事或喜或忧。

故事《小老鼠和大老虎》中有这样一段对话,"大老虎说:'玩不玩西部牛仔啊? 这样吧,你当好人,我当坏人。'哈,我终于可以当好人啦! 可是,我告诉他:'我还是不想跟你做朋友。'"讲到大老虎说话时要呈现百般讨好、谄媚的表情,小老鼠说话时要呈现不屑一顾的表情,表情语的运用能让幼儿如临其境,真切感受到两个角色此刻鲜明的态度对比。

幼儿故事讲述中常见的表情语如下。

表示感兴趣、关心:眉毛微微上扬,双眼略微张大,口部微张,同时嘴角略上翘起,呈现微微的笑意。

表示满意:眼睛微闭,嘴角上翘面露微笑,以示鼓励。

表示严肃:眉毛微皱,双唇抿在一起,眼睛略略张大。

表示惊奇:眉毛上扬,睁大双眼,嘴圆张。

表示愤怒:眉头紧皱,眼圆睁,牙关紧咬,双唇紧抿,面色涨红。

表示蔑视:眼微眯,嘴角下垂,嘴向一边撇去。

在讲故事中表情语的运用要适度夸张,善于变化。

在给幼儿讲故事时,不能只是简单地模拟动作。动作要与表情、语气语调融为一体,协调运用。当然,如果没有内在感情的驱使,是很难将语气、动作、表情完美地结合在一起的,因而,讲故事者本身要将自己投入故事中,感人物所感,才能把生动的情态演绎出来。

三、角色声音的处理技巧

1. 不同年龄的人的声音处理

一般,小孩说话声音音高而明亮,吐字靠前,气息浮浅。如《猜猜我有多爱你》中的小兔子,《狼大叔的红焖鸡》中的鸡宝宝。

中年人说话声音响亮,吐字有力,气息扎实,沉稳。如《鸭妈妈找蛋》中的牛大伯,《胡萝卜先生的胡子》中的胡萝卜先生。

老人说话声音偏低、偏暗,吐字偏后,气息虚散,时而颤抖。如《小马过河》里的老牛,《给熊奶奶读信》中的熊奶奶,《小雪花找朋友》中的大树爷爷。

故事《猴吃西瓜》中就出现了多种年龄段的角色。讲述时,猴王的声音应坚实饱满,气息充足,共鸣响亮,体现身强力壮的猴王的权威感;小毛猴儿的声音,吐字靠前,声音高而明亮,语速快,体现小毛猴儿胸无城府的特点;老猴子的声音设计为典型的老人声音特点,吐字靠后,语速缓慢,有拖腔。

2. 不同性格的人声音处理

耿直豪爽的或者勇猛有力的人说话声音厚实有力、洪亮清晰,比如,《小老鼠和大老虎》中的大老虎说:"好人总是会赢的嘛!"

善良柔弱的人说话声音半虚半实,吐字轻缓。比如,《三脚猫医生》里面的蜂鸟说:"猫大夫,请你告诉我,我为什么长不大呢?"

微课

角色声音的
处理技巧

阿谀奉承的人说话低三下四,声音略高略尖。比如,《老虎拔牙》中的小狐狸说:"啊!尊敬的大王,我给您带来了世上最好吃的东西——糖!"

骄傲的人说话很自负又盛气凌人,声音较高较强,语速较快。比如,《勇敢的小刺猬》中的小猴说:"哼,让他来,他能干什么?呆头笨脑的。"

幼儿故事中一些常见动物形象可采用类型化的声音,比如:小猴性格机灵,说话声音高而细,吐字靠前,语速较快;小熊憨厚老实,说话声音低而粗,吐字靠后,语速较慢;小白兔乖巧可爱,语气亲切呆萌;大灰狼凶残狡诈,语调低而沙哑;老牛温厚敦实,声音低而沉稳;狐狸狡猾多疑,说话声音尖、细,尾字吊得较高,语调曲折多变;小猪性格憨厚,说话声音厚实、语速较慢。

3. 拟声处理

故事中人物区分度不高,或者角色较多很难区分,可以运用拟声的技巧加以区分。

故事《小花籽找快乐》中同时出现了小鸟、小青蛙、小蜜蜂,他们都具有体积小、活泼可爱的人物特点,因此,讲到小青蛙可以先加入拟声词"呱呱呱",讲到小蜜蜂时先加入拟声词"嗡嗡嗡"。

故事《鸭子骑车记》角色很多,讲述时也可以通过拟声来加以区分。

几种常见动物的拟声技巧如下:

羊的叫声"咩"尖、细、发颤;公鸡打鸣的声音"喔喔喔"高亢嘹亮,由小到大;母鸡的叫声"咕咕嗒",最后一个"嗒"拖泥带水,拖得较长;狗的叫声"汪汪"洪亮、泼辣、语速较快、透着狠劲;牛的叫声"哞"低沉、浑厚、悠长。

4. 声音的弹性变化

(1)同一角色,心情不同,声音不同。

心情愉快时,声音明朗;心情郁闷痛苦时,声音低沉、暗淡。

以故事《小老鼠和大老虎》为例,在故事的前半部分,小老鼠总是被大老虎欺负,心情郁闷。讲述它的内心独白时,应声音低沉,语调降抑,"唉,我能说什么呢?我不过是一只很小的小老鼠。"故事的后半部分,大老虎主动向小老鼠示好,小老鼠很开心,"哈,终于可以当好人啦!可是,我告诉他:'我还是不想跟你做朋友。'"应声音明朗,语调上扬。

(2)有时,故事中角色说话时方位不同,声音也要有所不同。

呼喊远方的人,要考虑距离感,说话时就要拖长字音,好让远方的人听到。例如,《小雪花找朋友》中,小雪花使劲地喊:"喂,小昆虫,你们在哪里?快出来,我要和你们做朋友!"讲述时要拖长字音。两个角色离得很近,窃窃私语的时候,声音就要放低、放轻,讲出私密感,例如,《猴吃西瓜》中两只猴窃窃私语:"哎,老弟,我说这西瓜可不是滋味啊!""西瓜嘛,就这味!"对高处的人说话,声音也要随之往高处走,对低处的人说话,声音也要有所降低,形成高低的起伏变化。

5. 借助特殊的声音

讲故事还能借助一些特殊的声音,如笑声、哭声、叹息声、呼喊声、喷嚏声、呼喊声、回声,以及强声、弱声等。

例如在讲述故事《会打喷嚏的帽子》时,就可以灵活运用很多特殊的声音。

嗨,谁把这顶奇怪的帽子偷来,该有多好啊!(弱声商量)

小耗子害怕得尖叫起来:"我不去!我怕'呼噜',你们没听见,奇怪的帽子里藏着一个呼噜,它叫起来,地板窗户都会动的,真吓人!"(哭腔)

他轻轻一跳,跳上了床,爬到老爷爷的枕头旁边,用尖鼻子闻了闻那顶帽子,喷喷,好香哟!(喷喷声)

"啊欠——"老爷爷觉得鼻孔痒痒的,打了个大大的喷嚏,吓得大耗子连滚带爬,一口气跑到了门口。(喷嚏声)

这些特殊的声音让讲述更加生动,更能把幼儿带入故事的情境中。

📝 **学习任务单**

根据已学知识完成下列学习任务单。

基础知识任务单 2-4-3　掌握幼儿故事讲述的技巧

姓名：＿＿＿＿＿＿　学号：＿＿＿＿＿＿　评分人：＿＿＿＿＿＿　评分：＿＿＿＿＿＿

分析故事《猴吃西瓜》。(40 分)

猴吃西瓜

猴王找到了一个大西瓜,可是,怎么吃呢? 这个猴啊,是从来也没有吃过西瓜。忽然,他想出了一条妙计,于是,把所有的猴都召集来了。

他清了清嗓子:"今天,我找到了一个大西瓜。至于这西瓜的吃法嘛,我当然……当然是知道的。不过,我要考验一下大伙的智慧,看看谁能说出这西瓜的吃法。如果说对了,我可以多赏他一块。如果说错了,我可要惩罚他!"

大伙你看看我,我看看你,谁也没有吃过西瓜。

小毛猴眨巴眨巴眼睛,挠了挠腮说:"我知道,吃西瓜是吃瓤!"

"不对! 小毛猴说得不对!"秃尾巴猴跳了起来,"我小的时候跟我妈去姥姥家,吃过甜瓜,吃甜瓜就是吃皮。我想,这甜瓜也是瓜,西瓜也是瓜,吃西瓜嘛,当然也是吃皮咯。"

这时候,大伙争执起来,有的说:"吃西瓜吃皮!"有的说:"吃西瓜吃瓤!"可争了半天,也没争出个结果,于是都不由地把目光集中到一个老猴的身上。

这老猴认为出头露面的机会来了,他捋了捋胡子,打扫了一下嗓子说:"这吃西瓜嘛,当然……当然是吃皮咯。我从小就爱吃西瓜,而且……而且一直都是吃皮的。我想,我之所以老而不死,就是因为吃了这西瓜皮的缘故……"

大伙都欢呼起来:"对! 吃西瓜吃皮!""吃西瓜吃皮!""吃西瓜吃皮!"

猴王认为找到了正确答案,他站起身来,上前一步,开言道:"对! 大伙说得对! 吃西瓜是吃皮。哼! 就小毛猴崽子一个人说吃西瓜吃瓤,那就让他一个人吃吧! 咱们大伙,都吃西瓜皮!"

西瓜一刀两半,小毛猴吃瓤。大伙共分西瓜皮。

有个猴吃了两口,就捅了捅旁边的说:"哎,我说这可不是滋味啊!""咳,老弟,我常吃西瓜,西瓜嘛,就是这味……"

1. 语速的学习

在故事中用—表示中速,用～表示慢速,用＝表示快速,体会用不同的语速来表达不同的情感。

2. 语调的学习

标出下面几段话中人物说话时的语调。升调用↗,降调用↘,平调用→,并试着读一读。

(1)"今天,我找到了一个大西瓜。至于这西瓜的吃法嘛,我当然……当然是知道的。不过,我要考验一下大伙的智慧,看看谁能说出这西瓜的吃法。如果说对了,我可以多赏他一块。如果说错了,我可要惩罚他!"

(2)"对! 吃西瓜吃皮!""吃西瓜吃皮!""吃西瓜吃皮!"

(3)"哎,我说这可不是滋味啊!""咳,老弟,我常吃西瓜,西瓜嘛,就是这味……"

3. 重音的学习

标出下面两段话中每一句话中的重音,并标注出是用哪一种重音的表达方法,标好后大声读一读。

(1)"今天,我找到了一个大西瓜。至于这西瓜的吃法嘛,我当然……当然是知道的。不过,我要考验一下大伙的智慧,看看谁能说出这西瓜的吃法。如果说对了,我可以多赏他一块。如果说错了,我可要惩罚他!"

（2）"不对！小毛猴说得不对！"秃尾巴猴跳了起来，"我小的时候跟我妈去姥姥家，吃过甜瓜，吃甜瓜就是吃皮。我想，这甜瓜也是瓜，西瓜也是瓜，吃西瓜嘛，当然也是吃皮咯。"

技能演练任务单 2-4-3　掌握幼儿故事讲述的技巧

姓名：_____　　学号：_____　　评分人：_____　　评分：_____

一、要求

① 讲述语言要形象、生动，有轻重缓急的变化，语气、语调自然，适应情感表达的需要。

② 能用不同的声音区分角色。

③ 恰当地使用态势语来辅助讲述。

二、主题

讲述幼儿故事《春天的电话》。（60分）

春天的电话

轰隆隆，睡了一个冬天的小黑熊被惊醒了，打开窗户，往外一看："啊，原来是春天来了！"

它连忙拿起电话，得儿得儿拨起了电话号码——1，2，3，4，5，"喂，小松鼠吗？春天来了，树上的雪融化，快出来玩玩吧！"

小松鼠听了电话，也得儿得儿地拨电话号码——2、3、4、5、1，"喂，小白兔吗？春天来了，山坡上的草绿了，快出来吃草吧！"

小白兔听了电话，也得儿得儿拨电话号码——3、4、5、1、2，"喂是小花猪吗？春天来了，河里的冰融化了，快出来游泳吧！"

小花猪听了电话也得儿得儿拨号码——4、5、1、2、3，"喂，小狐狸吗？春天来了，地上的虫子爬出来了，快出来捉虫子吧！"

小狐狸听了电话，也得儿得儿拨号码——5、1、2、3、4，"喂，小黑熊吗？春天来了，山上的花开了，快出来采花吧！"

小黑熊听了电话，高高兴兴地来到外边，看见大伙儿全出来了。它碰见了小狐狸，说："谢谢你，给我打电话，告诉我春天来了。"小狐狸指指小花猪，小花猪指指小白兔，小白兔指指小松鼠，大家都说："是它打电话给我的，应该谢谢它。"小松鼠指指小黑熊说："我们应该谢谢小黑熊，是它第一个给我打电话的！"小黑熊连忙用两只大手捂住脸，连声说："不用谢，不用谢。"

三、活动过程记录

四、小组建议反馈

反思评价

1. 反思

请结合本次学习要点及实训内容,谈谈自己在幼儿故事讲述中是如何区分角色的。

2. 评价

请你对本次任务进行评价。

评价表 2-4-3　掌握幼儿故事讲述的技巧

内　　容	评　　分
1. 对知识点掌握程度	☆☆☆☆☆
2. 幼儿故事讲述实践中对语言技巧和声音技巧的运用程度	☆☆☆☆☆
3. 经过本次任务的学习,说一说还有哪些难点需要解决	

支持链接

学习幼儿故事讲述中如何转换角色声音,了解常见的手势语。

幼儿故事讲述中的常见手势语

任务四　掌握不同类型的幼儿故事讲述方法

任务描述

　　幼儿故事中比较常见的两种类型是文字故事和绘本故事,两种故事类型的载体不同,讲述的方法也有所不同。本次的学习任务就是通过分析范例,掌握文字故事和绘本故事这两种不同类型的故事的讲述要领,让幼儿在生动的讲述中受到潜移默化的教育,发挥故事讲述寓教于乐的作用。

要点学习

一、文字故事的讲述训练

　　文字故事没有图画的辅助,幼儿对故事情节的了解,对角色形象的感知,对故事主题的把握都需要从讲述者生动形象的讲述中获得。讲述文字故事,需要讲述者充分熟悉故事内容,理清情节结构,仔细分析细节,在讲述中运用高超的语言技巧,借助夸张的语气语调和生动的态势语,把幼儿带入故事情境,进行潜移默化的教育。

文字故事讲述训练

文字故事讲述范例:《烫头发的狮子》。

烫头发的狮子

现在流行烫头发,狮子也想试一试。狐狸知道了,连忙说:"如果你把头发烫了,一定更神奇,更威武!"

狮子听了狐狸的话,很得意,第二天就把头发烫了。

全森林的动物听说狮子烫了头发,都来看热闹。狮子听了,心里美滋滋的,他想:以前别人都说我的脸凶,现在都说我美啦,嘿,烫头发真好!

正在这时候,一只小兔子在草丛里一闪,狮子正想扑过去追捕,狐狸连忙说:"您可不能跑得这么快,要不,风会把您漂亮的头发弄乱的!"可不是吗?狮子只好慢慢地走,等他走到草丛边,小兔子早就跑得无影无踪了。这一天,狮子什么也没抓到。

一天过去了,两天过去了,狮子饿得连走路的力气都没有了,只得蹲着听别人说他的头发怎么美。怎么美……

许多许多日子过去了,狮子还是一动不动地蹲着。

一只胆大的猴子跑上去一摸,哟,硬邦邦的,嗨,变成石狮子了。不信,你去瞧瞧,石狮子是不是烫了头发的?

1. 修改故事

这个故事文字比较简练,但是故事中叙述语言比较多,不够形象,幼儿听了会觉得枯燥,另外语言间的衔接不够连贯,思维太跳跃,影响小朋友的理解。所以讲述前先要结合幼儿的思维和认知特点对故事进行修改,如增加对话和独白,突出角色语言的动作性,将一些幼儿不容易记住的单音节字词改为双音节词语等。

烫头发的狮子(改编后)

孩子们,我们经常在银行的门口看到两只石狮子,你们注意到他们的头发是什么形状的吗?为什么会是这样的呢?老师给你们讲一个故事,你们就知道答案了。

动物城里今年流行烫头发,绵羊、哈巴狗都烫了头发,可漂亮了。狮子心里痒痒的,他想:"我要是烫了头发,一定比他们更好看!"狮子把这个想法告诉了狐狸,狐狸一听,连忙说:"啊,大王,如果您把头发烫了,一定更神奇,更威武!"

狮子听了狐狸的话,很是得意,第二天一大早,他就赶紧去找猫小姐给他烫了个大波浪。

烫了大波浪的狮子把头昂得高高的,大摇大摆地走在大街上,有时还故意停下来甩一甩他那金色的烫发。全森林的动物都来看热闹了,大家都说:"快看哪,狮子烫头发了!""狮子烫了大波浪!"

狮子听了,心里美滋滋的,他想:以前别人都说我的脸凶,现在都说我美啦,嘿,烫头发真好!

正在这时候,一只小兔子在草丛里一闪,狮子赶紧扑过去追捕。狐狸看见了,连忙拦下了狮子说:"哎哟,您可不能跑得这么快,要不然,风会把您漂亮的头发弄乱的!"狮子一想:"对呀,我可不能跑,我的漂亮头发可不能乱。"狮子只好一步一步慢慢地向前走,当他走到草丛边的时候,小兔子早就跑得没影了。这一天,狮子什么也没有抓到。

一天过去了,两天过去了,狮子饿得连走路的力气都没有了,他只好蹲在墙角边,一动也不动,路过的动物都夸奖他:"大狮子的头发真漂亮!"可大狮子连头都不抬一下。

许多许多日子过去了,狮子还是一动不动地蹲着。

有一天,一只胆大的猴子跑上去一摸,哟,大狮子硬邦邦的,这是怎么回事?原来大狮子变成石狮子了。不信,小朋友们去瞧瞧,我们看到的石狮子是不是烫头发的?

修改后的故事将原来枯燥的叙述文字改成了角色的内心独白和对话文字,增加了狮子烫完头发后走在大街上的神态、动作的描写,以及大家对狮子烫完头发后的假意的奉承,还修改了一些不合幼儿听读习惯的词句,在不改变原意的基础上让狮子的虚荣和狐狸的虚伪更加生动,有立体感了。

2. 理解、分析故事

讲述者首先要熟悉故事的内容。故事讲述的是森林之王大狮子听了狐狸的奉承话，烫了头发，非常得意，到处炫耀，又因为爱惜漂亮的头发，不敢像以前一样奔跑、捕捉动物，最后被活活饿死，变成石狮子的故事。情节生动有趣，矛盾突出，整体的情感基调风趣、幽默。

其次要借助细节分析故事中主要角色的个性特征：大狮子爱听奉承话、爱慕虚荣；小狐狸花言巧语、阿谀奉承。

最后要准确把握故事主题。故事充满了童趣，贴近生活，寓意深刻，要让幼儿在听讲中懂得好听的话有时候是会害人的，不能爱慕虚荣的道理。

3. 讲述提示

讲述这个故事时，要抓住大狮子前后的变化，运用不同的语气、语调、语速加以表现。开始时，大狮子烫了头发洋洋得意，四处炫耀，讲述时语速可以稍快，语调上扬，声音明亮；后面饿得连走路的力气都没了，讲述时语速稍慢，语调平缓，声音低暗。讲述狐狸说话时，可以用一些曲折调，表现出他的虚伪，通过语气语调的变化能很快把幼儿带进故事的情境中。

另外，还可以对开头和结尾做一些设计，增加故事的互动感和吸引力。开头可以先抓住幼儿的好奇心设计悬念式开头："孩子们，我们经常在银行或者大饭店的门口看到两只石狮子，你们注意到他们的头发是什么形状的吗？为什么会是这样的呢？接下来我们来听一个故事，你们就知道答案了。"开头通过设置悬念能一下子把孩子的兴趣调动起来，让他们竖起小耳朵来听故事。另外，因为这个故事蕴含的道理孩子自己不一定能分析出来，故事的最后，讲述者可以用议论的方式把故事中蕴含的道理直接揭示出来，让幼儿受到启迪。"一只很厉害的大狮子，因为爱臭美、爱听好听的话，最后被饿死，变成一只石狮子，真是太惨了！看来好听的话有时候也是害人的，小朋友们，你们说是吗？"

二、绘本故事的讲述训练

绘本故事是由图画和文字两部分组成，优秀的绘本，其文字简洁明快，绘画连贯精美，可以用简单的画面、简明的文字讲述一个生动的故事，表达丰富的内涵。如绘本故事《猜猜我有多爱你》，就将"爱"这个抽象的概念，用形象生动的画面、简短的对话形象地表现了出来。还有绘本故事《小黑鱼》，通过一幅幅精美的海底世界的图画，让幼儿用眼睛紧紧跟随小黑鱼，感知它的成长。

在接受形式上，讲述绘本故事时，幼儿更容易被画面吸引，从用耳朵听故事转变为用眼睛看故事，对绘本故事的理解是在讲述者讲述和幼儿自己观赏的互动中实现的。幼儿一接触绘本，首先被吸引的是精美的画面，其次才是文字。这就决定了绘本故事的讲述不是幼儿教师一个人在表演，它是在幼儿的"读"和幼儿教师的"讲"的互动中完成的。

1. 讲述步骤

讲述绘本故事主要有三步。

第一步，引导幼儿关注画面。绘本故事图文并茂，有图画有文字，文字一般比较简洁。如果只讲文字部分，幼儿能接受到的内容非常少，是很难把故事讲清楚的——在绘本故事中，故事往往藏在图画里。讲述绘本故事，更应强调幼儿对图画的关注，要把讲和看结合起来。讲述绘本故事时可以从绘本的封面、环衬、扉页开始，先引导幼儿观看图片，指导他们找出画面之间的联系，发现有趣的细节，启发引导幼儿去想象，通过观察画面来确定故事的主要角色，预测情节走向，从而对故事的内容有一个大概的了解。

第二步，读绘本。讲述绘本故事不需要像讲述文字故事一样脱稿，可以看着画页读绘本，尽可能忠于原作，对于那些文字较少的绘本故事，讲述者也可以根据图画中提供的时间、地点、人物、背景等信息自行构建故事的框架，用适合幼儿认知特点的语言把故事讲述出来。

最后一步，复述故事。用生动、形象的口语，辅助一些态势语，将故事再次复述一遍，复述时要注意保持故事的完整性，避免在复述过程中过多地停顿和提问。

2. 绘本故事讲述范例

以李欧·李奥尼的经典绘本故事《小黑鱼》为例。绘本讲述了一条小黑鱼一天之间突然失去了所有的亲人、朋友,但是它并没有退缩,而是勇敢地面对了自己的困境。它在大海里看到了许许多多以前他从未见过的生命,他还帮助一群小红鱼吓跑了大鱼,并和他们一起快乐、自在地在大海里畅游。这本书一共 14 个场景,其中小黑鱼独自在海里徘徊的场景占到 7 个。作者把想对幼儿说的话全都藏在了画面里,这 7 幅画正是全书的高潮,直到真正独自走进深海,小黑鱼才开始去发现自己生活的世界,才学会去思考自己的存在,学会独立思考的小黑鱼才真正长大了。小黑鱼的自我发现、成长,是这个绘本故事深邃的主题。

在角色方面,小黑鱼是整个故事的灵魂人物,它在海底的游荡、发现、思考、成长的历程对于正急于探索这个世界的幼儿能引起他们强烈的认同感。

讲述绘本故事和讲述文字故事不一样。在讲述绘本故事前,先引导幼儿看绘本,欣赏图画,从封面到扉页,再到里面的每一页。不妨多看两遍,第一遍通过看图了解故事的主要的情节,第二遍熟悉角色,结合文字和图画,体会角色的性格特征,第三遍可以引导幼儿看一看图画中的一些细节,通过细节来挖掘绘本的主题。

看完几遍以后,就可以给幼儿读一读故事了。读故事,尽量要忠于原文,但也要有语气、语调、语速的变化。比如,读到小黑鱼在深邃的大海里游荡,心里很害怕,很孤独也很悲伤时,声音要低沉一点,语速稍慢一点;读到小黑鱼说,"但是不能只是躲在这里,我们一定要想一些办法"时,语气要坚定,声音要响亮有力。

最后,再脱稿把故事复述一遍,复述不要求一字不差,因为《小黑鱼》绘本中文字部分故事性不强,在复述时,可以适当地做一些增补、加工,调整一些句子的语序,增加一些描述性的词句,但一些关键性的语句一定要表述清楚。如故事的开头,"在大海的深处,有一个小鱼们的快乐天堂,这些小鱼都是红色的,只有一只的颜色像蚌壳一样黑黑的,他游得比他的兄弟姐妹都快,他的名字叫作小黑鱼",这一句交代了小黑鱼生活的地方、名字,就要讲述清楚。还有一些角色语言,也要复述清楚。复述要像讲文字故事一样生动有趣,注意口语化,要有适当的态势语。

🖊 学习任务单

根据已学知识完成下列学习任务单。

基础知识任务单 2–4–4　掌握不同类型的幼儿故事讲述方法

姓名:_____　　学号:_____　　评分人:_____　　评分:_____

分析绘本《下雨了》。(40 分)

　　1. 了解绘本的基本框架

　　《下雨了》这本绘本,包括了_____、_____、_____、_____、_____、_____六部分。

　　2. 走近绘本

　　绘本故事《下雨了》故事情节简单、有趣,文字简洁,有的画页甚至没有文字。并且画面很抽象,讲述时,有些细节的地方要引导幼儿对画面进行仔细观察,比如_____、_____、_____、_____等,还要引导幼儿进行大胆的猜想,比如,绘本中用平面的、色彩鲜明的几何图案来表现_____,用蓝色的线条来表现_____,用虚线来暗示_____。在此基础上,讲述者要自行构建故事的框架,用适合幼儿认知特点的语言把故事讲述出来。

---

3. 知道绘本故事的讲述步骤

讲述绘本故事《下雨了》可以通过三个步骤来进行：第一步 _____，第二步 _____，第三步 _____。

技能演练任务单 2-4-4　掌握不同类型的幼儿故事讲述方法

姓名：_____　　学号：_____　　评分人：_____　　评分：_____

一、要求

① 模拟幼儿园绘本讲述活动的情景，分小组训练。

② 在文字极少的情况下，要能根据画面构建出故事的情节框架，丰富故事的语言。

③ 要能将知识性和趣味性贯穿进绘本的讲述中。

④ 录制视频，提交至学习通平台。

二、主题

讲述绘本故事《下雨了》。（60 分）

三、活动过程记录

四、小组建议反馈

反思评价

1. 反思

如何讲绘本故事？在绘本故事讲述中如何掌握读图的要诀？

2. 评价

请你对本次任务进行评价。

评价表 2-4-4　掌握不同类型的幼儿故事讲述方法

内　　　容	评　　分
1. 对知识点的掌握程度	☆☆☆☆☆
2. 训练完成情况	☆☆☆☆☆

续　表

3. 经过本次任务的学习,说一说自己对哪一部分的内容还存在困惑

支持链接

观看视频,了解文字故事和绘本故事不同的讲述方法。

视频

文字故事和绘本故事讲述

任务五　学会幼儿故事创编与表演

任务描述

创编与表演是幼儿故事讲述活动的进一步提升,也是幼儿园语言领域经常开展的一项重要的教学活动。本次的学习任务是了解幼儿故事创编的作用和幼儿故事表演的基本要求,掌握创编的技巧,并能进行幼儿故事创编和表演的实践。

要点学习

微课

幼儿故事创编

一、幼儿故事创编

1. 故事创编的作用

在《幼儿园教育指导纲要(试行)》中有关语言领域指导要点的第一条指出:"幼儿的语言能力是在运用的过程中发展起来的。语言教育应密切结合幼儿的实际生活,在各种活动中进行。"幼儿故事创编正是实现这个目标的一个有效的途径。除此之外,创编还能发展幼儿的思维能力、想象力、模仿力,激发幼儿的创造潜能。同时,在创编与表演的过程中,师生合作、互动交流也能拉近师生间的距离。

2. 幼儿故事创编的步骤

(1)提炼主题。

主题是幼儿故事的灵魂,对整个故事起到统领的作用。创编故事需要深入幼儿生活,发现幼儿的兴趣点、他们成长中遇到的困惑和问题,提炼能反映幼儿的纯真情感、对生活的美好幻想、对真善美的追求、对生命的思考的主题。

(2)编写故事提纲。

明确了主题,就可以围绕主题或关键词,按照开端、发展、高潮、结局建构好层次清晰的故事提纲。

(3)设计角色,组织情节。

幼儿故事中的角色常以动物和幼儿身边熟悉的人物为主,设计故事角色可以参考生活中的动植物

形象,将它们拟人化,抓住它们外在形象上的类型化特征,并且关注角色的内在特质,赋予它们勇敢、聪明、狡猾、善良等独特气质,设计出既有趣,又具有教育意义的幼儿故事角色。

创编幼儿故事时一般按照时间顺序或事情发展的顺序来组织故事情节,情节要生动有趣,线索要单纯、明晰,可以用设置悬念、巧合、误解等方法来制造跌宕起伏的情节效果。这些组织情节的方法,在一些经典的幼儿故事中经常会用到。比如,《瓜瓜吃瓜》的故事就运用了巧合的方法来组织情节,瓜瓜把瓜皮随手扔到了巷子里,没想到,正好被来给他送西瓜的奶奶踩到了,奶奶摔了一大跤,还把手里的大西瓜摔坏了。这样的巧合安排,既在意料之外,又在情理之中,让人哭笑不得。

(4) 丰满内容。

设计好了角色,组织好了情节,有时候创编的故事还是会很空洞,所以还要丰满内容。丰满故事内容的关键是描述好细节。比如,描述一个人不能只用简单的形容词,"他很勇敢、很聪明",而要把对这个人的描述变成个性化的细节,把人物放在具体的生活片段中,通过他的语言、动作去表现他,才能给幼儿留下深刻的印象。要形容小猪很懒,普通的描述是"小猪真懒"。用细节来描述,可以是"小猪一个月都没出门了,他整天吃了睡、睡了吃,门前的菜地都已经长出一人高的杂草了。小猴去喊了他好几次,他只是哼哼两声,连门都懒得开"。有了细节的描述,小猪的"懒"就具体可感了。

(5) 善用技巧。

要创编出具有幼儿情趣、深受幼儿喜爱的故事,要用好修辞技巧。运用比喻、拟人、对比、夸张等修辞手法,能让故事更有趣味性。比如,要表现小猪很胖,普通的描述就是"小猪肚子圆滚滚的,实在是太胖了",意思虽然表达到了,但是语言平淡,毫无情趣。可以用一些比喻和夸张,"小猪最近又胖了不少,肚皮发亮,活像一只大气球",就有趣味多了。夸张是幼儿故事常用的表现手法,如故事《牛蛙牛蛙快快笑》就在很多地方运用了夸张,收到了幽默风趣的效果。

二、幼儿故事表演的一般要求

幼儿故事表演的形式通常有两种,一种是以经典的幼儿故事为原型,将其改编成剧本后,由多人合作在舞台上进行表演,一种是一个人的故事讲述表演。这里重点介绍后一种形式。

幼儿故事表演相对于单纯的读故事或者讲故事,有一定的难度,它既要讲,又要演,对于表演者的语言、声音和表现力的要求都很高。

1. 语言要求

幼儿故事表演,首先要求表演者普通话标准,吐字清晰,用词准确,语法规范。

其次要能恰当、自如地用好各种语音技巧来增强语言的表现力。幼儿故事表演的语言比一般讲述的语言要更生动、语气语调的变化更大。表演时要借助声音的高低、强弱、虚实、明暗来表现人物的情感、性格和环境的变化。还要"表""白"分明,声情并茂。

比如,表演故事《小熊不刷牙》,讲到"哈利回到家,发现桌上有它最爱吃的干蘑菇。哈利抓起来就吃,可是它怎么都咬不动"这一句话时,"最"和"可是"要延长音节,字调调高,"怎么"要轻读,"咬"要重读并且降低字调,以此来表现哈利吃不到心爱的食物时的失望。对语言经过这样的处理之后,表演时哈利在一瞬间的情绪变化就表现得曲折有致,生动形象了。

故事表演时的语言还要力求口语化、儿童化。尽量要用幼儿能接受的、浅显易懂的口语化的语言来讲述,句子要尽量简短,同时可以借助比喻、对比、夸张等修辞手法来增强讲述语言的形象性,在角色对话中用拟声词来区分角色。比如,表演故事《小土坑》时,在讲到鸭子、肥猪、猫、马说话时都可以加入拟声词,让各种动物形象鲜活起来。

2. 声音要求

在幼儿故事表演时,还要会"变声",要能对故事中的角色,根据他们年龄特征、性格特征来进行声音造型,老人、小孩、老虎、狮子、黄牛等都能用符合他们个性特征的不同的声音来表现。如《憋不住憋不住快要憋不住了》这个故事,里面有将近 10 个角色,为了让故事表演达到绘声绘色的效果,就要对他们的

声音进行造型：长颈鹿的声音洪亮粗重，蝙蝠的声音油滑尖利，骨头架子的声音苍老低暗，妖怪的声音阴险尖细，英男的声音稚嫩质朴。这样一来，每一个角色都有鲜明的声音特质，能很快将孩子带入故事情境中。

3. 态势语要求

幼儿故事表演还要将讲述和表演相结合，用夸张的表情、灵活的动作等态势语表演出故事的内容，展示角色的性格，揭示角色的内在情感。随着故事情节的发展和变化，表演者的表情也随之变化，或喜笑颜开、或神情紧张、或愁眉苦脸。除了夸张的表情，幼儿故事表演还要辅助灵活自如的手势动作。比如，生气的时候噘噘嘴，无奈的时候摊开手，小鸟来了"飞一飞"，小鱼来了"游一游"。借助动作和表情，能很快地将幼儿带入故事情境中，有助于幼儿理解故事内容，弥补单纯语言讲述的不足。

但是，表演也要适度、自然，过多的或者过于浮夸的表演不但不能增强表现力，反而让幼儿眼花缭乱，光顾着看表演而不去听故事了。

4. 幼儿意识

在进行幼儿故事表演时，还要考虑受众，要时刻想到是谁在听、在看，表演要有幼儿意识。故事表演时音量要适中，整体语速要放慢，表演者的语言要亲切、自然，富有引导性和趣味性。开头可以用一些提问、设置悬念、猜谜等方法来引起幼儿的兴趣。考虑到幼儿有意注意的时间比较短，在故事表演过程中可以增加和幼儿的互动，在表演中设置一些问题让幼儿回答或者故意卖一个关子来引起幼儿的兴趣。比如，表演《猴子捞月亮》时，可以提问幼儿"那水中的月亮为什么捞不起来啊？水中的月亮是什么呀？"以此激发幼儿的兴趣。对于那些幼儿已经有了一定了解的故事，可以提问"小朋友们，你们知道怎么了吗？下面会发生怎样的故事呢？"让幼儿在观看故事表演的过程中始终能集中注意力。或者也可以在结尾留一些启发性的问题让幼儿去思考。如《小土坑》的故事表演完了，可以留一个问题给幼儿："母鸡说的对吗？你们知道他们都去哪儿了吗？"

幼儿故事表演时还要能做到准确把握故事主题、快速地记忆故事、理清故事的主线和情节结构，确定故事的讲述基调、找出讲述的关键点等。

📝 学习任务单

根据已学知识完成下列学习任务单。

基础知识任务单 2-4-5　幼儿故事创编和表演

姓名：_____　　学号：_____　　评分人：_____　　评分：_____

一、填空题(5分)

幼儿故事的创编可以分这样几步来完成：(1)_____　(2)_____　(3)_____　(4)_____

(5)_____。

二、故事创编(15分)

根据关键词"兔子""山洞""勇敢""有惊无险"，完成一则500字左右的幼儿故事创编。

技能演练任务单 2-4-5　幼儿故事创编和表演

姓名：_____　学号：_____　评分人：_____　评分：_____

一、要求

① 语音标准,口齿清晰,语速适宜,能恰当地运用语言技巧,情感充沛,表达流畅、内容完整,能脱稿。

② 语气、语调、动作、表情符合角色特征,贴合故事内容,有感染力。

③ 故事内容的改编合理,表现具有个性。

④ 讲述富有童趣,适合幼儿欣赏,能恰当运用好态势语,能激发幼儿倾听的兴趣,亲和力好,讲述中能体现出幼儿意识。

二、主题

表演以下故事。(80分)

动物职业介绍所

大猩猩开了一家动物职业介绍所,他在电视上做了个广告:尊敬的各位动物,您有合适的工作吗? 您想充分发挥自己的特长吗? 请到大猩猩动物职业介绍所,我们能让您如愿以偿。

广告登出不久,就有动物报名了。第一位是龙虾,龙虾急匆匆地说:"猩猩所长,猩猩所长,我是粮仓管理员,可我一不小心大钳子就戳破了米袋子,请您帮帮忙,帮助我找到一份合适的工作,好吗?"

大猩猩所长笑着说:"龙虾先生,别着急,我想办法帮助你。你的大钳子像把剪刀,裁衣服倒挺合适的,你可以当个好裁缝。"龙虾非常乐意地当了一名裁缝。

第二位报名的是青蛙,他说:"猩猩所长,我是歌唱演员,可观众们都说我的歌声太难听,请您帮帮忙,帮助我找一份合适的工作,好吗?"猩猩所长笑着说:"小青蛙,别着急,我来帮助你,你的歌声不好听,可你是游泳的行家,你当游泳教练肯定行。"小青蛙想了想:对呀,我游泳棒极了,我就当一名游泳教练吧。小青蛙非常高兴地当上了游泳教练。

第三位来报名的是袋鼠妈妈,她急得快要哭了。她说:"猩猩所长,我是一名理发师,可这个工作一点儿也不适合我,请您帮帮我,帮助我找一份合适的工作,好吗?"猩猩所长笑着说:"袋鼠妈妈,您别急,我来帮助您。你不是有个大口袋吗,当邮递员准合适。"袋鼠妈妈高兴地点点头。

动物们都找到了适合自己的工作,猩猩所长笑着说:"我们每个人都有自己的长处,找到自己的长处,就不愁找不到合适的工作啦!"

三、活动过程记录

四、小组建议反馈

反思评价

1. 反思

请结合本次学习要点及实训内容,谈谈你在进行幼儿故事表演时是如何体现幼儿意识的。

2. 评价

请你对本次任务进行评价。

评价表 2-4-5　幼儿故事创编和表演

内　容	评　分
1. 对知识点的掌握程度	☆☆☆☆☆
2. 训练的完成情况	☆☆☆☆☆
3. 经过本次任务的学习,说一说自己还有哪些难点需要解决	

支持链接

扫描二维码观看视频,了解幼儿故事表演的基本要求。

幼儿故事表演的基本要求

岗位认知

　　幼儿教师教育教学口语是幼儿教师在进行幼儿园教育教学活动中使用的专业口头语言,良好的幼儿教师教育教学口语能力是幼儿教师一项必备的职业技能。幼儿语言发展贯穿于身心发展的各个领域,对其他领域的发展有至关重要的影响。幼儿在运用语言进行交流的同时,也在发展着人际交往能力、对交往情境的判断能力、组织自己思想的能力等,并通过语言获取信息,逐步使学习超越个体的直接感知。幼儿教师职业口语要符合幼儿个性心理特征与认知发展规律,符合特定的教育教学目标的要求。

标准要求

　　国家关于幼儿教师和学前教育的一些标准和文件中,对幼儿教师教育教学口语有明确要求,主要内容如下。

　　★《中华人民共和国学前教育法》"第五章　保育教育"条目:
　　第五十六条　幼儿园应当以学前儿童的生活为基础,以游戏为基本活动,发展素质教育,最大限度支持学前儿童通过亲近自然、实际操作、亲身体验等方式探索学习,促进学前儿童养成良好的品德、行为习惯、安全和劳动意识,健全人格、强健体魄,在健康、语言、社会、科学、艺术等各方面协调发展。
　　幼儿园应当以国家通用语言文字为基本保育教育语言文字,加强学前儿童普通话教育,提高学前儿童说普通话的能力。

　　★《幼儿园教师专业标准(试行)》"专业能力"部分"(十三)沟通与合作"条目:
　　55. 使用符合幼儿年龄特点的语言进行保教工作。
　　56. 善于倾听,和蔼可亲,与幼儿进行有效沟通。
　　58. 与家长进行有效沟通合作,共同促进幼儿发展。

　　★《学前教育专业师范生教师职业能力标准(试行)》"保育和教育实践能力"部分"2.5.2　组织教育活动"条目:
　　学会运用各种适宜的方式实施教育活动,鼓励幼儿在活动中主动探索、交流合作、积极表达,能够有效观察幼儿在活动中的表现,并根据幼儿的需要给予适宜的指导。

　　★《幼儿园教育指导纲要(试行)》"语言"部分"(一)目标"条目:
　　2. 注意倾听对方讲话,能理解日常用语;
　　3. 能清楚地说出自己想说的事;
　　……

"(二)内容与要求"条目：

1. 创造一个自由、宽松的语言交往环境，支持、鼓励、吸引幼儿与教师、同伴或其他人交谈，体验语言交流的乐趣，学习使用适当的、礼貌的语言交往。

2. 养成幼儿注意倾听的习惯，发展语言理解能力。

3. 鼓励幼儿大胆、清楚地表达自己的想法和感受，尝试说明、描述简单的事物或过程，发展语言表达能力和思维能力。

★《3—6 岁儿童学习与发展指南》"语言"部分条目：

应为幼儿创设自由、宽松的语言交往环境，鼓励和支持幼儿与成人、同伴交流，让他们想说、敢说、喜欢说，并能得到积极回应。

核心能力

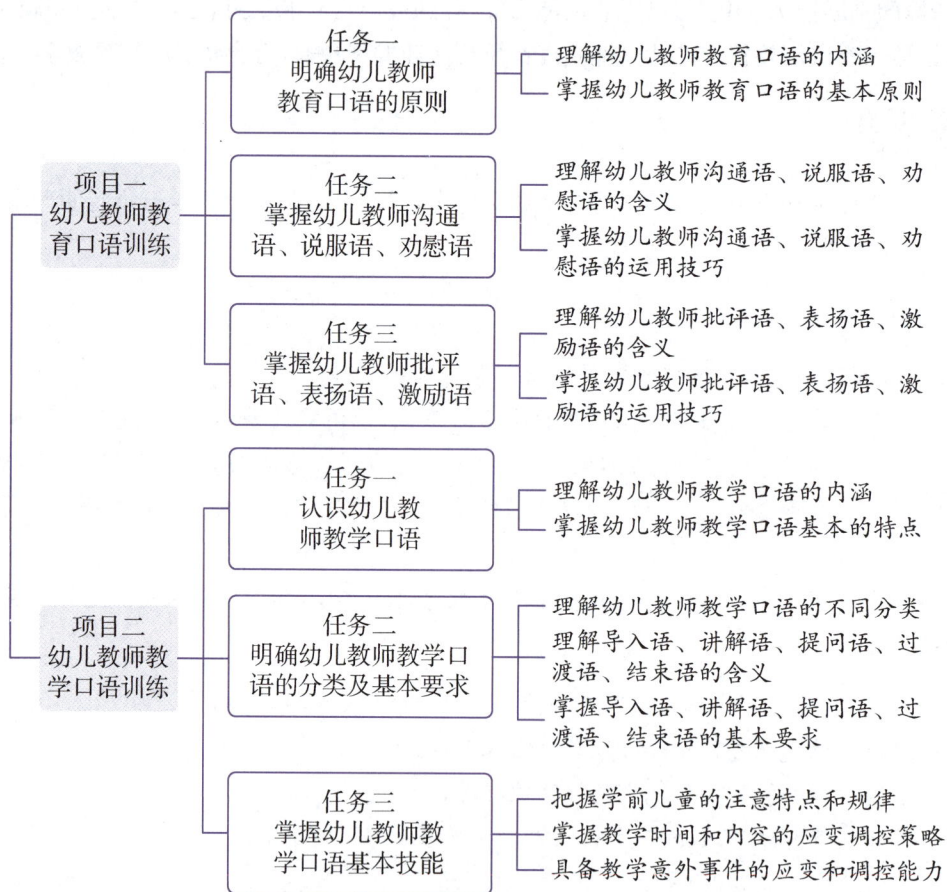

项目一　幼儿教师教育口语训练

学习目标

（一）素质目标

1. 尊重幼儿人格，尊重个体差异性，培养爱心、耐心、责任心。

2. 培养积极的教育情感、端正的育人态度、正确的教育观念。

3. 在教育口语训练的过程中，涵养幼教工作的职业情怀。

（二）知识目标

1. 理解幼儿教师教育口语的含义，明确幼儿教师教育口语的特点。

2. 了解沟通语、说服语、表扬语、批评语、劝慰语、激励语的含义和作用，掌握它们的使用技巧。

（三）能力目标

1. 能恰当地运用沟通语、说服语、表扬语、批评语、劝慰语和激励语，对幼儿进行教育工作。

2. 能在实际教育工作中，灵活结合幼儿教师教育口语，最大程度地发挥教育口语的教化功能。

任务一　明确幼儿教师教育口语的原则

任务描述

幼儿园教育应是科学保育和教育的结合，这就决定了幼儿教师不仅要在课堂教学中教育、引导幼儿，还要有大量的非课堂教学时间在陪伴、熏陶幼儿。本次学习任务包括：理解幼儿教师教育口语的含义；明确幼儿教师教育口语的特点。

要点学习

一、幼儿教师教育口语

所谓幼儿教师教育口语，是指幼儿教师在教育方针的引领下，对幼儿进行情感品德、行为规范教育时所运用的工作语言。

受幼儿心智发育状况和实际认知水平的影响，幼儿教育不仅仅局限于课堂教学，还渗透在活动与游戏中。而在活动与游戏中，教师与幼儿进行思想与情感交流所使用的主要工具就是语言。因此，教师教育口语的运用，对于幼儿情感品德、行为规范的形成，乃至语言的发展都有着深远影响。

苏霍姆林斯基说过："教师的语言是一种什么也代替不了的影响学生心灵的工具。"恰当、巧妙地运用教育口语，潜移默化地引导幼儿健康成长，是幼儿教师必备的基本能力。在具体教育工作中，幼儿教师须结合幼儿教育学、幼儿心理学、幼儿卫生学等相关专业的理论与实践知识，为幼儿创设一个自由、宽松的语言交往环境，以满足幼儿多方面发展的需求，使他们度过一个快乐而有意义的童年。

微课

幼儿教师教育
口语概述

二、幼儿教师教育口语的原则

1. 民主平等

《3—6岁儿童学习与发展指南》中指出："应为幼儿创设自由、宽松的语言交往环境,鼓励和支持幼儿与成人、同伴交流,让幼儿想说、敢说、喜欢说并能得到积极回应。"尽管幼儿认知能力有限、心智发育尚未完善,但幼儿与教师在地位和人格上都是平等的。幼儿教师只有以民主的方式、平等的地位与幼儿交流,才能营造出自由宽松的语言环境,幼儿才能大胆地表达自己的心声。

幼儿虽小,但是一个独立的个体,有自己的思想。幼儿教师在与幼儿交流时,要蹲下身子,保持与幼儿对视,可以适当用一些简单的问话鼓励幼儿进一步表达,如"哦,然后呢?""是这样啊!""太神奇了,为什么呢?"等。只有孩子觉得自己是被接纳、被信任、被尊重的,幼儿教师才能够顺利地走近幼儿的心灵世界,实现师生间的有效沟通。

2. 浅显易懂

幼儿教师在教育过程中所使用的语言须符合幼儿的思维特点。《3—6岁儿童学习与发展指南》要求幼儿教师"与幼儿交谈时,要用幼儿能听得懂的语言"。幼儿认识水平有限、自我控制能力较弱,幼儿教师应避免使用枯燥、复杂的句式与幼儿沟通,而应以简短的句子、浅显的词汇,创造生动直观的形象,帮助幼儿理解抽象的概念与要求,使幼儿听得明白、接受得顺利。

3. 有针对性

面对不同的教育对象、不同的事情,幼儿教师须使用不同的教育语言、教育方法,在与幼儿进行交流时,语言应有针对性。

所谓针对性,一方面指幼儿教师就事件本身作出反应。对于幼儿良好的言行举止应予以及时表扬,对于不当之处,合理地加以批评指正。评论孩子时,应客观冷静,就事论事,切忌翻旧账,或将小事件上升到道德批判层面。另一方面指针对受教育对象的不同,因材施教。每个幼儿的个性特征、兴趣爱好、生活习惯、发育情况都不尽相同,幼儿教师对于不同的幼儿应运用不同的教育策略。对于敏感细腻的孩子,幼儿教师要保护其自尊心,注意说话方式;对于爱争执的孩子,幼儿教师要控制好自己的情绪,尽量使用和风化雨式的语言;对于活泼好动的孩子,幼儿教师要因势利导,将孩子的精力引导到有意义的地方去;对于内向害羞的孩子,幼儿教师则要多使用鼓励性的语言等。

📝 学习任务单

根据已学知识完成下列学习任务单。

基础知识任务单 3-1-1　明确幼儿教师教育口语的原则

姓名:＿＿＿＿＿＿　学号:＿＿＿＿＿＿　评分人:＿＿＿＿＿＿　评分:＿＿＿＿＿＿

一、填空题(25分)

1. 幼儿教师教育口语是指＿＿＿＿＿＿＿＿＿＿＿＿＿＿＿＿＿＿＿＿＿＿＿＿＿＿＿＿的工作语言。

2. 幼儿教师运用教育口语时应遵守＿＿＿＿＿、＿＿＿＿＿、＿＿＿＿＿的原则。

二、判断题(5分)

只有课堂教学时所使用的语言,才是教师的教育口语。(　　)

三、简答题(10分)

说说你在见习时见到的指导老师巧妙运用教育口语解决问题,或者不恰当地使用教育口语的例子,并加以分析。

技能演练任务单 3-1-1　明确幼儿教师教育口语的原则

姓名：_____　学号：_____　评分人：_____　评分：_____

一、要求

　　① 个人准备演练内容,时长 2—3 分钟。

　　② 分小组演练,相互点评。

　　③ 录制视频,提交至教学系统平台。

二、主题

　　两三个人一组,一个扮演幼儿教师,其他人扮演幼儿,模拟下面的问题情境,运用教育口语去解决问题。

　　(1) 刚开学没几天,小班的红红一直在哭,老师虽然一直安抚她,但她仍然停不下来。旁边的明明本来一个人在一边玩玩具,还哼着歌儿。可是过了好一会儿,他看到红红还在哭,也放下玩具哇哇大哭起来。

　　(2) 户外活动时,小明和小轩打了起来。老师过去一问,小明说是小轩抢自己玩具,小轩说是小明打了自己。双方争执不休,谁也不认错。

三、活动过程记录

四、小组建议反馈

反思评价

1. 反思

请结合本次学习要点及实训内容,谈谈巧妙运用教育口语对你未来从事职业的重要性。

2. 评价

请你对本次任务进行评价。

评价表 3-1-1　明确幼儿教师教育口语的原则

内　　容	评　　分
1. 对幼儿教师教育口语含义和原则的理解程度	☆☆☆☆☆
2. 能恰当运用教育口语解决问题的能力	☆☆☆☆☆
3. 对恰当运用教育口语重要性认识程度	☆☆☆☆☆
4. 经过本次任务的学习,说一说对哪一部分的内容还存在困惑	

支持链接

当幼儿遇到挫折时,我们应该如何巧妙运用教育口语呢?请扫描二维码查看内容。

教育口语的妙用

任务二　掌握幼儿教师沟通语、说服语、劝慰语

任务描述

幼儿情感品德、行为习惯的培养,离不开幼儿教师在课堂之外对幼儿的熏陶和教育,幼儿教师教育口语运用的好坏,直接关系到幼儿教育的成败。本次学习任务包括:理解幼儿教师沟通语、说服语、劝慰语的概念和运用技巧;能够恰当运用批评语、表扬语、激励语引导幼儿成长。

要点学习

沟通语、说服语、劝慰语的训练

一、沟通语的训练

1. 沟通语的含义

沟通语是指在一定的情境下,可以恰当地消除幼儿与幼儿教师的心理隔阂、取得幼儿心理认同的教育口语。具体而言,沟通语主要应用于幼儿教师与幼儿的沟通交流中,使幼儿教师能够深入地了解幼儿的个性特征、兴趣爱好、发育水平,帮助幼儿教师走进幼儿的内心世界,理解幼儿的所思所想。

沟通语是师幼间运用最普遍的教育口语。师幼之间如何进行沟通,沟通的品质怎样,在很大程度上决定了教育效果与深度。只有幼儿教师取得了幼儿的完全信任之后,幼儿才会对幼儿教师敞开心怀,顺利实现有效沟通。

2. 沟通语的作用

首先,良好的沟通语可以帮助幼儿教师走进幼儿群体,让幼儿教师成为孩子心中的朋友,让孩子愿意对幼儿教师打开心扉,让幼儿教师得以了解幼儿的思想、情感、爱好、发育水平等。其次,良好的沟通语可以帮助幼儿教师进行个别教育。幼儿教师在有计划、有目的地同某一个孩子交流时,往往也需要运用沟通语来剖析问题出现的原因,寻找问题解决的办法。最后,沟通不应仅仅是幼儿教师在说,良好的沟通应该是师幼间的互动。因此,良好的沟通语还可以诱导幼儿自我表达能力的提升,促进幼儿语言能力的发展。

3. 沟通语的运用技巧

(1) 创设宽松氛围。

师幼间的有效沟通必须建立在幼儿对幼儿教师的信任之上,只有幼儿觉得在幼儿教师面前充满安全感,才会对幼儿教师打开心门。所以,幼儿教师在与幼儿沟通交流时,首先要营造一种自由宽松的交流氛围,让幼儿感受到教师的关爱与呵护,幼儿才会想说、敢说、认真说。

为了创设出自由宽松的交谈氛围,幼儿教师要注意说话的语气与句式。交流时可用委婉平和的语调,给幼儿一种娓娓道来的舒适感。少用反问句,以免给人一种咄咄逼人的感受;切忌使用讽刺性的话语,

否则会让师幼之间的距离越拉越远,不仅起不到沟通交流的作用,还会使幼儿产生一种对抗和防卫心理。

（2）尊重理解幼儿。

幼儿年龄虽小,他们对外界的感知却是敏感的,可以轻易感受到对方是否在真心关爱自己。因此,面对幼儿时,一定要从心底热爱孩子、尊重孩子,把每一个孩子都看作一个独立的个体,以平等、尊重的态度面对他们,才能走进他们绚丽多彩的内心世界。

尊重理解的另一重含义,是幼儿教师面对幼儿时需要有一颗包容、宽大的心,去理解孩子的每一个奇思妙想,去支持孩子的每一次大胆冒险,去体谅孩子的每一个无心之失。

（3）耐心倾听心声。

幼儿受年龄和阅历的限制,语言表达能力还没有发展完善,有时说话会断断续续、语无伦次,甚至言在此而意在彼,但这并不意味着幼儿的心灵世界是空白无趣的。事实上,每一个孩子都有一片独特而美丽的精神世界等着教师来感知和发现,幼儿教师在与幼儿沟通时一定要认真倾听幼儿的心声,切不可因为缺乏耐心,而压抑了孩子的表达欲望。

（4）融入肢体语言。

幼儿以直觉思维为主,幼儿教师充满感情的肢体语言往往能迅速让幼儿感受到信任与安全。因此,教师与幼儿沟通时,应蹲下身子,保持与幼儿的眼神接触,用期待的眼神、微笑的表情鼓励幼儿进行自我表达,在恰当的时间,幼儿教师的一个拥抱、一个抚摸往往胜过千言万语。

二、说服语的训练

1. 说服语的含义

说服语指当幼儿的言行举止、认知方式出现了偏差时,幼儿教师通过摆事实、讲道理等方法促使幼儿听从幼儿教师建议的教育语言。幼儿的认知水平有限,对世界的理解和解释有时会与事实有所偏差。加之幼儿认识世界时,往往以自我为中心,幼儿之间也不免会有争执与冲突。这时,幼儿教师就要从幼儿的性格爱好、认知能力等出发,通过生动有趣的事例或幼儿故事等,去影响和改变幼儿原本的观念和想法,切忌使用单调枯燥的说理和规劝。

2. 说服语的运用技巧

（1）态度明确,语气委婉。

使用说服语的根本目的在于让幼儿明白道理、规范言行。幼儿的成长过程本来就是一个不断修正自我、完善自我的过程。幼儿教师作为幼儿成长道路上的引导者、守护者,当发现幼儿的行为举止、道德情感出现偏差时,应及时、坚定地引导孩子回归正轨。在说服幼儿时,幼儿教师既要态度明确、立场鲜明,又要语气温和、用词委婉,让幼儿感受到关心与呵护,愿意接受幼儿教师的意见与建议。

（2）启发暗示,正面疏导。

幼儿教师使用说服语是要提醒幼儿发现自身的错误与不足,改变一些观点和想法。劝说时幼儿教师不能用强硬的态度压制幼儿,而应考虑幼儿的接受能力和个性特征,循循善诱地启发幼儿,有时还需借助暗示、类比等技巧,引导幼儿自省自悟,完善言行。

3. 说服语的类型

（1）提问型。

提问型说服方式是幼儿教师以提问题的方式引导幼儿进行自我反思,可以是疑问,可以是反问,也可以是明知故问,旨在启发幼儿自己思考,辨明道理。

（2）类比型。

类比型说服方式是指幼儿教师用举例子、打比方等方式向幼儿传达道理、规范幼儿言行。

（3）暗示型。

暗示型说服方式指幼儿教师不直接言明自己的观点,而是运用一些看似无意的方式默默完成对幼儿的启迪。

三、劝慰语的训练

1. 劝慰语的含义

劝慰语是当幼儿遇到困难、挫折或者冲突而情绪低落时,幼儿教师对其进行劝解与抚慰的话语。劝慰语主要包括两个方面:一是当幼儿遇到挫折、困难时,幼儿教师对幼儿的安慰、鼓励;二是当幼儿情绪不佳时,幼儿教师对幼儿的疏解、安抚。劝慰目的在于安抚幼儿的情绪、化解幼儿的心结,使他们恢复积极向上的精神状态,以愉快饱满的心情投入到幼儿园的学习生活中去。幼儿人生阅历很浅,情绪起伏较大,在认识自然、社会时难免会遇到困境和打击,与他人沟通接触时会产生或大或小的矛盾和冲突。产生的不良情绪如果不能及时得到好的疏解和抚慰,可能就会抑郁于心,产生不良行为,不利于幼儿身心健康发展。

2. 劝慰语的使用技巧

（1）共情、理解幼儿。

著名心理学家罗杰斯曾提出过共情理论,认为心理咨询师若能设身处地地同情、理解求助者,就能更准确地了解情况,求助者会感到被理解、被悦纳而产生愉快满足的情绪。

共情理论同样适用于幼儿教师劝慰受挫、伤心的幼儿。当幼儿遇到困难和挫折时,当幼儿产生不良情绪时,幼儿教师应表达出自己对幼儿遭遇的同情、对幼儿情绪的理解,让幼儿真正感受到自己在幼儿教师面前是安全的、是被接纳和爱护的,幼儿教师的劝解和抚慰才能有作用、起效果。

（2）巧妙设喻、类比。

幼儿的认知水平和理解能力还不成熟,对于某些问题难以有清楚的认识。因而,幼儿在情绪情感上失落沮丧时,教师可以巧妙运用一些比喻、类比的手法劝慰幼儿,辅助说明道理,这样不仅可以缓和幼儿的不良情绪,还能增强幼儿克服困难的信心,帮助其战胜困难。

（3）融入肢体语言。

有些幼儿情绪低落的时候,幼儿教师仅仅用语言来劝说是不够的,还需辅之以恰当的肢体语言。比如幼儿教师蹲下身子耐心倾听幼儿的倾诉,用理解的眼神、柔和的表情和安抚的动作向幼儿传达教师的理解和支持,可以适时地点头鼓励幼儿,也可以轻拍幼儿肩膀、抚摸幼儿后背、轻轻拥抱幼儿以示安抚等。劝慰语气要温和、声音柔美、节奏稍缓,可以揉一揉痛处、拍一拍肩膀、摸一摸脑袋等。总之,要用语言和动作让幼儿真切体会到教师是站在自己的角度,体贴、呵护着自己的。

📝 学习任务单

根据已学知识完成下列学习任务单。

基础知识任务单 3-1-2　掌握幼儿教师沟通语、说服语、劝慰语

姓名:＿＿＿＿＿＿　学号:＿＿＿＿＿＿　评分人:＿＿＿＿＿＿　评分:＿＿＿＿＿＿

一、填空题(34 分)

1. 幼儿教师的沟通语是指＿＿＿＿＿＿＿＿＿＿＿＿＿＿＿＿＿＿＿的教育口语。

2. 幼儿教师的说服语是指＿＿＿＿＿＿＿＿＿＿＿＿＿＿＿＿＿＿＿的教育口语。

3. 幼儿教师的劝慰语是指＿＿＿＿＿＿＿＿＿＿＿＿＿＿＿＿＿＿＿的教育口语。

4. 沟通语具有＿＿＿＿＿＿＿＿＿,＿＿＿＿＿＿＿＿＿,＿＿＿＿＿＿＿＿＿的作用。

5. 幼儿教师在与幼儿沟通交流时,应该注意＿＿＿＿＿＿、＿＿＿＿＿＿、＿＿＿＿＿＿、
＿＿＿＿＿＿。

6. 说服语有＿＿＿＿＿＿、＿＿＿＿＿＿、＿＿＿＿＿＿、＿＿＿＿＿＿等类型。

7. 使用劝慰语时应注意＿＿＿＿＿＿＿、＿＿＿＿＿＿＿、＿＿＿＿＿＿＿。

二、判断题(6分)

当幼儿的行为举止出现偏差时,幼儿教师要通过直接进行反复说理和规劝来改变幼儿,防止幼儿听不明白。(   )

技能演练任务单 3-1-2　掌握幼儿教师沟通语、说服语、劝慰语

姓名:＿＿＿＿＿＿　　学号:＿＿＿＿＿＿　　评分人:＿＿＿＿＿＿　　评分:＿＿＿＿＿＿

一、要求

① 个人准备演练内容,时长 2—3 分钟。

② 分小组演练,相互点评。

③ 录制音频或视频,提交教学系统平台。

二、主题

两三个人一组,一个扮演幼儿教师,其他人扮演幼儿,模拟下面的问题情境,运用教育口语去解决问题。(60分)

(1)红红是个害羞内向的孩子,总喜欢一个人坐在一边捏橡皮泥,不爱和别的孩子一起做游戏。如果你是老师,你该怎么与红红沟通呢?

(2)天天是班里最高大的孩子,他很喜欢圣斗士星矢,总是在模仿星矢的动作,经常打到别的孩子。如果你是老师,你该怎么教育他呢?

(3)晶晶在活动课上,不小心把新买的电子手表弄丢了,老师和她一起找了好久都没找到,晶晶哇哇大哭起来。如果你是这位老师,这时候该如何劝慰呢?

三、活动过程记录

四、小组建议反馈

反思评价

1. 反思

请结合本次学习要点及实训内容,谈谈合理运用幼儿教师沟通语、说服语、劝慰语对你未来从事职业的重要性。

2. 评价

请你对本次任务进行评价。

评价表 3-1-2　掌握幼儿教师沟通语、说服语、劝慰语

内　　容	评　分
1. 对沟通语、说服语、劝慰语基础知识的理解程度	☆☆☆☆☆
2. 具备合理运用幼儿教师沟通语、说服语、劝慰语的能力	☆☆☆☆☆
3. 对合理运用幼儿教师沟通语、说服语、劝慰语重要性的认识程度	☆☆☆☆☆
4. 经过本次任务的学习,说一说自己对哪一部分的内容还存在困惑	

支持链接

1. 请扫描二维码查看《走近幼儿的小贴士》。
2. 请扫描二维码查看《肢体语言教育作用大》。

走近幼儿的小贴士　　　　肢体语言教育作用大

任务三　掌握幼儿教师批评语、表扬语、激励语

任务描述

表扬语批评语激励语训练

《幼儿园教育指导纲要(试行)》中指出:"教育评价是幼儿园工作的重要组成部分,是了解教育的适宜性、有效性,调整和改进工作,促进每一个幼儿发展,提高教育质量的必要手段。"幼儿教师对于幼儿的言行举止进行评价时,最常使用的就是表扬语和批评语。本次学习任务包括:理解幼儿教师批评语、表扬语、激励语的概念;能够恰当运用批评语、表扬语、激励语引导幼儿成长。

要点学习

一、批评语的训练

1. 批评语的含义

批评语是对幼儿不当行为、错误思想的否定性评价语言,其目的在于警醒幼儿,纠正错误和缺点,帮助幼儿辨明是非对错,树立正确的人生观、价值观,形成良好的行为规范。

幼儿教师在进行教育评价时应以表扬和肯定为主,使用批评语时需要小心慎重。作为一个重要的教育评价方式,批评也是教育环节中不可或缺的一部分。幼儿教师只要掌握好批评的尺度、注重批评的方式,就能将批评变成一种教育的艺术,使幼儿心悦诚服地接受幼儿教师的意见。

批评的目的不是发泄不满,而是教育幼儿,促进其成长,批评的形式虽然是负面的,但仍然源于幼儿教师对幼儿的热爱。幼儿教师批评幼儿时,应明确指出幼儿所犯的错误,并分析错误产生的原因,鼓励

幼儿作出改变。

批评语往往会给人带来一定的心理压力,幼儿教师一般在以下情形下使用批评语:

① 幼儿在道德品质、人生观、价值观的问题上出现偏差时,应予以批评指正;

② 幼儿反复犯某一错误或某一缺点长期没有得到纠正时,应予以批评指正。

在以下情形下,幼儿教师则不应该使用批评语:

① 幼儿的能力没达到预期目标时,不应批评责怪幼儿;

② 幼儿虽然犯错,但已意识到错误本身,并且心生悔改时,不应再继续批评惩罚幼儿;

③ 幼儿在认识世界时,无心造成了财物损坏等情况,不应批评指责幼儿。

2. 运用批评语的技巧

(1) 控制情绪,尊重幼儿。

"人非圣贤孰能无过?"更何况是道德观念、行为习惯都在形成中的幼儿? 所以当幼儿犯错时,幼儿教师应以包容的心态看待幼儿,控制好自己的情绪,切不可冲动怒骂或是尖酸讽刺,更不得使用带有侮辱性质的话语,如:"你个蠢货""真是太笨了""这都不会,你的脑袋里装了什么"等,须知这样的话语只会伤害到幼儿脆弱稚嫩的心灵。

批评是手段,不是目的,批评是为了帮助幼儿成长。幼儿教师批评幼儿时,语气要平和、情绪要稳定、批评要中肯,要让幼儿觉得老师的批评是有道理的,是为了让自己不断进步的。

(2) 就事论事,不带成见。

幼儿的成长与进步本来就容易出现反复,即使是成年人,有时也会在同一个问题上反复出错,更何况幼儿呢? 因此,幼儿教师在批评幼儿时,切不可翻旧账,或是将幼儿的几件错事累积起来一起声讨,更不可夸大错误的严重性,恐吓幼儿,或是轻易将问题上升到道德败坏的层面。作为幼儿教师,应该不带成见、不戴有色眼镜、就事论事,冷静同幼儿分析问题、指出错误、找到原因、共同改正。

(3) 态度明确,批评具体。

幼儿认识世界主要靠直观感受,所以有时成人觉得理所当然不该犯的错误,幼儿可能对状况还懵懵懂懂。因此,幼儿教师在批评幼儿的不当言行时,不仅要表明不赞同的态度,还要让幼儿明白自己究竟哪里错了、为什么错了,切不可因为担心幼儿承受不了批评指责,就将批评语说得模棱两可,致使幼儿认识不足。

(4) 批评之后,激励抚慰。

批评毕竟是对孩子的否定性评价,孩子在接受过批评之后,多少都要承受一些心理压力,即使是成年人,也不太愿意接受批评。因此,在幼儿接受批评、认识到自己的错误之后,幼儿教师应予以抚慰和激励,既要对幼儿的进步和发展方向提出展望,也要让幼儿感受到幼儿教师对他的喜爱与呵护,让幼儿从内心里接受教师的批评指正、尊重教师的观点意见,将教师对他的要求内化成自我的约束力。

二、表扬语的训练

1. 表扬语的含义

表扬语是对幼儿思想品德、行为举止、成绩或进步等予以肯定和赞扬的评价性教育口语。作为一种积极、愉快的评价语,表扬语是幼儿最希望得到、最乐于接受的教育口语。

随着赏识教育理念的不断深入人心,越来越多的幼儿教师开始注重在日常教育教学活动中对幼儿进行不同形式的奖励。积极有效的表扬语,一方面可以提升幼儿的自信心,满足幼儿被尊重、被肯定的心理需求,使他们的情绪更加饱满向上,学习、生活更加有前进的动力;另一方面,也可以强化幼儿高尚的品格情操、良好的行为习惯、积极的价值观念,是幼儿成长和进步的催化剂。

因此,表扬语在幼儿教师的教育教学活动中,使用比较频繁。一般在以下情况下,幼儿教师应对幼儿进行表扬:

① 当幼儿有良好的言行举止,可以为其他幼儿做表率时,幼儿教师应予以表扬和肯定,强化幼儿的

行为;

② 当幼儿和过去相比,取得进步时,幼儿教师应予以表扬,提高幼儿向上的积极性;

③ 当幼儿完成了某些具有挑战性的任务时,幼儿教师应予以称赞,以提升幼儿的自信心和自我认同感;

④ 当最终的结果不尽如人意,但幼儿在过程中很努力或挑战了自我时,幼儿教师也应予以赞赏和表扬。

2. 运用表扬语的技巧

(1) 善于挖掘闪光点。

苏霍姆林斯基说过:"世界上没有才能的人是没有的。问题在于教育者要去发现每一位学生的禀赋、兴趣、爱好和特长,为他们的表现和发展提供充分的条件和正确的引导。"每一位幼儿心里都有一个有待开发的奇妙世界,教师应用一双善于发现美的眼睛去观察每一个幼儿,从他们的身上找到天赋和闪光点,予以肯定和赞扬。即使是一个浑身缺点的幼儿,只要幼儿教师善于观察和发现,也一定能找到幼儿身上闪闪发光的美好之处。作为幼儿教师,既要用眼睛去观察幼儿的行为,也要用心去感受幼儿的情感,还要用言语充分肯定幼儿的每一次成功、每一点进步、每一次尝试,促使他们发扬优点、克服缺点,不断进步。

(2) 真诚、及时和具体。

表扬幼儿良好的言行举止要及时、真诚,否则一旦失去了时效性,表扬的效果就会大打折扣。比如,平常午休总在打扰别人的小朋友某天表现得特别好,幼儿教师就应该在午休结束后,及时表扬孩子,否则时间稍长之后,孩子自己都记不得当时发生了什么,这时幼儿教师再表扬,幼儿往往会感到茫然。而及时的表扬则能够起到良好的正强化作用,增加良好行为举止发生的频率。

随着赏识教育的推广,幼儿教师越来越重视对学生的鼓励和称赞,表扬语的使用也越来越频繁。然而大多表扬还停留在笼统的口头称赞上,例如,"你真棒""很好""不错""顶呱呱""你真聪明"等。幼儿的认知水平还没有发展完善,这些称赞虽然都表达了"好"的意思,却没能让幼儿明白"为什么这是好的"。因此,幼儿教师在运用表扬语时,应当直接点明值得表扬的具体行为、事件或思想,要让幼儿真正明白自己在哪里做得好,以后可以继续加强。还要有意识地选用多种句式和丰富的修饰词,让幼儿真正理解自己被表扬的原因。再配以热情的语气、真诚的微笑、赏识的目光、温暖的拥抱、轻柔的抚摸等肢体语言,让幼儿充分获得心理和情感的满足,促进幼儿的自信与自爱。

(3) 注重过程性表扬。

幼儿教师在表扬幼儿时,不仅要关注事件、活动的最终结果,更要关注过程中幼儿的行为与表现,即使有时最终的结果不尽如人意,但只要幼儿在过程中作了努力和尝试,有了体验与进步,幼儿教师仍应予以鼓励和表扬。

教育与进步本来就是一个螺旋式上升的态势,过程中容易出现反复。每个幼儿对于幼儿教师的同一句赞扬,反应都是不一样的,幼儿教师应在表扬之后多加观察和分析,对于不同的幼儿,采取不同的称赞策略,发挥表扬语的最大动力,促进幼儿不断成长。

三、激励语的训练

1. 激励语的含义

激励语是当幼儿在探索和发现的过程中,取得进步或出现畏难情绪、犹豫不前时,幼儿教师鼓励和推动幼儿克服困难的教育话语。

幼儿教师作为幼儿精神世界中的重要权威,在必要时刻使用适宜的激励语往往会成为幼儿的"强心针"。一方面可以消减幼儿内心的胆怯、懦弱,帮助他们重塑信心,努力向前;另一方面也可以帮助幼儿更加深入地认识和了解自己的能力所在,促使他们以更加自信的姿态面对人生的种种考验。

2. 激励语的使用技巧

（1）语气肯定，充满信任。

幼儿教师激励幼儿，就是要告诉幼儿这个任务他可以完成、这个困难他可以战胜，要让幼儿感受到幼儿教师对他的信心。因此，在激励幼儿时，幼儿教师应该面带微笑、态度诚恳、语气肯定，以消除幼儿心中的不确定、不自信，使幼儿能勇敢地挑战自我，战胜困难。

（2）把握尺度，因人而异。

《3—6 岁儿童学习与发展指南》中多次提到要"充分理解和尊重幼儿发展进程中的个体差异"。不同幼儿的性格习性、天赋爱好不同，同一个激励目标未必适用于所有儿童，同一个儿童在不同的情境下也要使用不同的激励方法。因此，教师在日常的工作中需要多观察儿童、多了解他们的个人特点，这样才能在幼儿需要的时候，说出恰当有效的激励语。

📝 学习任务单

根据已学知识完成下列学习任务单。

基础知识任务单 3-1-3　掌握幼儿教师批评语、表扬语、激励语

姓名：＿＿＿＿＿＿　学号：＿＿＿＿＿＿　评分人：＿＿＿＿＿＿　评分：＿＿＿＿＿＿

一、填空题（40 分）

1. 幼儿教师的批评语是指＿＿＿＿＿＿＿＿＿＿＿＿＿＿＿＿＿＿＿＿＿的教育口语。

2. 幼儿教师的表扬语是指＿＿＿＿＿＿＿＿＿＿＿＿＿＿＿＿＿＿＿＿＿的教育口语。

3. 幼儿教师的激励语是指＿＿＿＿＿＿＿＿＿＿＿＿＿＿＿＿＿＿＿＿＿的教育口语。

4. 运用批评语教育幼儿时，应注意＿＿＿＿＿＿＿＿，＿＿＿＿＿＿＿＿，＿＿＿＿＿＿＿＿等技巧。

5. 运用表扬语教育幼儿时，应注意＿＿＿＿＿＿＿＿，＿＿＿＿＿＿＿＿等技巧。

6. 运用激励语教育幼儿时，应注意＿＿＿＿＿＿＿＿，＿＿＿＿＿＿＿＿等技巧。

二、选择题（6 分）

1. 以下哪些情况幼儿教师应该对幼儿进行表扬？（　　）

A. 小明学会了系鞋带

B. 吃饭挑食的小花，今天把饭菜都吃光了

C. 小强想帮老师拖地，但是拖把没洗干净，地更脏了

D. 天天第一次写自己的名字，但有个字没写对

2. 以下哪些情况下教师不应批评幼儿？（　　）

A. 强强和别人抢玩具，打了人

B. 强强学系鞋带，学了好几次都没学会

C. 涵涵偷拿了班级的玩具，红着脸来向老师认错

D. 雷雷画画的时候，不小心打翻了墨水，老师刚拖的地又脏了

3. 当幼儿在探索和发现的过程中，出现畏难情绪时，教师可以运用（　　）推动幼儿战胜困难。

A. 劝慰语　　　　　　B. 批评语　　　　　　C. 激励语　　　　　　D. 表扬语

三、判断题（4 分）

根据美国心理学家斯金纳的理论，幼儿教师恰当地运用表扬语和批评语有利于幼儿成长，这就是所谓的正强化和负强化。（　　）

技能演练任务单 3-1-3　掌握幼儿教师批评语、表扬语、激励语

姓名：＿＿＿＿＿　　学号：＿＿＿＿＿　　评分人：＿＿＿＿＿　　评分：＿＿＿＿＿

一、要求

① 个人准备演练内容，时长 2—3 分钟。

② 分小组演练，相互点评。

③ 录制音频或视频，提交至教学系统平台。

二、主题

两三个人一组，一个扮演幼儿教师，其他人扮演幼儿，模拟下面的问题情境，运用教育口语去解决问题。（50 分）

（1）强强是个活泼聪明的孩子，但是他总爱欺负班里的女生，老师已经找了他好几次了，但每次过不了多久，就又会收到学生对他的投诉。这天，倩倩哭着跑来，说强强打了自己。如果你是老师，你要如何教育强强呢？

（2）六一儿童节快到了，班里的孩子们都在准备表演的节目，只有君君既不肯上班级的舞蹈节目，也不愿去参加合唱，他说自己不想上台表演。如果你是君君的主班老师，你将怎么做呢？

三、活动过程记录

四、小组建议反馈

反思评价

1. 反思

请结合本次学习要点及实训内容，谈谈合理运用幼儿教师批评语、表扬语、激励语对你未来从事职业的重要性。

2. 评价

请你对本次任务进行评价。

评价表 3-1-3　掌握幼儿教师批评语、表扬语、激励语

内　　容	评　　分
1. 对批评语、表扬语、激励语基础知识的理解程度	☆☆☆☆☆
2. 具备合理运用幼儿教师批评语、表扬语、激励语的能力	☆☆☆☆☆
3. 对合理运用幼儿教师批评语、表扬语、激励语重要性的认识程度	☆☆☆☆☆

续　表

4. 经过本次任务的学习,说一说自己对哪一部分的内容还存在困惑

支持链接

赏识教育不等于回避批评。请扫描二维码查看内容。

赏识教育不等于回避批评

项目二　**幼儿教师教学口语训练**

学习目标

（一）素质目标

1. 在幼儿教师教学口语训练中注重学思结合、知行统一，增强勇于探索的创新精神、善于解决问题的实践能力。

2. 对照《幼儿园教师专业标准（试行）》中对教师语言能力的要求，练好教学口语，为将来做好幼儿保教工作打好基础，自觉以德立身、以德立学、以德施教。

（二）知识目标

1. 了解幼儿教师教学口语的含义和基本特点。

2. 掌握幼儿教师教学口语的类型及基本要求。

3. 了解幼儿注意的特点和规律，通过训练，掌握幼儿教师教学口语运用技能。

（三）能力目标

1. 能按照规范性、启发性、情感性、形象性和针对性要求，提升幼儿教师教学口语表达能力。

2. 能够使用符合幼儿年龄特点和教学内容需要的口语进行幼儿教学工作。

任务一　认识幼儿教师教学口语

任务描述

幼儿作为特殊的教学对象，他们的身心发展具有独特的特点，他们有独特的思维模式与学习模式。本次学习任务是了解幼儿教师教学口语的内涵、基本特点。

要点学习

微课

幼儿教师教
学口语概述

一、幼儿教师教学口语的含义

幼儿教师教学口语是幼儿教师为达到教育教学目标，组织幼儿进行学习活动时使用的语言。

教学口语是经过转化的书面语和经过优化的口头语的结合，是教师的教学原则和教学策略最基本的表现，更是提升幼儿思维能力的重要途径。

二、幼儿教师教学口语的基本特点

《幼儿园教师专业标准（试行）》对教师的语言能力有明确要求："使用符合幼儿年龄特点的语言进行保教工作。"结合教学口语的基本特点，以及符合幼儿心理特征、易于被幼儿接受和理解的要求，幼儿教师教学口语需要具备五个特点：规范性、启发性、情感性、形象性和针对性。

1. 规范性

规范性首先是指幼儿教师要使用标准的普通话,并且具有合理的语气、语调、语速与节奏。其次是指语言要符合逻辑,要用精确的词汇表达知识的内涵,用言简意赅的语句表达丰富的内容,用层次分明的语序表达明确的目的。最后是指传达的思想内容要积极向上,给幼儿以正能量引领。幼儿具有极强的向师性,幼儿教师用语规范有利于幼儿养成规范用语习惯;幼儿教师在教学中使用方言,或者读错字音、说话存在语病,会对幼儿语言规范产生消极影响。

2. 启发性

启发性包括内容的知识性和方式上的循循善诱。幼儿教师组织教学很重要的目的是传授知识,要包含一定的知识信息量。幼儿是教学活动的主体,获得经验不只是来自幼儿教师的口头传授,更是要经过自己探索、发现、总结。幼儿教师要充分调动和发挥幼儿的主动性,引导幼儿去发现和探索、归纳和总结。

3. 情感性

幼儿教师是一个更需要爱心与耐心的职业,在幼儿学习活动中要充分调动自己的情感,使语言饱含感染力。首先,要做到语调温和,态度亲切。营造出和风细雨般的教学环境,使幼儿在其中自在、舒适。其次,要做到语态惟妙惟肖,用语音、语调、节奏、态势语传情达意,带领幼儿沉浸在语言的快乐中,保持学习的兴趣与好奇心。最后,语言要真挚热情。满怀真挚情感的肯定、赞扬、鼓励,有利于激励幼儿奋发向上。

4. 形象性

形象性是指幼儿教师要善于创造直观形象,唤起幼儿对具体事物的真切感知。幼儿以形象思维为主,更容易理解和接受直观、生动、具体的教育影响。教育家乌申斯基说,儿童是"用形象、声音、色彩和感觉思维的",卢梭也说,"在达到理智的年龄以前,孩子不能接受观念,而只能接受形象"。幼儿词汇量相对较小,在进行思考的时候,往往需要具体的动作、事物、色彩、声音、形状等来辅助。幼儿教师要善于运用语言创造直觉形象,帮助幼儿理解、掌握各种抽象事物、词语、概念、定理等,以提高教学效果。具体描述时可以运用比喻、拟人、夸张等多种修辞手法,运用拟声词、摹色词、叠音词,以及富有动态感的词语等,让语言更具体细致、形象生动。

5. 针对性

幼儿的思维水平、知识储备、接受能力因年龄的不同会有明显的差异。即使同一年龄段的幼儿,身心发展状况也不完全相同,在教学中,幼儿教师所采用的语言应有所区别。相比其他学段,幼儿教学中,幼儿教师语言的针对性要求更为明显。

一般来说,小班幼儿处于形象思维阶段初期,他们掌握的词汇量、知识经验较少,理解能力较弱。对小班幼儿,教学中宜选用精练的短句、单句,多采用浅显、富有生活性的词汇,语速要稍慢,语气要夸张,情感表达要鲜明具体,多用态势语,多重复。

中班幼儿,处于形象思维阶段,知识经验比小班稍丰富,接受能力也有所增长。对中班幼儿,这时的教学内容更丰富,采用的词汇要比小班丰富,句式也要灵活有变化,陈述句、疑问句、祈使句等句式有机会都可选择采用,单句、复句都要应用。

大班幼儿,虽然仍处于形象思维阶段,但已有初步的抽象思维能力。教学口语中可以出现一些表示类别概念的词语,如家用电器、交通工具、塑料制品等;复句的使用增加,语言更加简洁概括。

综合起来说,幼儿教师教学口语要符合十个关键词:甜、亲、新、活、短,精、慢、准、浅、趣。

学习任务单

根据已学知识完成下列学习任务单。

基础知识任务单 3-2-1　认识幼儿教师教学口语

姓名：_____　学号：_____　评分人：_____　评分：_____

一、填空题(16分)

1.《幼儿园教师专业标准(试行)》指出,教师要使用符合幼儿_____的语言进行保教工作。

2. 教学口语是经过_____和经过_____的结合,是教师的教学原则和教学策略最基本的表现。

3. 幼儿教师教学口语具备五个特点：_____、_____、_____、_____、_____。

二、单选题(2分)

幼儿教师教学口语具有(　　)特点,是指教师在教学时,需要根据不同的学习环境、不同年龄或水平的幼儿运用不同的语言。

　A. 启发性　　　　　B. 形象性　　　　　C. 规范性　　　　　D. 针对性

三、多选题(5分)

幼儿教师教学口语的主要作用体现在以下哪些方面?(　　)

　A. 示范引领幼儿语言能力发展

　B. 是幼儿学习语言模仿的主要对象

　C. 是实现幼儿教师专业化的基础

　D. 直接影响幼儿教育质量的高低

四、判断题(2分)

幼儿教师教学口语训练应该遵循由易到难、由浅入深、由分解到综合的梯度训练原则。(　　)

五、简答题(15分)

你认为一名合格的幼儿教师,其教学口语需要具备哪些基本特点?

技能演练任务单 3-2-1　认识幼儿教师教学口语

姓名：_____　学号：_____　评分人：_____　评分：_____

一、要求

　① 个人准备演练内容,时长 2—3 分钟。

　② 分小组演练,相互点评。

　③ 录制音频或视频,提交至教学系统平台。

二、主题

根据下面的示例,两个同学为一组,一个同学说物,另一个同学使用修辞手法描绘这个物体,然后轮换。每组不少于 5 句。（60分）

比喻——训练要求:抓住并突出事物之间的相似点。

同学1:下雨天,雨从天上落下来的样子像什么?

同学2:像无数根银线从天上垂下。

同学1:女同学长长的披肩发像什么?

同学2:像一片黑色的小瀑布。

拟人——训练要求:抓住事物特征。

同学1:麦苗生长。

同学2:麦苗喝饱了水使劲往上长,长啊长啊,长得比大树还高。

夸张——训练要求:抓住事物最突出的特点。使用夸张要以客观实际为基础。

同学1:故事《大怪物》中有一个大大的怪物,它长得特别可怕,尤其是它那张血盆大口。

同学2:那怪物有一张大大的嘴,差不多占到了它脸的一半。那张大嘴张开时,就像一个黑洞洞的山洞让人害怕。

三、活动过程记录

四、小组建议反馈

反思评价

1. 反思

请结合本次学习要点及实训内容,谈谈你对幼儿教师要"使用符合幼儿年龄特点的语言进行保教工作"职业标准的认识。

2. 评价

请你对本次任务进行评价。

评价表3-2-1　认识幼儿教师教学口语

内　　容	评　　分
1. 对幼儿教师教学口语含义和基本特点的理解程度	☆☆☆☆☆
2. 具备恰当运用教学口语组织教学的能力	☆☆☆☆☆
3. 对恰当运用教学口语重要性的认识程度	☆☆☆☆☆
4. 通过本次任务的学习,说一说自己对哪一部分的内容还存在困惑	

📎 支持链接

幼儿教师运用教学口语要关注幼儿特点、讲究表达方法等,具体要注意哪些事项呢?请扫描二维码查看了解。

文档

幼儿教师运用教学口语注意事项

任务二　明确幼儿教师教学口语的分类及基本要求

👤 任务描述

教学口语是教师教学原则和教学策略最基本的表现。符合幼儿年龄特点、优美动听的教学口语,是增强教学感染力、引导幼儿探索、发现和表达,促进幼儿思维、智力、语言能力提高的极为重要的因素。本次学习任务是掌握主要教学环节中幼儿教师教学口语的分类及基本要求。

📋 要点学习

微课

幼儿教师教学口语的分类及基本要求

一、幼儿教师教学口语的分类

美国心理学家布鲁纳曾经指出:"教学过程是一种提出问题与解决问题的持续不断的活动。"依据在教学活动不同环节中的运用,教学口语可以分为导入语、讲解语、提问语、过渡语、结束语等。

二、主要教学环节口语的类型及基本要求

1. 导入语

导入语是教师在组织教学活动的开始,为集中幼儿注意力,激发兴趣,引出教学主题而使用的教学口语。从语言的角度来说,常用的导入语形式有 3 种:情境导入、问题导入、故事导入。

(1)情境导入法。情境导入法是教师根据具体的教学内容,通过语言描述,或借助图片、音乐等创设一种情境,使幼儿身临其境的方法。

(2)问题导入法。问题导入法是先向幼儿提出问题,激发幼儿思考以进入学习情境的导入法。问题导入法中还有一种比较特殊的方式——谜语导入。运用这种方式要注意选择的内容不宜过难,以幼儿经过思考之后能够比较容易猜出谜底为宜。

(3)故事导入法。故事导入法是教师运用讲故事的方式去激发幼儿兴趣、进入教学活动的方法。一般来说,作为导入的故事也不宜讲得过长,如果讲得太长,幼儿可能完全沉浸在故事的情境中,反而影响教学的效果。

对于不同的年龄阶段以及教学内容,导入方式可以多样化,要尽量做到切合题意,形象易懂,简洁精练、激发兴趣。

2. 讲解语

讲解语也称讲授语,是幼儿教师较完整系统地讲述、阐释教学内容的教学用语,是教学活动的主要环节。教学活动中,幼儿教师主要应该讲清楚"是什么""为什么""怎样做"等问题。从功能角度,讲解语

可以分为讲解、点拨、评析、归纳四类;按照语言表达方式,可分为叙述性讲解语、说明性讲解语、评价性讲解语、抒情性讲解语等。这里侧重介绍后一种分类方式。

(1) 叙述性讲解语。

叙述性讲解语是运用叙述性或描述性的语言,为幼儿介绍知识或创设学习氛围的教学用语。比如,小班社会活动《中秋节》,教师用叙述加描述性的语言,向幼儿介绍了中秋节这一传统节日。

今天是农历八月十五中秋节。中秋节的晚上月亮特别圆、特别亮。中秋节这一天,圆圆的月亮挂在天上,一家人一边看月亮,一边吃月饼,也可以玩花灯、放焰火,一家人团团圆圆,真快乐,所以把中秋节叫作团圆节。又香又甜的月饼也被人们做成圆圆的,像月亮一样,"月饼"在古代也被人们叫作"团圆饼",中秋节是我们中国的传统节日。

秋天也是收获的季节,粮食丰收了,水果丰收了,所以中秋节也叫丰收节。

教师用"中秋节的晚上月亮特别圆、特别亮""圆圆的月亮挂在天上,一家人一边看月亮,一边吃月饼""又香又甜的月饼……"等叙述加描述性的语言,向幼儿介绍了中秋节这一传统节日。

(2) 说明性讲解语。

说明性讲解语是教师向幼儿解释事物的程序、步骤或操作方法等的教学用语。比如,大班美术活动《泥娃娃》,教师按照操作的程序一步一步引导小朋友们捏泥娃娃,四个环节层次分明、语言条理清晰。

小朋友们,现在我们一起来捏泥娃娃。

第一步,我们先把橡皮泥分成五块,一块大、两块中等大小、两块小,像老师的这样(拿给小朋友们看)。我们再把五块橡皮泥都揉成小球。

第二步,我们取最大的一块橡皮泥圆球做身体,再拿一块比较大的圆球做脑袋,双手分别握住一块,轻轻一压,泥娃娃的身体和脑袋就连在了一起。

第三步,我们把两个最小的圆球贴在泥娃娃身体的两侧,再把比较大的一个圆球压扁做成帽子,戴在娃娃的头上。

小朋友们看,娃娃还缺少什么呀?(回答:眼睛和嘴巴。)对,我们第四步就用火柴为泥娃娃画出眼睛和嘴巴。好,一个生动活泼的泥娃娃就做好了。

幼儿教师按照操作的程序一步一步引导小朋友们捏泥娃娃,四个环节层次分明、语言条理清晰。

(3) 评价性讲解语。

评价性讲解语是幼儿教师对具体教学内容进行针对性评价,以引导幼儿充分把握其特点的教学用语。比如,中班语言活动《会滚的汽车》,教师围绕动词进行讲解,语言生动,点评也比较到位。

(读)大木桶气坏了,飞快地滚着追了上去,"嘎吱"一下,压住了狐狸的尾巴。狐狸痛得哇哇叫,张开了大嘴巴。大木桶用力朝狐狸身上一挤,"噗"地一下跳出了小鸡;"唰"地一下蹦出了小鸭,跟着伸出了小鹅的长脖子。小鸡和小鸭抓住小鹅的长脖子,使劲拉啊拉:"嗨哟!""嗨哟!"拉啊拉,把小鹅拉出来了。大木桶又用力一滚,把狐狸全压扁了!

……

小朋友们,这段话太精彩了,这么短的一段话,里面表示动作的词就有十几个。小鸡"噗"地跳出来,小鸭"唰"地蹦出来,而小鹅呢,胆子就太小了,伸出了长长的脖子,还要等小鸡和小鸭把它拉出来,而大木桶只是用力地一滚,就把大狐狸压扁了。小鸡、小鸭和小鹅、大木桶就好像在我们眼前一样。小朋友们,这段故事写得好不好?

教师围绕动词"滚""压""张""挤""跳""蹦""伸""抓""拉""滚"进行讲解,语言生动,点评也比较到位。

(4) 抒情性讲解语。

抒情性讲解语是为了激发幼儿的学习热情或陶冶幼儿的性情而进行的抒发情感的教学讲解用语。

讲解中幼儿可以感受到幼儿教师对观点和知识的鲜明态度。比如,大班语言活动《长大做个好爷爷》,幼儿教师的语言里饱含着深情,故事情节的美丽在教师的语言中得到了真切的表现。

孩子们,爱是一份珍贵的礼物,我们应该好好珍惜……爱是美丽的,在亲情与爱的颜色里,没有恐惧,没有悲哀,只有温暖,只有希望。孩子们,老师相信如果你们是小小熊,你们也一定会在心里大声地说:"长大做个好爷爷!"

实际教学过程中,几种讲解语往往是一起使用的,要根据不同的教学内容和教学对象,选用合适而有效的讲解语。要做到准确清楚,形象易懂,深入浅出,系统透彻。

3. 提问语

提问语是幼儿教师在组织教学活动中,根据教学要求和幼儿实际,提出问题,启发思考,促进互动交流、相互作用的教学语言形式。根据提问的目的与回答的内容,可以将提问语分为描述性提问语、启发性提问语、拓展性提问语三种类型。

(1)描述性提问语。描述性提问是用提问的方式提示幼儿细致地观察并描述事物。运用这样的提问方式可以引导幼儿发现新信息,有利于培养幼儿发现问题和观察事物的能力。

(2)启发性提问语。启发性提问是在幼儿思考与解决问题遇到困难时,幼儿教师用提问的方式予以适度的引导和启发,或者是针对幼儿回答问题偏离目标的现象而再次提问,或者是引导幼儿对学习中遇到的事物进行是非判断和优劣评价的提问方式。

比如,大班科学活动《风云雨电》:

幼儿:老师,老师,为什么夏天下雨,冬天下雪呢?

教师:明明真是一个喜欢思考问题的聪明宝宝,小朋友们也和明明一起想一想。小朋友们,雨是什么呀?

幼儿:是水。

教师:对,夏天下的雨就是天上落下来的水。小朋友们如果你们把水放在冰箱里,会怎么样呀?

幼儿:会结冰。

教师:小朋友说得对,水太冷了,就会……?

幼儿:就会变成冰。

教师:那冬天下的雪和冰有什么关系呀?

幼儿:雪就是冰。

教师:那为什么夏天下雨而冬天下雪呀?

幼儿:夏天热,就下雨;冬天冷,就下雪。

教师:小朋友们,自己能找到问题的答案,大家都是聪明的好孩子。

教师对幼儿的问题没有直接给出答案,而是循循善诱地借助于幼儿在冰箱中冻冰块的经历引导孩子认识水遇冷会变成冰,而雪就是天上的水遇冷变成的冰落到地上。最后又对幼儿的探索成果给予了肯定。

(3)拓展性提问。拓展性提问是教师引导幼儿运用已掌握的知识进行拓展性思考的提问方式。这里的问题可以具有开放性,幼儿根据自己的经验可以作出不同但合理的回答。

在提问时,要做到:提问点准确,适时适度,难易适当,启发智能,提出的每一个问题都能切入幼儿的最近发展区。

4. 过渡语

又称课堂衔接语或转换语,是指在教学环节与环节之间,为承上启下、连接活动而运用的教学组织语言。按照过渡方式,可以分为顺承式过渡语、悬念式过渡语。

运用顺承式过渡语要注意上一个问题自然地为下一个问题做好铺垫和准备。此种类型的过渡语是一种基本用语形式,也可用于课堂教学的各个环节。

悬疑式过渡语是运用前面问题推导的结果,制造一种悬念效应,巧妙引出下文。

过渡语设计需要注意两个原则:一是承上启下,二是言简意赅。同时要注意变化,避免单一重复。

5. 结束语

结束语是教学过程某一环节或教学活动结束时,总结概括教学内容时采用的语言,概括总结教学活动的主题、主要知识点、幼儿表现、探究的问题以及延伸活动等。结束语应该根据课堂的具体情况以自然延伸的方式进行设计。主要有归纳总结式、指导活动式、拓展延伸式等。

(1) 归纳总结式。简单概括总结活动内容,使幼儿提高认识,加强记忆。

(2) 指导活动式。教师运用组织活动的方式总结巩固教学内容,指导幼儿学以致用地掌握所学知识,是幼儿教学中运用较多的结束方式。比如,小班音乐活动《宝贝在哪里》,结束时,教师弹唱儿歌,引导幼儿用手指指五官的活动方式加强记忆。

(3) 拓展延伸式。这种结束语的优点就在于为幼儿创设一个延续的学习环境。

比如,大班科学活动《小壁虎借尾巴》,结束时教师在小壁虎尾巴的基础上拓展到其他动物的尾巴,引导幼儿课后去观察发现,拓宽知识视野,激发探索欲望,做到了课内向课外延伸。

结束语运用要尽量做到:清晰简洁,提纲挈领,表意明确,意味悠长。

学习任务单

根据已学知识完成下列学习任务单。

基础知识任务单 3-2-2　明确幼儿教师教学口语的分类及基本要求

姓名:＿＿＿＿＿＿　学号:＿＿＿＿＿＿　评分人:＿＿＿＿＿＿　评分:＿＿＿＿＿＿

一、填空题(20 分)

1. 根据本章内容学习,依据主要教学环节,幼儿教师教学口语可以分为＿＿＿＿、＿＿＿＿、＿＿＿＿、＿＿＿＿、＿＿＿＿等。

2. ＿＿＿＿是教师在组织教学活动的开始,为集中幼儿注意力,激发兴趣,引出教学主题而使用的教学口语。

3. ＿＿＿＿,也称讲授语,是幼儿教师较完整系统地讲述、阐释教学内容的教学用语,是教学活动的主要环节。

4. ＿＿＿＿,是教师在组织教学活动中根据教学要求和幼儿实际提出问题,启发思考,互动交流、相互作用的教学语言形式。

5. ＿＿＿＿,是教师引导幼儿运用已掌握的知识进行拓展性思考的提问方式。这里的问题可以具有开放性,幼儿根据自己的经验可以做出不同但合理的回答。

6. ＿＿＿＿,又称课堂衔接语或转换语,是指在教学环节与环节之间,为承上启下、连接活动而运用的教学组织语言。

二、多选题(6 分)

讲解语,也称讲授语,是幼儿教师较完整系统地讲述、阐释教学内容的教学用语,是教学活动的主要环节,按照语言表达方式可以包括哪些类型?(　　)

A. 叙述性讲解语　　　　　　　　　B. 评价性讲解语

C. 说明性讲解语　　　　　　　　　D. 抒情性讲解语

三、判断题(4 分)

1. 幼儿教师口语训练中只要练习口语表达,无需训练心理素质和思维能力等。(　　)

2. 问题导入法中还有一种比较特殊的方式——谜语导入。（　　）

四、简答题(10分)

结合你在见习时幼儿园示范课的优秀教学课例，对其主要教学环节的教学口语运用加以分析。

技能演练任务单 3-2-2　明确幼儿教师教学口语的分类及基本要求

姓名：_____　学号：_____　评分人：_____　评分：_____

一、要求

① 个人准备设计内容并现场演练。

② 分小组演练，相互点评。

③ 录制音频或视频，提交至教学系统平台。

二、主题

导入语训练：请为小班社会课《认识肥皂》，设计出几种不同的导入语。（60分）

活动目的：

1. 初步感知肥皂的主要特性和用途。

2. 尝试运用各种感官感知和发现问题。

三、活动过程记录

四、小组建议反馈

反思评价

1. 反思

请结合本次学习要点及实训内容，谈谈合理设计教学用语对你未来从事职业的重要性。

2. 评价

请你对本次任务进行评价。

评价表 3 - 2 - 2　明确幼儿教师教学口语的分类及基本要求

内　容	评　分
1. 对幼儿教师教学口语的类型及基本要求的理解程度	☆☆☆☆☆
2. 合理运用导入语、讲解语、提问语、过渡语、结束语的能力	☆☆☆☆☆
3. 对合理运用导入语、讲解语、提问语、过渡语、结束语重要性的认识程度	☆☆☆☆☆
4. 经过本次任务的学习,说一说自己对哪一部分的内容还存在困惑	

支持链接

语言是交流和思维的工具。幼儿期是语言发展,特别是口语发展的重要时期。幼儿语言的发展贯穿于各个领域,也对其他领域的学习与发展有着重要的影响。《3—6 岁儿童学习与发展指南》对语言领域"学习与发展目标和教育建议"作出了明确要求。请扫描二维码查看了解。

《3—6 岁儿童学习与发展指南》语言领域

任务三　掌握幼儿教师教学口语基本技能

任务描述

每一节课都是一个有序的系统,根据课堂内部与外部的各种变化,不断进行调节,使课堂始终处于某种预定的状态,这个过程就是应变和调控。本次学习任务是掌握如何做好教学过程中的应变和调控。

要点学习

一、幼儿教师教学口语基本技能训练

《3—6 岁儿童学习与发展指南》指出,幼儿期是语言发展特别是口语发展的重要时期。幼儿的语言能力是在模仿、交流和运用过程中发展起来的。教师吐字清晰、声音悦耳、音量适中、语速适宜、情感饱满、语言精练,描述生动细致、充满情趣,既能顺利地帮助幼儿获得新知,达成教育教学目标,又能够为幼儿口语表达的学习做一个好的榜样。可以从语言的表达方式、语音技能、修辞等方面练习,来提升教学口语能力。

幼儿教师教学口语基本技能训练

1. 语言表达方式练习

教师教学口语首先是要做到准确精练,可以通过阅读写作、语句扩写等方式,聚焦记叙、描写、抒情、说明、议论五种表达方式的基本要求,加以侧重练习。

2. 语音技能提升练习

教师恰当运用停连、重音、节奏、语调、语气、语速等语音表达技巧，能够清晰地表情达意。具体标准和练习方法，可以分别参考前面章节内容。

这里谈一谈音量的练习方法。幼儿教师职业口语对音量的要求是音量适中。教学中，如果声音过低，远处的幼儿可能听不清；音量过高，近处的幼儿可能会感到刺耳。在实际中，幼师生可以结合这样的两步方式加以练习。

第一步，先练习到讲台前对着全班同学讲故事，要求是远处的同学能听清楚你讲的每一句话，同时近处的同学又不觉得刺耳；

第二步，分别练习面对几位同学、十几位同学、几十位同学用不同的音量讲故事。要求同第一步。

3. 修辞练习

教学口语的艺术性原则要求教学语言要生动、形象、富有表现力。3—6岁的幼儿，其思维具有形象化以及自身经验性等特点。在幼儿教师的教学口语中，最常用的修辞手法是比喻、拟人和夸张等几种，使语言形象生动，具有可视性，从而刺激幼儿的"内视觉"，便于幼儿理解和接受，激发起他们对新事物的再造想象力。

（1）比喻训练。用跟甲事物有相似之点的乙事物来描写或说明甲事物。

训练方法：两个同学为一组，一位同学说出身边的事物，另一位同学说它像什么，然后轮换，互相点评。要求是抓住并突出事物间的相似点。

比如，同学甲：春雨轻轻地下，像什么？

同学乙：春雨像小姑娘长长的头发；像一层薄薄的细纱……

（2）拟人训练。拟人是把事物当人写，表现出人的思想、情感。

训练方法：同样两个同学为一组，一位同学说出需要拟人的事物，另一位同学用拟人的修辞表达，然后轮换，互相点评。要求是抓住事物的特征。

比如，同学甲说出事物：夏日暴雨。

同学乙用拟人的修辞说：暴雨，像一个愤怒的巨人，从天而降。每一滴雨都像它愤怒的拳头，狠狠砸向窗户，仿佛要将一切砸碎。

（3）夸张训练。夸张是对事物特点进行夸大或缩小的描述。幻想是幼儿思维的一大特点，而想象力又是创造性的重要基础。作为幼儿教师，我们应该适应幼儿的这一特点，并致力于开发他们的想象潜能，反映在幼儿教师的语言上就是要合理运用夸张为他们描绘一个传奇的世界。

训练方法：两个同学为一组，一位同学说出具体情境和需要夸张的事物，另一位同学说出夸张的句子，然后轮换，互相点评。要求：抓住事物最突出的特点；使用夸张要以客观实际为基础。

比如，同学甲说：要用夸张的修辞描写冬天的寒冷。

同学乙用夸张的修辞说："冬天好冷啊！冷得我呼出的气都成了白白的棉花糖，一不小心就飘走了。我的小手冻成了糖葫芦，红红的，硬硬的，连小兔子都跑来问我："这是什么好吃的呀？"

此外还有拟声、叠音、摹色等，也可以参照上述方法练习。

二、做好教学意外事件的应变和调控

1. 教学意外事件的类型

尽管幼儿教师在上课前会做好充分的准备，但教学过程是多个因素相互作用的动态过程，幼儿教师常常会遇到一些事先没有准备的意外情况，比如：

一是教师自身的失误，如读错字（口误）、写错字（笔误）等；

二是来自学生的偶发事件，如幼儿突然提出一些偏离教学中心的问题；

三是来自外界的偶然事件，如窗外低空飞过一架飞机，一只小鸟飞进了教室等。

面对课堂上发生的一切偶然事件，幼儿教师需要从容镇定、灵活应变，因时、因事而异，做出恰当有效的应变,机智幽默地把幼儿的注意力及时地转移正题上来,并针对教学活动中幼儿思维活动的特点和走向,来进一步激发幼儿的思维,调动其学习的积极性。

2. 应对教学意外事件的方式

对于教学意外事件的应变和调控,常用的方式有三种:

（1）巧用情境法。

面对突发事件,抓住突发事件本身的情境,适时对幼儿进行启发教育是教师灵活应变的常用方法。比如,以下示例中,教师正在教儿歌,一只大蜻蜓飞进了教室,孩子们顿时兴奋地拍手喊起来。面对突发事件——大蜻蜓飞进教室,打乱班级秩序,该如何巧用情境呢?

我正在教儿歌,一只大蜻蜓飞进了教室,孩子们顿时兴奋地拍手喊起来:"大头青! 大头青! 大头青! 抓住! 抓住!"我认为这是对孩子进行保护益虫教育的好机会,就悄悄地走到蜻蜓落脚的地方。几十双小眼睛目不转睛地盯着我。我一把抓住了大蜻蜓,边走边说:"大蜻蜓,绿眼睛,飞来飞去捉蚊蝇……"孩子们坐到自己的座位上安静了。我问:"小朋友们,大蜻蜓是害虫还是益虫呢?""是益虫。""为什么?""因为它能捉苍蝇蚊子。""咱们是把大蜻蜓用线拴上,在教室里玩,还是把它放掉呢?"孩子们异口同声地回答:"放掉它!""好吧,老师请一位小朋友来放蜻蜓。"孩子们争着举起小手。我把第一个发现蜻蜓又大声叫喊的靖刚请了出来。这个"蜻蜓迷"很正经地走到老师面前,用小手轻轻地捏住蜻蜓的翅膀,站在窗口说:"大蜻蜓,你飞吧! 飞吧! 飞吧!"孩子们一起喊起来。蜻蜓飞走了,教室安静了……我继续教儿歌。

面对突发的事件——大蜻蜓飞进教室,正在教儿歌的老师对于孩子的好奇没有斥责,没有命令孩子们回到儿歌上来,而是从容应对,抓住机会对孩子进行了保护益虫的教育。

（2）将错就错法。

幼儿教师在课堂教学出现失误之后一种方法是勇敢地承认自己的错误;另一种方法是将错就错,随机应变及时创设教学情境。比如,一位老师在上大班科学课《辨别盐和糖》的时候,无意中把右手中的"糖"倒进了写有"盐"的杯子里,等他意识到自己的失误,有些幼儿已经品尝过了。这位老师没有马上纠正自己的错误,转而问:"你们品尝的盐咸吗?"当孩子们回答"不咸,甜的,应该是糖",老师顺着说:老师故意放错了,让小朋友们在对比中细心辨别盐的味道。这位老师就采用了将错就错巧设问题的方法,转回到教学主题。

（3）幽默应对法。

教学中有了异常情况,还能够用幽默的语言,化解尴尬的氛围。

（教师张贴有"雪地鞋""拖鞋"图案和文字的纸片,却发现误把"拖"写成了"拉"）

幼儿:你把"拖鞋"写成了"拉鞋"。

教师:"拖"和"拉"一样不一样? "拖"是什么意思?

幼儿:"拖"是脚带着鞋子往前走,方便又舒服。

幼儿:"拉"是拉车,得有轮子。

教师:啊,老师给拖鞋安了轮子。（小朋友们笑,老师也笑）这怎么行,你们都不让了,那样穿着在室内走不舒服也不方便。请同学们告诉我有没有安轮子的鞋?

幼儿:溜冰鞋。

教师:很好。老师错在这儿,把溜冰鞋的轮子安到了拖鞋上了。

教师面对自己的失误,没有匆忙地仅仅改正自己的错字,而是幽默机智地说自己错在把溜冰鞋的轮子安到了拖鞋上,让孩子们在一种其乐融融的氛围中不仅明白了"拖"和"拉"的区别,又非常自然地回到了鞋的主题上。

三、幼儿教师需要具备的素养

作为教师职业用语,教学口语不仅是根据教学目的、要求经过加工的语言,也可以说是一种包含艺术特质的行业用语。

要拥有规范标准、合适得体的教学口语能力，需要幼师生提升修养，针对练习。

首先，要让自己成为一位充满爱心的幼儿教师，对幼儿的爱与尊重是成功完成教学活动的一个重要条件。尊重是一种教育智慧，也是一种教育艺术。

其次，要加强自身的修养。幼儿教师在课堂上直接表现出来的是有声语言的讲述，其本质是自身的学识与修养，包括道德情操、思想品德、学术水平、知识积累等。

最后，要掌握幼儿教师教学口语的基本特点、运用原则，并且有针对性地训练提升，培养自己合适的表达、敏捷的思路和语言的机智，以提高教学活动的实效。

📝 学习任务单

根据已学知识完成下列学习任务单。

基础知识任务单 3-2-3　掌握幼儿教师教学口语基本技能

姓名：＿＿＿＿＿＿　学号：＿＿＿＿＿＿　评分人：＿＿＿＿＿＿　评分：＿＿＿＿＿＿

一、填空题(12分)

1.《3—6岁儿童学习与发展指南》指出，幼儿期是语言发展，特别是口语发展的重要时期。幼儿的语言能力是在＿＿＿＿、交流和运用过程中发展起来的。

2.＿＿＿＿，也叫不随意注意。它既无预定目的，也不需要意志努力。

3.＿＿＿＿，是指有预定目的，需要一定意志努力的注意，是注意的一种积极、主动的形式。

4.对于教学意外事件的应变和调控，常用的方式有＿＿＿＿、＿＿＿＿、＿＿＿＿等。

二、判断题(6分)

1.幼儿园有规律的生活和教育环境、成人的教育要求直接促进了幼儿有意注意的形成和发展。(　　)

2.作为教师职业用语，教学口语不仅是根据教学目的、要求经过加工的语言，也可以说是一种包含艺术特质的行业用语。(　　)

3.合理利用幼儿的注意规律，有效保持注意力，既要想到既定的教学目标，又要从教学活动的实际出发，应变和调节，完成教学任务。(　　)

三、简答题(22分)

1.结合学习和训练实际，你认为提高幼儿教师教学口语能力有哪些有效方法？

2.你认为一名合格的幼儿教师需要具备哪些素养？

技能演练任务单 3-2-3　掌握幼儿教师教学口语基本技能

姓名：＿＿＿＿＿＿　学号：＿＿＿＿＿＿　评分人：＿＿＿＿＿＿　评分：＿＿＿＿＿＿

一、要求

① 个人准备设计内容并现场演练。

② 分小组演练，相互点评。

③ 录制音频或视频，提交至教学系统平台。

二、主题

在以下 2 个练习中选择一个进行演练。（60 分）

（1）为中班科学活动《树木是我们的好朋友》编写讲解语。

（2）如果你带领孩子去观察爬山虎，你会如何设计讲解语向孩子生动地讲解爬山虎的生长经过？

三、活动过程记录

四、小组建议反馈

反思评价

1. 反思

请结合本次学习要点及实训内容，谈谈掌握幼儿教师教学口语基本技能对你未来从事职业的重要性。

2. 评价

请你对本次任务进行评价。

评价表 3-2-3　掌握幼儿教师教学口语基本技能

内　　容	评　　分
1. 对掌握幼儿教师教学口语基本技能的理解程度	☆☆☆☆☆
2. 做好教学过程中应变和调控	☆☆☆☆☆
3. 对做好教学过程中的应变和调控重要性的认识程度	☆☆☆☆☆
4. 经过本次任务的学习，说一说自己对哪一部分的内容还存在困惑	

支持链接

随着个体年龄的增长，儿童注意力的发展在不同年龄段表现出不同的特征，学前儿童注意具有怎样的特点和规律？课堂中可以运用哪些方法吸引幼儿保持有效注意？请扫二维码查看了解。

学前儿童注意的特点和规律　　　　吸引幼儿保持有效注意的方法

主要参考书目

［1］陈国安,王海燕,等.新编教师口语——表达与训练[M].上海:华东师范大学出版社,2007.

［2］崔霞,戴兢兢.幼儿教师口语训练教程[M].南京:南京大学出版社,2021.

［3］高乃尧.普通话教程[M].镇江:江苏大学出版社,2022.

［4］国家语委普通话与文字应用培训测试中心.普通话水平测试实施纲要(2021年版)[M].北京:语文出版社,2022.

［5］刘雅杰,李岩.朗诵艺术技巧与经典诗文朗诵指导[M].济南:山东人民出版社,2011.

［6］陆澄.诗歌朗诵艺术(第2版)[M].上海:上海人民出版社,2009.

［7］宋玮,李哲.幼儿教师口语[M].上海:华东师范大学出版社,2015.

［8］隋雯,高昕.幼儿教师口语(第二版)[M].北京:高等教育出版社,2014.

［9］王洪.朗诵与演说[M].北京:高等教育出版社,2016.

［10］王丽娜.幼儿教师讲故事技巧[M].上海:复旦大学出版社,2019.

［11］王素珍.幼儿教师口语训练教程[M].上海:复旦大学出版社,2013.

［12］王向东.幼儿教师语言表达技能训练教程[M].上海:复旦大学出版社,2013.

［13］张海燕.经典诗文台词朗诵技巧[M].北京:语文出版社,2012.

图书在版编目(CIP)数据

幼儿教师口语技能实训/周梅香,王燕燕主编.
上海:复旦大学出版社,2024.12. -- ISBN 978-7-309-
17791-6

Ⅰ. H193.2

中国国家版本馆 CIP 数据核字第 2025TF3653 号

幼儿教师口语技能实训
周梅香　王燕燕　主编
责任编辑/张彦珺

复旦大学出版社有限公司出版发行
上海市国权路 579 号　邮编:200433
网址:fupnet@ fudanpress.com　http://www.fudanpress.com
门市零售:86-21-65102580　　团体订购:86-21-65104505
出版部电话:86-21-65642845
上海四维数字图文有限公司

开本 890 毫米×1240 毫米　1/16　印张 13.75　字数 407 千字
2024 年 12 月第 1 版第 1 次印刷

ISBN 978-7-309-17791-6/H · 3482
定价:58.00 元